让 我 们 一 起 追 寻

〔美〕安德鲁·纳戈尔斯基 _____ 著

袁 鑫 _____ 译

1941

The Year Germany Lost the War

Andrew Nagorski

1 9

那 一 年

德 走 失
国 向 败

的

4 1

社会科学文献出版社
SOCIAL SCIENCES ACADEMIC PRESS (CHINA)

一如既往地献给我的妻子克里希娅

本书获誉

安德鲁·纳戈尔斯基生动深刻的描写,向我们展示了为何1941年不仅是一个开端,还标志着战事开始走向终结。

——普利策传记奖得主威廉·陶伯曼(William Taubman),
著有《赫鲁晓夫与他的时代》《戈尔巴乔夫的人生与时代》

纳戈尔斯基对1941年这一关键而又跌宕起伏的年份进行了扣人心弦的深入叙述,精妙地展示了希特勒的傲慢、一厢情愿与无知如何导致了纳粹的毁灭,并为至今仍影响着我们的冷战拉开了序幕。

——琳内·奥尔森(Lynne Olson),著有《最后的希望之岛》

1941年肯定是当代史上最勇敢同时也最愚蠢的一年。通过扣人心弦的叙事及对惊人真相的揭示,安德鲁·纳戈尔斯基向我们解释了为何说性格决定命运。

——埃文·托马斯(Evan Thomas),著有《纽约时报》
畅销书《尼克松:一个分裂的人》《艾克的讹诈:
艾森豪威尔总统拯救世界的秘密战争》

安德鲁·纳戈尔斯基生动讲述了1941年的故事,这一年不仅决定了二战的结局,还塑造了我们的生活。

——乔恩·米查姆(Jon Meacham),著有《纽约时报》
畅销书《美国的灵魂》

《1941：德国走向失败的那一年》内容缜密，是精心研究与调查的成果，探讨了希特勒是如何在1941年把第三帝国的地缘政治优势挥霍殆尽，最终让其走向末路的。本书叙事节奏很快，读者在阅读过程中完全不会感到无聊或倦怠。强烈推荐！

——莱斯大学人文学院主任、教授道格拉斯·布林克利（Douglas Brinkley），著有《美国登月：约翰·肯尼迪与太空竞赛》

目　录

主要人物介绍

德国

阿道夫·希特勒（Adolf Hitler，1889—1945）：他是纳粹党（Nazi Party）党魁，1933 年当选总理，1934 年保罗·冯·兴登堡（Paul von Hindenburg）总统去世后，被授予元首头衔。

约阿希姆·冯·里宾特洛甫（Joachim von Ribbentrop，1893—1946）：作为外交部部长，他于 1939 年签订了《苏德互不侵犯条约》（German-Soviet Nonaggression Pact，又称《莫洛托夫 – 里宾特洛甫条约》），为德国入侵波兰铺平了道路，此次入侵标志着第二次世界大战的爆发。他是战后纽伦堡（Nuremberg）审判中，第一批被处以绞刑的主要纳粹战犯之一。

阿尔伯特·施佩尔（Albert Speer，1905—1981）：他是希特勒的首席建筑师，在 1942 年至 1945 年担任希特勒的军备与战时生产部部长。因战争罪和反人类罪在纽伦堡受到审判，在西柏林的施潘道监狱（Spandau Prison）服刑 20 年。

弗兰茨·哈尔德（Franz Halder，1884—1972）：在 1938 年至 1942 年，他担任陆军总参谋长。尽管他在这一关键时期与希特勒密切合作，但 1944 年 7 月 20 日的刺杀希特勒行动让他受到牵连，因此被送入达豪（Dachau）集中营关押。战后，他在针对纳粹领导人的纽伦堡审判中出庭做证。他的战时日记对研究第三帝国的历史学家很有价值。

海因茨·古德里安（Heinz Guderian，1888—1954）：他是

装甲部队总监和"闪电战"的推崇者，这一战术在德国二战初期的征服中屡试不爽。早期他是希特勒身边的红人，但两人在入侵苏联问题上常常发生争吵。1941 年 12 月，希特勒将他撤职，但 1943 年古德里安又被复职。

格奥尔格·托马斯（Georg Thomas，1890—1946）：托马斯是德国陆军将领、国防军首席经济学家和长期从事军备采购的专家。他曾提醒希特勒注意战争扩大化的危险后果，但此后帮助纳粹制订了针对苏联的"饥饿计划"（Hunger Plan）。因受到 1944 年 7 月 20 日刺杀希特勒行动的牵连而被捕，一直被关押到战争结束。1946 年死于美国战俘营。

苏联

约瑟夫·斯大林（Joseph Stalin，1878—1953）：斯大林是苏联共产党总书记，1941 年 5 月出任苏联总理。

维亚切斯拉夫·莫洛托夫（Vyacheslav Molotov，1890—1986）：作为斯大林的亲密伙伴，莫洛托夫拥有多个高层党政职务。他在担任外交人民委员期间签订了著名的《苏德互不侵犯条约》。1962 年"去斯大林化"时期他被开除党籍，后于 1984 年恢复党籍，两年后去世。

格奥尔吉·朱可夫（Georgy Zhukov，1896—1974）：作为苏军总参谋长和高级将领，他领导了莫斯科保卫战及其他重大战役，最终于 1945 年攻克柏林。

阿纳斯塔斯·米高扬（Anastas Mikoyan，1895—1978）：他曾担任苏共中央政治局委员、国防委员会委员等职。尽管与斯大林共事多年，但这个号称"老布尔什维克"的亚美尼亚人活得更久，政治生命也更长，参与了尼基塔·赫鲁晓夫

（Nikita Khrushchev）发起的"去斯大林化"运动。

伊万・麦斯基（Ivan Maisky，1884—1975）：麦斯基在1932年至1943年任苏联驻英国大使。在日记中，他记录了与温斯顿・丘吉尔等英国官员的频繁互动。此后他参加了雅尔塔会议（Yalta Conference）与波茨坦会议（Potsdam Conference）。1952年，在斯大林去世前不久，他因涉嫌从事间谍活动及参与犹太复国主义阴谋而遭到逮捕，后于1955年获释。

英国

温斯顿・丘吉尔（Winston Churchill，1874—1965）：丘吉尔在1940年至1945年担任战时首相，并在1951年至1955年再次担任首相一职。

安东尼・艾登（Anthony Eden，1897—1977）：艾登于1935年至1938年、1940年至1945年、1951年至1955年，三次担任外交大臣。他在1955年至1957年接替丘吉尔担任首相。

比弗布鲁克勋爵（Lord Beaverbrook，1879—1964）：比弗布鲁克勋爵原名威廉・马克斯韦尔・艾特肯（William Maxwell Aitken），是加拿大籍英国报纸出版商。他早期是绥靖政策的支持者，但后来在丘吉尔的战时内阁中扮演了多种角色：飞机生产大臣、供应大臣和军备生产大臣。他与艾夫里尔・哈里曼一道，于1941年率领英美代表团，在莫斯科与斯大林进行了会晤。

伊斯梅勋爵（Lord Ismay，1887—1965）：伊斯梅勋爵原名黑斯廷斯・伊斯梅（Hastings Ismay），是丘吉尔的首席军事顾问。他赞成向苏联提供援助，但对斯大林的政治与领土野心保持警觉。1952 年，他成为北大西洋公约组织（NATO）的首任秘书长。

哈罗德·尼科尔森（Harold Nicolson，1886—1968）：尼科尔森是保守党议员和丘吉尔的坚定支持者，负责过信息部（Information Ministry）的工作。他的日记和信件揭示了二战期间的伦敦的真实氛围。

约翰·科尔维尔（John Colville，1915—1987）：1939 年，24 岁的他作为外交部员工，被安排至唐宁街 10 号工作。丘吉尔 1940 年就任首相后，人称"乔克"（Jock）的科尔维尔每日不离他左右，身份是首席私人秘书。科尔维尔的日记同样内容详细。

美国

富兰克林·德拉诺·罗斯福（Franklin Delano Roosevelt，1882—1945）：罗斯福自 1933 年起担任总统，于 1945 年他的第四个任期开始后不久去世。

哈里·霍普金斯（Harry Hopkins，1890—1946）：霍普金斯是罗斯福的亲密顾问，曾肩负特殊使命前往伦敦和莫斯科。作为总统在英国的"私人代表"，他与丘吉尔建立了牢固的私人关系。他负责监督租借法案项目的实施，主张无条件援助斯大林统治下的苏联。

W. 艾夫里尔·哈里曼（W. Averell Harriman，1891—1986）：由于霍普金斯不常去英国，哈里曼被罗斯福委派到英国去处理《租借法案》相关事宜。他与比弗布鲁克勋爵一同率领英美代表团前往莫斯科，与斯大林进行了会谈。

约翰·吉尔伯特·温奈特（John Gilbert Winant，1889—

1947）：温奈特曾是新罕布什尔州（New Hampshire）的共和党州长，被罗斯福选为驻英大使，接替失败主义情绪很强的约瑟夫·肯尼迪（Joseph Kennedy）。温奈特也与丘吉尔建立了极佳的私人关系。

雷蒙德·E. 李（Raymond E. Lee，1886—1958）：他是美国驻伦敦使馆中极受欢迎、人脉甚广的武官。作为美国援助英国的坚定支持者，这位陆军将领在让美国做好参战准备方面，发挥了重要的幕后作用。

查尔斯·林德伯格（Charles Lindbergh，1902—1974）：林德伯格是著名飞行员，还是"美国优先"（America First）孤立主义运动最著名的代言人。

导　言

1940 年 6 月 28 日，德国入侵法国、法国投降后不久，阿道夫·希特勒首次也是在其人生中唯一一次参观了巴黎。他在法国首都仅停留了短短的三个小时，并没有举行胜利阅兵，表面上的理由是害怕英国发动空袭。但后来这位德国领袖给出了另一种解释："不庆祝是因为我们还没有取得最终胜利。"[1]

此刻，希特勒统治下的德国到达了辉煌的顶点：德国已经肢解了捷克斯洛伐克，吞并了奥地利，征服了波兰、丹麦、挪威、荷兰、比利时、卢森堡，还得意扬扬地羞辱了法国。德国的战争机器似乎不可阻挡。

不过，希特勒明白他建立新的德意志帝国的弥赛亚式梦想，尚未完全实现。有三个领导人挡住了他的前进道路。法国沦陷时接替内维尔·张伯伦（Neville Chamberlain）出任英国首相的温斯顿·丘吉尔宣称英国将继续抵抗，决心发起反击。苏联的约瑟夫·斯大林虽然仍是希特勒事实上的盟友，但这并不能让人放下心来：尽管苏德签订《苏德互不侵犯条约》还不满一年，但希特勒和斯大林都无法完全相信对方不会攻击自己。在大西洋彼岸，富兰克林·德拉诺·罗斯福总统承诺美国不会参战，但他对日益孤立的英国的同情态度是毋庸置疑的。

因此，希特勒没有参加在巴黎举行的军事庆祝活动，而是利用短暂的时间参观了该城市的标志性文化建筑。

在他最喜爱的建筑师施佩尔和其他人的陪同下，希特勒直接驳车前往巴黎歌剧院，一名随从带着他参观了这一富丽堂皇、空无一人的建筑。根据施佩尔的回忆，希特勒"陶醉于歌剧院的美妙之中"。随后德国代表团参观了玛德莲教堂（Madeleine church）、香榭丽舍大街和特罗卡代罗广场（Trocadero Square），又在埃菲尔铁塔做了短暂停留。

此次参观的重头戏在巴黎荣军院（Les Invalides）上演。希特勒驻足于拿破仑墓前。来自国际通讯社（International News Service）的皮埃尔·赫斯（Pierre Huss）是少数获准进入现场的柏林记者之一。纳粹领袖看起来陷入了沉思。"他双臂交叉，嘴里不知道在嘟囔些什么。"赫斯回忆道，"他的嘴唇在动，好像在自言自语，并摇了一两次头。"[2]

希特勒从"恍惚中回过神来"，隔着栏杆向前探出身子，凝视着拿破仑的墓碑。"我亲爱的拿破仑，他们犯了一个严重的错误。"他说。赫斯坦言："这令我震惊，一个活生生的统帅和一个死去的帝王竟然碰到了一起。"这位记者也不明白希特勒的话意味着什么。

德国元首很快向周围的人解释说："他们把拿破仑放到了一个洞里。人们必须拜谒一座位于自己脚下的灵柩……他们本应仰视拿破仑，因头顶宏大的纪念碑或石棺而感到渺小。如果你走在大街上，大楼顶层的人是不会注意到你的。想要引起人们的注意，就得让他们仰视自己；你必须是高高在上的舞台主角和注意力焦点。"

掌权后，希特勒在公众集会中采用的正是这样的表演风格，这已被证明非常有效。谈论拿破仑的同时，他实际上也在提醒自己。"我绝对不会犯这样的错误。"他继续说，"我知道如何在我死后保持对人民的影响力。我会成为被他们仰视的元首，他们回家后也会一直谈论和回忆我。我的生命不会以死亡的形式终结。相反，死亡恰恰意味着新的开始。"在柏林工作的美国记者 H. R. 尼克博克（H. R. Knickerbocker）指出，拒绝将拿破仑与希特勒进行比较是错误的。"希特勒是最接近拿破仑的人。"他在自己题为《未来属于希特勒吗？》（*Is Tomorrow Hitler's?*）的书中这样写道。该书在 1941 年出版，那时他已离开德国。书中他引用了一位法国上校对希特勒的评价，这个法国人认为希特勒"非常善于审时度势"。尼克博克向美国读者解释道，这位德国领袖的军事成功所基于的是他的决策"永远正确"。像是要纠正自己的错误一样，尼克博克又补充了一句："当然，是几乎不会犯错。"[3]

在希特勒看来，根本不存在竞争者。从巴黎返回位于法国北部一座村庄里的临时战地指挥部的那个晚上，希特勒邀请施佩尔与自己共进晚餐。"巴黎不美吗？"希特勒说，"但柏林必须变得更美。"后来他轻描淡写地补充道："以前我经常考虑是否有必要摧毁巴黎。但新柏林一旦打造完毕，巴黎自然就会显得黯然失色。因此我们干吗要毁了它呢？"

希特勒知道自己还没有取得彻底的胜利，但他暗示这种胜利将很快到来，因此施佩尔需要开始为打造新首都做准备，它应该与新帝国及希特勒本人作为无与伦比的"当代帝王"的地位相称。正如陆军元帅威廉·凯特尔（Wilhelm Keitel）在评价法兰西战役（French campaign）的影响时所指出的那样，希特勒已经证明自己是"有史以来最伟大的军事指挥官"。[4]按瑞士心理学家卡尔·荣格（Carl Jung）的话说，德国人民此时已经相信希特勒就是他们的救世主，或至少是能将"他们带往'应许之地'"[5]的《旧约》先知式伟人。

对希特勒越来越多的忠实信徒而言，他们不再怀疑"能否"取得胜利，而是相信这只是"时间"问题。

＊　　＊　　＊

结束巴黎之行后，希特勒回到柏林，受到了人们的热烈欢迎。街上撒满鲜花，钟声响彻全城，但早已有人准备唱反调了。[6]丘吉尔在他的演讲及后来的回忆录中，对此进行了充分描述。随着法国的沦陷及英国皇家海军和一支小型船队从敦刻尔克（Dunkirk）大规模撤离33.8万英国及盟军士兵，丘吉尔首相在1940年6月4日向同胞做了一次著名的演说。面对德国可能的入侵，他承诺"将不惜任何代价保卫英伦三岛。我们将在海滩上战斗，在登陆点战斗，在农田和街道上战斗！我们决不投降……"[7]

但与想象中的陆上抵抗不同，此后的战斗发生在英国上空。在这场被称为"不列颠空战"（Battle of Britain）的战役中，德国首次遭遇了失败。纳粹德国的空军无法压制英国皇家空军，后者得到了来自波兰、捷克和英联邦国家的飞行员的援助。希特勒没有取得登陆英国所需的制空权。"基督教文明的存亡取决于这一战"，丘吉尔在6月18日这样告诉下议院，号召他的同胞和所有寻求解放被占国土的人民，将英国的胜利视作"自己最辉煌的时刻"。

在关于二战的很多描述中，这场战役都被视作终结希特勒连胜步伐，扭转战局，为最终打败德国铺平道路的关键时刻。"第二次世界大战的结局早已注定——不是在1945年5月，而是在战争爆发不到一年后的1940年6月。"[8]德国历史学家克里斯丁·哈特曼（Christian Hartmann）指出。在某种程度上，这种说法是正确的。不列颠空战是二战的第一个转折点，但远非决定性的转折点。

尽管丘吉尔始终坚信能取得胜利，但他并非没有疑虑。长期担任丘吉尔保镖的苏格兰场警探 W. H. 汤普森（W. H. Thompson）的回忆常被人忽略，从他透露的情况中，我们可以看出丘吉尔的担心。张伯伦辞去首相职务且德国入侵法国后，丘吉尔于 1940 年 5 月 10 日在白金汉宫觐见了国王乔治六世，会面结束后他表现出了少有的消沉情绪。

"汤普森，你知道我为何去白金汉宫吗？"丘吉尔问道。

汤普森答复说他知道国王"终于"让丘吉尔组建新内阁了。"我真希望您不是在这样的时刻出任首相，因为此刻您的任务太艰巨了。"他补充道。

丘吉尔眼里含着泪水，回复道："只有上帝知道这有多么艰难。我希望现在还不算太迟。我非常害怕已经来不及了。我们只能尽力而为。"[9]

此后的历史走向并非注定。正如经常去伦敦、1941 年成为美国驻英大使的约翰·温奈特所指出的那样："你如果在二战初期住在伦敦，肯定会意识到生存的艰辛。胜利来之不易……战争初期的那几年，你会无数次地产生穷途末路、山穷水尽之感。"[10]

事实上，温奈特的前任大使约瑟夫·肯尼迪不仅赞成绥靖政策，还一直认为英国无力抵抗纳粹的狂攻。1939 年 9 月波兰沦陷后，肯尼迪在报告中指出，军事专家认为，有法国盟友支持的英国打败德国的机会"十分渺茫"[11]。在华盛顿和伦敦，肯尼迪都被看作"一个失败主义者"，[12]甚至回到美国后，他还一直预言英国会失败。

另一位驻伦敦的外国大使、来自苏联的伊万·麦斯基1940年5月20日在他的日记中就法国即将陷落一事评价道："英法资产阶级精英自食其果……我们正在目睹伟大资产阶级文明的衰落，其重要性堪比罗马帝国的衰落。"[13]尽管与很多英国高级官员维持着密切的关系，但麦斯基乐于将自己的所见视作英国——以及更大程度上，整个资本主义世界——遭受的报应。

对于失败的法国人而言，他们的多数领导人认为除了接受希特勒所谓的停战外，别无他路，而这样做就意味着投降。他们不仅预言英国也会投降，而且似乎很希望事态真的如此发展。法军总司令马克西姆·魏刚（Maxime Weygand）对未来感到悲观："不出三个礼拜，英国就会像一只小鸡一样被拧断脖子。"[14]

看到德国的闪电战横扫法国后，就连丘吉尔最坚定的一些支持者也不禁感到绝望。保守党议员哈罗德·尼科尔森与他的妻子、诗人兼小说家薇塔·萨克维尔－韦斯特（Vita Sackville-West）签订了一份自杀协议，约定在被德国入侵者抓住前一起服毒自尽。在一封写给萨克维尔－韦斯特的信中，尼科尔森表示他并不害怕"光荣赴死"，但对"遭受折磨和羞辱"感到恐惧。[15]

飞行员凭借着英勇气概和高超的飞行技能打赢了不列颠空战，在他们的鼓舞下，丘吉尔很快提振了尼科尔森和多数同胞的士气。英国的成功迫使德国无限期推迟了原定于9月启动的入侵英国的"海狮计划"（Operation Sea Lion）。

不过，在1940年接下来的日子里，战争陷入了一种失衡的僵局。英国尚未崩溃，但德国轰炸机发起了一波接一波的轰炸，向伦敦、考文垂（Coventry）等城市投下了致命的炸弹。在大西洋之战（Battle of the Atlantic）中，德国的 U 型潜艇和其他舰船袭击英国船只，试图进一步孤立正在为抵抗纳粹进攻而孤军奋战的英国。在欧洲大陆的大部分地区，新的德国统治者主宰了一切，凭借前所未有的恐怖统治让各国民众臣服。决定性的转折点尚未到来。

但在 1941 年，情况就不同了。

这一关键年份中发生的事为纳粹德国的最终覆灭埋下了伏笔。德国作家约阿希姆·卡普纳（Joachim Käppner）指出，德国在 1941 年"开始与全世界为敌"。[16] 到 1941 年年底时，希特勒几乎犯了所有他可能犯下的错。他在 6 月入侵苏联的"巴巴罗萨行动"（Operation Barbarossa）中取得了初步成功，但这种成功的光彩已经被德国军队在莫斯科郊外的首次失利掩盖。他不仅开始对犹太人进行大屠杀，还对苏联战俘和其他新征服领土上的民众实行大规模屠杀和恐怖政策，而这些政策已经开始对他不利。

此前美国记者 H. R. 尼克博克眼中"非常正确"的领袖，此时已经犯下灾难性错误。

在短短一年时间里，发生这种令人震惊的转折，该如何解释？是什么导致希特勒一再豪赌，每次都提高赌注？发现无法迅速征服英国后，他立即不顾风险地决定对苏联进行迅速而致命的打击。目标落空后，他不仅对日本 1941 年 12 月 7 日袭击珍珠港表示支持，还急于对美国宣战，就此终结了以查尔斯·林德伯格为代表的孤立主义者及"美国优先"孤立主义运动让美国置身事外的努力。结果，丘吉尔的英国拥有了两个强大的盟友——苏联和美国。

是什么导致希特勒在苏联西部取得军事成功后，又在此地推行恐怖统治和奴役政策呢？如果他不这样做，很多苏联战俘和当地居民原本可能会对这个可以将他们从斯大林的统治中解放出来的侵略者表示欢迎。德军的恐怖统治手段包括特别行动队（Einsatzgruppen）实施的"子弹浩劫"（Shoah by bullets）行动，旨在处决犹太人、吉卜赛人和其他纳粹统治的"敌人"。犹太人大屠杀计划于1941年启动并非偶然，尽管进一步的组织协调工作到1942年1月20日万湖会议（Wannsee Conference）召开才敲定。

在外人，甚至一些自己人的眼中，希特勒1941年的行为常常显得非常不理智。回顾历史，我们很清楚他选择了一条让其国家、事业和自身走向毁灭的道路。但"疯狂的怪物"这一理论无法对他致命的选择，或以他的名义实施的暴行做出合理的解释。它同样无法解释为何同盟国领导人能利用他的严重误判，制定一项战略，并最终在1945年取得胜利。

第二次世界大战不仅仅是两个敌对政治军事同盟间的冲突。它本质上是一场由希特勒及其推崇的运动所引发的波及全世界的战争，而他的种族主义意识形态和他对自己的绝对正确性的信念违背了常识。同时，在创造者及忠实追随者看来完美无瑕的那套世界观所基于的内在逻辑十分扭曲，它们也加速了二战的爆发。

1941年是战争真正升级为全球性冲突的一年，尽管希特勒取得了令人瞩目的短期战术性胜利，但他的第三帝国已经注定要失败。他的种种行为也必然导致在战争结束时，第三帝国的残暴政策会夺去无数人的生命。此外，希特勒的行为还让他曾经的盟友和当下的敌人约瑟夫·斯大林，能够左右战后世界格局，让欧洲分裂为两个敌对阵营。此后这一冷战格局几乎维持了半个世纪。这也是1941年留下的遗产。

*　　*　　*

谈一点我的个人看法。在作为《新闻周刊》（*Newsweek*）驻外记者的那些年里，我曾到访波恩、柏林、莫斯科和华沙等城市。在我看来，二战从来不是一个遥远的抽象概念。它造成的后果引发了经久不衰的讨论，它带来的恐惧也一直引人探究。发人深省的根本问题不仅是希特勒这样的人为何能够掌权，还涉及基本的人性。有鉴于此，我后来写的书都与希特勒的发迹、战争、大屠杀及战后寻求正义等方方面面有关。

所有这些话题，以及我之前的一系列报道，为我写作本书提供了有助益的研究及采访内容。我在写作有关莫斯科战役的《最伟大的战役》（*The Greatest Battle*）一书时进行的采访，尤其帮助我认清了希特勒和斯大林在1941年时关键的不同点：希特勒的狂妄自负让他在这一年中不断犯错；而斯大林的狂妄自负并未妨碍他采取更谨慎的政策，拯救自己的国家和政权。

随着时间的流逝，很多亲历者都已经不在人世，这让我此前的采访更显弥足珍贵。但纵使时隔多年，现在我仍能找到并采访一些以前未曾接触的那个时代的亲历者。同时，有关二战的文献持续增多，众多基于新视角的新研究让我受益匪浅。

在冷战最后几年当驻外记者的经历，以及导致苏联解体的剧烈动荡，促使我重新思考一个关键议题：个人在历史中的作用。回顾历史时，我们常常感到历史事件是必然发生的；可实际上，历史是由统治者与被统治者、当权者和异见者的选择共同塑造的，有时决定其走向的可能仅仅是纯粹的偶然因素。

在描写当代事件和近代历史的过程中，我会去探究那些关键性的时刻、行动和决策，而它们所导致的结果已被我们视作理所当然。仔细研究这些时刻，尤其是审视关键人物的行为动机，我们就可以从那些常常只是一知半解的事件中获得新的认知。

在宏大的二战史中，某个特定年份的重要性很难察觉。本书是对 1941 年的重要性进行深入探讨的一种尝试。

第一章 "疯狂的逻辑"

1941 年元旦，长期担任苏联驻英大使、经常令英国人又爱又恨的伊万·麦斯基，做出了一个大胆的预测。"今年将会是决定战争胜负的一年。"他在日记里写道，"为了在今年让战争以对他有利的方式结束，希特勒必须付出巨大的努力（最有可能在春季或夏季行动）。"对德国来说，如果战争拖到1942 年，那将是一场"灾难"，麦斯基表示，因为到那时，英国和美国的军工厂将开足马力，英美同盟将"有能力对德国进行狂轰滥炸"。因此，希特勒需要在 1941 年实施"最后的、决定性的致命一击"。麦斯基的日记是用俄语写的，但他偶尔会使用英文单词表示强调，比如"巨大的努力"（supreme effort）和"致命一击"（knockout blow）这样的表述。

"但在哪里、朝什么方向发起进攻呢？"麦斯基思索着，"我认为希特勒的目标是英国，因为对其他任何方向的进攻，都无法造成决定性的影响。"[1]

麦斯基预言的前半部分是正确的：1941 年将是决定战争胜负的一年。但苏联大使误判了希特勒的下一个进攻目标。尽管越来越多的证据表明，德国已经准备实施入侵苏联的计划，但和他的上级约瑟夫·斯大林一样，他拒绝相信这一点。

这是一个严重的战略误判（此后还有不少误判）。1941 年发生的种种事件清楚地表明，斯大林和希特勒根本没有摸清对方的性格和心态。斯大林首先犯了错，希特勒紧随其后。

讽刺之处在于，这两位国家领袖本应该对彼此再熟悉不过了。毕竟除了意识形态上的分歧外，两人拥有太多的共同点了。1939 年 8 月 23 日，在两国外长约阿希姆·冯·里宾特洛甫和维亚切斯拉夫·莫洛托夫签署互不侵犯条约时，两位国家领袖便明白该条约意味着一场新的战争的开始，德国人将于 9 月 1 日从西边入侵波兰，苏联军队也会在 9 月 17 日从东边攻入波兰。希特勒和斯大林都急于摧毁波兰，瓜分它的领土。此外，在这一过程中，两国似乎调整了彼此的关系，以应对共同的新敌人——英国和法国。

在他们的个人传记中，希特勒和斯大林也有很多共同之处。两人的出生地都远离后来他们所统治国家的政治中心：希特勒出生于上奥地利，而斯大林出生于格鲁吉亚。两人的父亲都对严苛纪律的作用深信不疑，喜欢体罚儿子。斯大林的父亲是一个修鞋匠，很可能没读过书。"不受待见且常常遭受严厉体罚的事实，让这个孩子像他的父亲一样冷酷无情。"斯大林年轻时的一个朋友回忆道。[2] 希特勒的父亲在他 13 岁时就去世了，这个脾气暴躁的海关官员也常体罚儿子。[3]

在那个时代，类似的教育方法司空见惯，很多有类似经历的男孩都顺利长大，过上了正常人的生活。再看看希特勒，父亲死后他随波逐流了好几年，其间考取维也纳美术学院（Vienna Academy of Fine Arts）失利，此事对他的刺激比他年轻时所经历的所有其他不公都要大，也催生了他的愤懑。但平心而论，希特勒和斯大林的性格最初都深受他们说一不二的父亲的影响。

两人在领导各自的运动时，都利用了集体的愤懑之情。希特勒谴责犹太人，谴责共产主义者，谴责魏玛政府，谴责他认为导致德国在第一次世界大战战败、不得不接受屈辱的《凡尔赛和约》的，经历一战后的经济和政治动荡的所有人。

一旦掌权后，两人都会迅速找到借口，除掉任何潜在对手。弗拉基米尔·列宁在临终时，强烈反对斯大林接班。"斯大林太粗暴，尽管这个缺点在我们中间，在我们共产党人的相互交往中是完全可以容忍的，但在总书记的职位上就不可容忍了，"列宁在1923年1月4日口述道，"因此，我建议同志们想个办法，把斯大林从这个职位上调开。"党的领袖应该"较为耐心，较为谦恭，较有礼貌，较能关心同志，较少任性，等等"。[4] 但列宁去世一年后，其遗孀才公开了这一警告，它来得太迟了。像尼古拉·布哈林（Nikolai Bukharin）和利昂·托洛茨基（Leon Trotsky）这样的斯大林的潜在对手，不仅输掉了权力斗争，而且丢掉了性命。布哈林在20世纪30年代的"大清洗"中未能幸免，在接受了走过场的审判后便被迅速处决；托洛茨基虽然逃到了墨西哥，但在1940年被一个苏联特工用冰锥谋杀了。

希特勒则确保了他唯一的潜在对手格雷戈尔·施特拉瑟（Gregor Strasser）在纳粹1933年掌权前，就输掉了党内的权力斗争。1934年6月30日，施特拉瑟和其他数十人成了希特勒"长刀之夜"（Night of the Long Knives）的牺牲品，初尝了德国新领袖的恐怖统治。

在意识形态层面，这两位国家首脑本应是对手，但两人都建立了无所不知的全能领袖形象，并受到民众膜拜，这并非巧合。战争期间在斯大林与德国和同盟国领导人的会晤中担任斯大林翻译的瓦伦丁·别列日科夫（Valentin Berezhkov），曾在1940年6月德国刚刚战胜法国后，随一个苏联商贸使团访问柏林。别列日科夫注意到，希特勒抵达歌剧院时，狂热的民众高呼着"胜利万岁！""希特勒万岁！"和"元首万岁！"以示欢迎。这令别列日科夫回忆道："看着眼前的一切，我在想——这种想法让我感到害怕——这和在我们的会议中，斯大林走进会场大厅的那一刻是多么相似啊。同样如雷鸣般经久不息的起立鼓掌，以及几乎一模一样的歇斯底里的高呼声——'荣归斯大林！''荣归领袖！'。"[5]

20世纪30年代任职于莫斯科的德国外交官汉斯·冯·赫尔瓦特（Hans von Herwarth）认为，"斯大林精力充沛，富有魅力，很会享受生活，给我留下了深刻印象"。对于自己国家的元首，赫尔瓦特写道："希特勒和他的反差太大了，希特勒对生活根本没有热情！"由于赫尔瓦特不喜欢希特勒，所以他可能过分渲染了二人的反差。但他也指出了"斯大林的狡猾"，将斯大林比作"某种猞猁或老虎"。[6]总之斯大林是一种充满吸引力，同时也很危险的动物。

尽管老虎们的形态和行为可能看起来很像，但它们会非常迅速地攻击同类。对希特勒来说，这种情形并非遥不可及：早在他于冗长的自传《我的奋斗》（Mein Kampf）中描画他的世界观（Weltanschauung）时，他就已经开始思考该如何征服东边的巨人邻居了。

* * *

希特勒在慕尼黑发动"啤酒馆暴动"失败时，纳粹党还羽翼未丰。1923年11月9日，希特勒与一战英雄埃里希·鲁登道夫

(Erich Ludendorff) 将军一道，率领"褐衫党"（Brownshirts）试图推翻巴伐利亚政府，并抱有进军柏林、推翻魏玛共和国的野心。警察对纳粹党人的一轮机枪扫射，让一切都化作了泡影。1924 年年初，希特勒被判犯有叛国罪，被送往兰茨贝格监狱（Landsberg Prison）服刑，他在那里作为当地名人受到了悉心照顾。他的刑期为五年，但他仅待了不足九个月就被释放。短暂的铁窗岁月中，他完成了一本自传，而这本自传后来成为助他重整旗鼓的得力工具。

直到今天，声称熟悉希特勒思想的很多人，也只读过《我的奋斗》的一些片段，这一点也不令人惊讶。毕竟，其中的大量内容是如此晦涩，就连他的支持者也觉得很难读懂。

奥托·施特拉瑟（Otto Strasser）早期是希特勒的追随者，但后来做出了与希特勒断绝关系、逃离德国的正确决定，而他的哥哥格雷戈尔之后在"长刀之夜"惨遭杀害。施特拉瑟回忆道，1927 年纳粹党在纽伦堡召开党代表大会期间，他曾和一些纳粹高官共进晚餐。大家都知道没有人读过整本《我的奋斗》，因此他们决定问问每个加入讨论的人，是否读过整本书——如果有谁读过的话，就让他买单。"没有人读完《我的奋斗》，因此大家不得不自己买单。"施特拉瑟写道。[7]

《我的奋斗》中最为普通大众所熟知的内容，描述了希特勒狂热的反犹主义和"消灭害虫"的决心，他认为犹太人是"腐烂躯体中的蛆虫"。"这个世界上除优等民族以外的人，都是废物"，他写道，犹太人是"永恒的吸血鬼"，"嘶嘶吐信的犹太世界九头蛇"是雅利安民族最大的威胁。话锋一转，他又写道："在这个深受种族毒害的时代，一个致力于维护最佳种族血统的国家，总有一天会成为地球的主宰。"[8]

但有必要对上述内容进行更仔细的评估，因为它体现了希特勒的战略思考，且恰恰是这种思考让他在 1941 年采取重大行动，在这一年他聚焦于德国的全球地位，下决心征服并殖民苏联。尽管希特勒在战争初期采取了权宜之计与斯大林交好，偶尔也表现出对斯大林的冷酷无情的欣赏，但他绝对不会放弃自己的目标。签订《苏德互不侵犯条约》是一种策略，希特勒的世界观注定了该条约会是短命的。

希特勒认为，**"德国目前还不是世界强国"**，以及**"德国要么成为世界强国，要么不复存在"**（希特勒用不同的字体表示强调）。[9]他羡慕英国辽阔的帝国领土，但很清楚德国只能从欧洲获取新的领土。他推动德国扩张的理由是：对生存空间（Lebensraum）的需求，即要安置"过剩的人口"并获得更多的自然资源。他引用马尔萨斯的观点，并补充道："如果这个地球真的有足够的空间供所有人生存，那么我们应该得到生存所需的土地。"预料到其他国家很难同意他的观点，希特勒辩称："自保法则将大行其道；无法通过和平手段得到的，只能付诸武力。"[10]

对德国而言，唯一符合逻辑的扩张方向就是东方——"基本上只能牺牲苏联了"。[11]政治边界并非不可逾越；希特勒认为，重要的是"永恒的正义边界"。这种观点与他的另一种理念，即犹太人控制了苏联，而马克思主义"系统性地策划将世界交给犹太人统治"相吻合。在他看来，犹太民族和布尔什维克信仰是密不可分的。因此，"犹太人在苏联统治的结束也意味着苏联作为一个国家的终结"。征服苏联将成为"消灭各地马克思主义"的关键步骤。

但希特勒对前车之鉴心知肚明，知道俄罗斯人可能是令人生畏的敌人。他写道，上一次大战中，德军在俄国前线打了三年仗，却"丝毫没有取得胜利"。"协约国肯定会嘲笑这种毫无意义的行为，"他补充道，"因为在人数上拥有压倒性优势的俄国巨人最终必将取得胜利，而德国将不可避免地因流血过多而失败。"[12]

为了实现自己的目标，希特勒似乎认识到德国必须在欧洲寻求支持。在《我的奋斗》中，他得出一个结论："为了推行德国的政策，我们在欧洲只有一个盟友——英国。"虽然希特勒也提到意大利是一个潜在的盟友，并称赞贝尼托·墨索里尼是"阿尔卑斯山南边的伟人"，但他认为德国的扩张至少需要一个大国的默许，而他将法国视作"德国人民不共戴天的敌人"，完全没考虑过法国是这个大国。"英国不希望德国成为世界强国，但法国根本不希望有德国这个国家存在。"他写道。[13]

换言之，法国仍寻求彻底消灭德国，而英国可以容忍德国成为欧陆强国，只要德国不去挑战其全球霸权。实际上，希特勒提出了与英国统治者进行交易的方案，此后他将反复提及这一想法。

不过，希特勒从一开始就致力于实现他的理想，无论能不能说服英国在他动员德国向东进攻时保护他的后方，或在他选择调头攻打法国之时袖手旁观。1936年2月，在希特勒于上萨尔兹堡山（Obersalzberg）上度假时，他告诉阿尔伯特·施佩尔："对我来说有两种可能性：要么顺利实现我的所有计划，要么以失败告终。如果取得成功，我就将成为历史上最伟大的人物之一。如果我失败了，我将受到唾弃、鄙视和诅咒。"[14]

后来的历史证明，他后半部分的预言完全正确。

＊　　＊　　＊

除了作为演说家和舞台大师的才能外，希特勒的其他才能和癖好让他身边的人感到敬畏，还常常让他们猝不及防。根据珀西·恩斯特·施拉姆（Percy Ernst Schramm，从1943年到战争结束负责帮希特勒写战时日志）的记述，希特勒知道多数人很难直视自己那双炯炯有神的眼睛。"明知这一点的希特勒会一眼不眨地直视对方。"施拉姆回忆道。同时，希特勒"记忆力惊人"，很会讲笑话。但他也会瞬间翻脸，尤其面对妇女和儿童时，会从貌似和蔼变得"凶残、孤僻、无情和冷漠"。[15]

希特勒的医生卡尔·冯·哈赛巴赫（Karl von Hasselbach）在战后指出，希特勒"对自己的能力有一种高得超乎寻常的评价"，[16]他认为自己是几乎所有领域的专家，熟知所有国家的情况。但在二战前，他对离开德国和奥地利，去别的国家看看，增加对外国人民和文化的了解，并不感兴趣。他坚信不用离开自己熟悉的环境，就能自学需要了解的一切。

希特勒确实知道很多东西，这一点让他身边的人感到惊讶。每天都和他打交道的阿尔弗雷德·约德尔（Alfred Jodl）将军，对他在指导新式武器研发方面所具备的"令人震惊的技术眼光和战术视野"惊叹不已。希特勒常常会表现出对细节的熟悉，而这一点是出人意料的。然而，在施拉姆看来，这是导致希特勒最终失败的关键因素。"甚至在技术问题上，随着他越发确信自己比任何人都更了解情况，希特勒的自负成了他最大的敌人。"施拉姆解释道。[17]

希特勒还自认为看人很准。事实上，正如哈赛巴赫所指出的那样，希特勒"糟糕地低估了很多对手"。从开始准备战争直到柏林地堡的最后时光，他在军事、政治、经济上做出的评估都证明了这一点。这在他与其他大国领袖的交往方式上体现得尤为突出，而这些领袖很快就会联合反对他。

在《我的奋斗》中，希特勒在论述战争准备工作时，不经意间又犯了一个错误：他忽视了一个成功的军事战略所需的经济基础。"经济的重要性只排在第二或第三等，最重要的因素是政治、伦理、道德与铁血。"他写道。[18]

纳粹德国的空军司令赫尔曼·戈林（Hermann Göring）被认为是仅次于希特勒的最有权势的人物，在1938年夏召开的一次军事会议上，他听到希特勒发表了类似言论。"军队不应该担心经济的好坏"，希特勒告诉将领们，因为他本人会就此承担"全部责任"，"部分经济领域的崩溃无关紧要。总会找到办法的"。[19]

在战争爆发前和战争初期，希特勒手下的一些要员，包括军方的一些人，就试图提醒这位德国元首，他正走在一条危险的道路上。他们担心希特勒对经济问题的忽视，加上其对潜在对手之力量和政治意愿的低估，会带来致命后果，甚至戈林偶尔也流露了类似的担忧，但希特勒根本听不进去这些忠告。

在1938年的苏台德危机中，德国陆军总参谋长路德维希·冯·贝克（Ludwig von Beck）直言不讳地对希特勒做了类似的提醒。他非常担心希特勒会冒险与西方大国开战，而他确信德国不具备赢得战争的军力或资源。贝克希望希特勒能够保证，对捷克斯洛伐克的施压不会导致战争，并试图联合高级将领和自己一起力劝希特勒。贝克的愿望没有实现，他于同年8月辞职。

后来少数反希特勒的密谋者希望争取让贝克的继任者弗兰

茨·哈尔德支持他们的事业，有可能的话他们还想发动一场政变。美国驻柏林使馆的一个叫作雅各布·比姆（Jacob Beam）的年轻员工曾见过一个密谋者，称"他们的计划是，要是希特勒决定发动战争，就暗杀他"。[20]雅各布的上级对他的报告不屑一顾，尽管战争结束后，哈尔德和其他德国高官证实了暗杀计划的存在。但英国和法国此后容忍了希特勒吞并苏台德的行为，并在9月签署了《慕尼黑协定》（Munich Pact）。他们不得不放弃推翻希特勒的计划，因为没有理由去反对如此辉煌的成功。

陆军元帅埃里希·冯·曼施坦因（Erich Von Manstein）在二战后写道："我们一直密切关注德国在险境中的艰难前行，越发惊叹于希特勒所拥有的令人难以置信的运气——他可以不诉诸武力就实现所有公开的和秘密的政治抱负。他的直觉似乎从不会出错。"[21]

张伯伦在慕尼黑签署了绥靖协定后，发表了臭名昭著的关于"我们时代的和平"的宣言，甚至让希特勒本人都对自己的胜利感到震惊。哥伦比亚广播公司（CBS）驻柏林记者威廉·夏伊勒（William Shirer）注意到，希特勒在对苏台德地区提出领土要求时紧张地抽搐了一下。对回到柏林的希特勒进行观察后，夏伊勒评价说："凌晨两点的希特勒变得同之前截然不同……我注意到了他趾高气扬的神态。他不再抽搐了！"[22]

不过，尽管希特勒已经向顾虑重重的将领们证明，他们对英国人和法国人军事干预的担心是杞人忧天，但对于德国是否真的经受得起一场新的冲突这一更大的问题，德国人仍没有答案。

两名官员直接提出了这一问题。第一个人是帝国财政部部长施维林·冯·克罗西克（Schwerin von Krosigk）。在 1938 年那个命运攸关的夏天，他敏锐地觉察到德国迅速增加了军备产生的巨大开支，及此事对国家财政造成的压力。他提高了税收并增加了借贷，但担心这不是长久之计——如果爆发新的战争，他对德国能够坚持多久也心中没底。

在那年夏天的备忘录中，克罗西克指出，"未来的每一场战争不仅是军事手段的较量，而且是最大规模的经济战"。曾在英国学习的克罗西克是罗德奖学金获得者，他提醒说，在任何冲突中，英国都将是一个可怕的敌人，即便它现在显得虚弱，且其军队远未做好准备。英国拥有"两张王牌"，他写道，"一张是美国指日可待的积极参战"，另一张是德国的"财政与经济弱点"。

克罗西克警告称，一旦战争爆发，英国将尽力拖住德国初期的胜利步伐，等待第三帝国因自身经济的脆弱性而变得"越发虚弱"。到那时，美国将向英国提供武器和飞机，从而改变军事平衡。克罗西克的提醒并非偶然，贝克在辞职前也提出过类似的建议，呼吁德国至少在短期内避免冲突。[23]

另一个努力劝说希特勒放慢战争脚步的关键人物是格奥尔格·托马斯少将，他是德国国防军的首席经济学家及长期从事军备采购的专家。1939 年，当希特勒表明接下来要对波兰动手时，托马斯就德国与西方的能力对比多次发出了警告。和克罗西克及其他很多人一样，托马斯也将美国视作英国的盟友。他因此向外交部官员解释道，大英帝国可以将"美国当作兵工厂和原料库"。[24]

为了说明事态的严重性，托马斯进行了详细的分析。他对比了 1939 年至 1940 年英国、法国和美国的预计国防总开支与德国和意大利的总开支，计算出前三国的国防开支在 1940 年将比德意两国多至少 20 亿德国马克，这还是在德国将高达 23% 的国民收入用于军费的情况下。按照托马斯的算法，尽管英国将军费开支增至国民收入的 12%，但美国的开支只占其国民收入的 2%。根据托马斯的分析，德国在军力平衡中处于劣势，并且情况会随着时间的推移而越来越糟。

美国在军费开支方面有极大的提升空间。相反，德国的某些资源已经用到了极限。德国陆军总司令瓦尔特·冯·布劳希奇（Walter von Brauchitsch）将军指出，铁、钢与铜的短缺让德国在重整军备一事上步履维艰。亚当·图兹（Adam Tooze）的《毁灭的代价：纳粹德国经济的建立与崩溃》（*The Wages of Destruction：The Making and Breaking of the Nazi Economy*）对第三帝国的经济及其对战争的影响进行了详尽的探讨，一语道中要害："德国'和平式的战时经济'已经走到了关键门槛。"

托马斯坚持认为，他对西方国家工业资源的计算表明德国不应冒着与英法开战的风险进攻波兰。希特勒清楚德国的不利处境，但也知道，正如图兹指出的那样，到 1939 年夏天时，"第三帝国已经集结了欧洲规模最大、战备状态最好的陆军，以及最强大的空军"。[25]

为了印证自己的观点，8 月 26 日，托马斯又向威廉·凯特尔将军提供了新的表格。托马斯在日记中记录了凯特尔的反应："效果不太好，但凯特尔答应再次劝说元首。"第二天，托马斯有了一个直接与希特勒面谈的机会。"我再次受到了严厉的驳斥"，托马斯表示，并说自己被赶出了会场。希特勒最后对他说的话是："以后不要再拿西方国家的糟糕状况来烦我了。"[26]

　　希特勒为什么发火？德国元首对托马斯所预计的诸多负面趋势心知肚明，但无法接受取消入侵波兰的建议。实际上，图兹在他那极具权威性的研究中指出，希特勒基于在他自己眼中完全合理的"疯狂的逻辑"，得出了完全相反的结论：如果说德国的处境可能随着时间的推移而越变越差，那么现在就是进攻的最佳时机。[27]

　　1939 年 9 月 1 日，德军发动了进攻。这拉开了希特勒在军事行动方面忽视严重不利因素、进行盲目决策的序幕。在希特勒看来，所有类似的警告都只意味着他的军队应该尽可能迅速地克服这些障碍。

＊　＊　＊

　　在战备阶段，希特勒意识到了同时挑衅东西两个方向的强敌有多危险。因此，对于下属的提醒，他并非完全置若罔闻。德国元首采取了一种双轨战略。首先，在肢解波兰的过程中，德国视苏联为伙伴，从而保证了不会马上与苏联兵戎相见。其次，他做了一个大胆的设想：如果德军用令人印象深刻的压倒性力量击败波兰，英国人和法国人可能就会知难而退，不去履行为波兰而战的承诺；他们可能会接受看似不可避免的结果，就像此前他们对待捷克斯洛伐克那样。

　　尽管希特勒和斯大林有很多共同点，但他们对两国暂时的合作都保持高度警惕。希特勒在《我的奋斗》中阐明了对苏联领导层的看法："永远不要忘记，当今苏联的统治者是双手沾满鲜血的罪犯……此外，不要忘记这些统治者属于这样一个民族：他们罕见地兼具野蛮的残忍与超乎想象的欺诈天赋，如今比以往更渴望对全世界进行血腥的压迫。"[28]

斯大林很清楚希特勒对苏联是如何大放厥词的，也清楚他视苏联为德意志帝国新边疆的野心。斯大林读过《我的奋斗》中的相关内容，深信希特勒想要征服并奴役苏联。斯大林还读过康拉德·海登（Konrad Heiden）的《国家社会主义史》（*History of National Socialism*），此书对希特勒的策略发出了明确的警告。"不能将他的承诺当作可靠伙伴之言，"海登写道，"当有利可图时，他就会违背承诺。"[29]

苏德双方完成互不侵犯条约的谈判后，就开始假装释放善意。[30]里宾特洛甫前往莫斯科签署了协议，向苏联领导人保证德国将关注来自西方的威胁而非苏联。斯大林倒了一杯香槟，举杯祝福希特勒身体健康。但当里宾特洛甫提议给条约写一段辞藻华丽的序言时，斯大林说出了自己的真实想法。

"过去六年纳粹政府肆无忌惮地诋毁苏联政府，而现在苏联无法让人民相信两国间的真正友谊。"斯大林说。在签署条约时，斯大林补充道："当然，我们没有忘记你们的最终目标是进攻苏联。"

不过，希特勒和斯大林都对条约感到满意。希特勒得到了苏联不会在此时进攻德国的保证。斯大林相信自己比希特勒和西方国家的领导人都要聪明，因此可以顺利夺取波兰东部和波罗的海国家。"希特勒想要戏弄我们，但我认为我们占了上风。"[31]他告诉乌克兰共产党领袖尼基塔·赫鲁晓夫。

希特勒让英法置身事外的希望迅速落空。在德国9月1日入侵波兰前的最后一刻，即8月29日，哈尔德将军在日记里写道："英国给人的总体印象是，在大战问题上其立场是'软弱'的。"[32]不过，9月3日上午9点，英国驻柏林大使内维尔·亨德森（Nevile Henderson）向德国政府发出了最后通牒，要求其停止对波兰的一切侵略行为，宣称如果上午 11 点前德国做不到这一点，英国就将对德宣战。

亨德森本想将最后通牒交给里宾特洛甫本人，但德国外长没有亲自前来，而是派来了翻译保罗·施密特（Paul Schmidt）。施密特迅速向总理府通报了英国的要求。走进办公室后，施密特看见希特勒坐在办公桌前，里宾特洛甫站在窗边。施密特向他们翻译了最后通牒的内容。后来他描述了当时的场景。

"我说完后，屋里鸦雀无声……希特勒一动不动地坐着发呆。他并没有像后来一些人说的那样大吃一惊，也没有像另一些人说的那样勃然大怒。他一动不动地静静坐着。隔了一会儿（这段时间对我来说十分漫长），希特勒问呆呆地站在窗边的里宾特洛甫：'现在怎么办？'希特勒用一种愤怒的眼神看向外交部部长，质问他，好像认为里宾特洛甫就英国人可能的反应误导了自己。里宾特洛甫小声回答道：'我觉得不出一个小时，法国人就会给我们发来一份类似的最后通牒。'"[33]

英国和法国如约在这一天一同对德宣战。有趣的是，尽管 9 月 1 日入侵波兰标志着第二次世界大战的爆发，但纳粹德国将这一天视作对波兰"反击"的开始。[34]第三帝国时期，纳粹对德国民众宣传的是，第二次世界大战是因英法在 9 月 3 日攻击德国才爆发的。

波兰人很快发现，他们的盟友并不是真心想要援助他们。尽管波兰军队英勇抵抗，但就像希特勒期望的那样，德国侵略者凭借火力优势很快取得了压倒性的胜利。英国向德国空投的首批传单显得滑稽可笑、毫无作用——该动作所体现的是一种无能而非实力。尽管空袭已经开始，英国飞机袭击了德国舰船和其他军事目标，但冲突还是迅速演变成一场"假战争"。这标志着西方大国无力真正遏制德国，更谈不上扭转希特勒的势头。

这使得德国元首能继续将误判英法反应的负面影响降至最低。"希特勒坚信，西方国家太虚弱、太颓废了，无法真正作战。"[35]施佩尔回忆道。但希特勒再次犯了错：他的做法让冲突升级到了敌人无路可退，只得全力以赴的地步。

尽管德军在波兰战役中取得了成功，但那些试图说服希特勒放慢战争步伐的军事怀疑论者再次做出了尝试——这一次是在希特勒准备入侵法国的时候。1939 年 11 月 5 日，布劳希奇将军向希特勒递交了一份有关德军装备问题的统计数据报告，表示需要花更多的时间来为发动新一轮进攻做准备。听闻此言，希特勒严厉地斥责了他，愤怒地责备了德军将领们的"捣乱"行为。[36]

一个月后，德军经济专家托马斯指出，应该将更多的钢材用于出口，而不是把它们几乎都用于军事领域。他警告称，正如他在德军入侵波兰前所说的那样，在一场长期战争中，如果不巩固经济基础的话，德国就会面对艰难的前景。

凯特尔将军向托马斯转达了希特勒的回复："元首本人意识到了我们无法打一场长期战争。战争必须迅速结束。"[37]换句话说，面对下属需要更多时间来准备下个阶段的战斗的请求，希特勒再次得出截然相反的结论——在他看来，将领们的所有论据反而进一步坚定了他立即采取行动的决心。

1940 年 3 月，希特勒在写给墨索里尼的信中称，英国人已经投身于一场全面战争。英国的草案的通过及重整军备计划意味着，"军力平衡几乎不可能会发生明显对我们有利的变化"。[38]他的结论是：在力量平衡变得对敌方有利前，德国须积极利用当前的优势。

德军此后在西欧尤其是法国所取得的一连串胜利，似乎再次证实了希特勒的疯狂逻辑的正确性。

* * *

斯大林对希特勒迅速而惊人的成功深感不安——这并非他所期望的局面。得知法国投降的消息时，赫鲁晓夫和他待在一起。"他像出租车司机一样来回踱步。"赫鲁晓夫回忆道，"他诅咒了法国人。他诅咒了英国人。他们怎么能被希特勒打败并向其投降呢？"斯大林还透露了他的隐忧：这将让希特勒"腾出手来对付我们"。[39]

斯大林对危险的感知并非没有根据。与德国的迅速征服形成鲜明反差的是，苏联在 1939 年 11 月 30 日对"小小芬兰"发动的进攻，竟演变成一场旷日持久的冬战，苏共中央政治局委员阿纳斯塔斯·米高扬后来将此描述为一场"耻辱的"战役。[40]斯大林本打算在两周内取得胜利，安插一个他提前准备好的傀儡政府，让芬兰变成卡累利阿 - 芬兰苏维埃共和国（Karelo-Finnish Soviet Republic）。出人意料的是，芬兰人进行了凶猛的反击，让仓促上阵的苏军十分狼狈。

赫鲁晓夫在回忆录中指出，"我们的很多士兵都被芬兰人痛揍了一顿"。伤亡数字证实了这一悲惨的评价：苏军在战争中阵亡 12.5 万人，而芬兰人仅损失了 4.8 万人。芬兰人最终被迫于 1940 年 3 月接受《苏芬和约》，失去了大片领土，但他们成功地羞辱了克里姆林宫。然而，希特勒和他的将领没有遭遇这样的损失。"德国人会发现苏联是一个泥足巨人，"赫鲁晓夫补充道，"希特勒肯定会断言，如果连芬兰人都能进行如此的抵抗，那强大的德国人只需要狠狠一击，就能击倒这个巨人。"[41]

赫鲁晓夫指出，斯大林在取得这场艰难的胜利后，变得"不知所措"。"他可能对苏军面对希特勒时的表现失去了信心。"事实上，斯大林后来向丘吉尔和罗斯福抱怨说，在芬兰战役中，"苏军一无是处"。[42]

在希特勒看来，还有一个原因让他对苏军无法承受德军的全面进攻感到越发自信。德国元首也许欣赏斯大林对军队高层的残酷清洗，但也意识到了审判和处决的狂潮给苏联武装部队造成的损失。1938年，苏联国防委员克利缅特·伏罗希洛夫（Kliment Voroshilov）报告了对军队清洗的"辉煌"战果，有超过4万人遭到了清洗。"清洗是剧烈而彻底的，"他说，"我们清洗了有必要清洗的所有人，从高级军官到低级军官无一例外。"[43]

结果是灾难性的。被囚禁了两年，但有幸存活下来，甚至在二战中出任高级将领的康斯坦丁·罗科索夫斯基（Konstantin Rokossovsky）表示："这比在战场上用炮火杀死自己人还要糟糕。"[44]高级将领遭受的打击最为严重。五位元帅中的三人，十五名军团司令中的十三人，以及九名海军舰队司令中的八人成了刀下冤魂。军队的整个指挥链都受到了重创。"有太多人遭到了处决，还破坏了从上至下的各级指挥架构。"赫鲁晓夫写道，"结果，我们的军队失去了在内战时期积累了丰富经验的骨干力量，要毫无准备地面对一个新的敌人。"

并非只有赫鲁晓夫有此感受。根据斯特潘·米高扬（Stepan Mikoyan）的回忆，他的父亲阿纳斯塔斯·米高扬在家中对此直言不讳。父亲告诉他，苏联损失了这么多经验丰富的军官，这"对为抵御希特勒进攻而进行的战备及战争进程本身，都产生了毁灭性影响"。[45]斯大林的传记作者伏尔科戈诺夫将军认为，"大清洗""导致了 1941 年的失败，数百万人因此丧生"。[46]

但这些是事后做出的评价。在《苏德互不侵犯条约》存续的日子里，关键问题是斯大林和希特勒如何看待他们各自的优势与不足，以及他们基于各自的分析会做出何种决策。并不出人意料的是，他们得出了完全相反的结论。

斯大林认识到了苏联的弱点所在（很多是他一手造成的），表面上表现出对他与希特勒缔造的同盟的依赖，希望两国维持和平的局面，至少多维持一会儿。他也许清楚这仅仅是权宜之计，但他想要尽力维持这种局面，争取时间来增强苏联的实力。此外，由于战争正在欧洲其他地方进行，西方世界正处于某种危机之中，这可能符合苏联的长远利益。

为了稳住希特勒，斯大林确保下属认真履行了与德国的贸易和其他协议，德国人却经常延迟交货。在德国即将入侵苏联的前夕，苏联还向德国提供了大量的原油、木材、铜、锰、橡胶、谷物和其他货物。例如 1941 年 4 月，苏联就向德国运送了 20.8 万吨谷物、9 万吨原油以及 6340 吨有色金属。[47]来自苏联间谍和其他方面的警告越来越多，它们都在提醒斯大林，这样做只会增强一个即将攻击苏联的可怕军事对手的实力，但斯大林固执地要坚守承诺。斯大林想向希特勒证明，自己并没有怀疑他——斯大林觉得如果自己不这样做的话，希特勒反而更可能攻击苏联。

赫鲁晓夫总结了这种做法的实际影响。"尽管麻雀叽叽喳喳地不停吵闹，让他'当心希特勒'，斯大林却准时地将一车车的谷物和原油运给德国人。他想要通过遵守《莫洛托夫－里宾特洛甫条约》来讨好希特勒！"[48]

赫鲁晓夫所说的"麻雀"包括苏联的驻外间谍。1940 年 6 月，德军还在法国作战时，苏联驻保加利亚武官伊万·杰尔加乔夫（Ivan Dergachev）上校向莫斯科发送了一份报告，其情报源预测德国将与法国休战，"不出一个月"就会进攻苏联。"德国的目的是摧毁苏联的共产主义，在苏联建立法西斯政权。"他写道。其他人的报告更准确地预测了侵苏行动，认为其发起时间是在一年之后。1940 年 9 月 29 日，一个代号为"艾瑞埃斯"（Ariets）的线人从柏林发出了报告，指出希特勒打算"在明年春天解决东方的问题"。[49]

到 1941 年年初时，各种警告接连不断，但斯大林并不相信它们。

*   *   *

希特勒也在尽量稳住斯大林。《莫洛托夫 - 里宾特洛甫条约》签署后，他对德国军事情报局［又名阿勃维尔（Abwehr）］局长、海军上将威廉·卡纳里斯（Wilhelm Canaris）做出指示，让后者不要采取任何会被解读为进攻苏联的行动。德国情报机构立即放弃了在苏联发展线人的努力。在 1940 年 3 月 26 日发布的一项指令中，卡纳里斯贯彻了希特勒的命令。"不要做任何会激怒俄罗斯人的事。"指令中写道。正如卡纳里斯的传记作者汉斯·霍恩（Hans Höhne）所指出的那样，"这种自废武功的做法导致阿勃维尔对苏联的情况几乎一无所知"。[50]

希特勒和斯大林的区别在于，希特勒从未放弃其在《我的奋斗》中初次阐明的目标，即征服苏联。德国空军未能夺取英伦三岛的制空权。无法入侵英国后，希特勒重新将注意力集中到了最初的目标上。希特勒是出于何种考虑进攻苏联的，同样令人费解。然而，他和过去一样强硬坚称，这是完全合理的决定。对敢于提出异议或心存疑虑的人，他拒绝接受其建议。

1940 年 7 月 31 日，在与军事将领讨论时，希特勒指出，实现他征服苏联的梦想后，其他问题也会得到解决——事实上，征服苏联将是赢得全球斗争的关键。根据哈尔德将军的记载，希特勒做出了如下判断：

"英国的希望在于苏联和美国（哈尔德用不同字体表示强调）。**如果英国人对苏联感到希望破灭，那么对美国也会如此，因为消灭苏联会大大增强日本在远东的实力。"**

"苏联是英国和美国在远东对付日本的一柄利剑。"一旦苏联被打败，希特勒分析道，日本就会在远东拖住美国人。这也将决定英国的命运。**"德国将成为欧洲和巴尔干的主人。"**

希特勒的结论是：**"命令：必须将摧毁苏联视为这次斗争的一部分。1941 年春天。越快打败苏联越好。"**[51]

正如在希特勒决定进攻波兰和西欧之前一样，一些官员对让德国与东方巨邻较量的决定也心存疑虑。20 世纪 30 年代在德国驻莫斯科使馆任职的赫尔瓦特拥有反纳粹思想，与西方外交官建立了密切联系。他很快发现任何提醒柏林不要低估苏联能力的尝试，都可能会适得其反。"我们决定将我们的职责定义为就苏联日益增强的实力向国内报告。"他回忆道。但当他和同事们这样做时，"希特勒对我们报告的理解与我们的期望截然相反。发现俄罗斯人仍然很强大，并且可能会变得更加强大后，希特勒决定应立即发动进攻，以免俄罗斯人变得强到能对整个欧洲发号施令"。[52]

对入侵苏联提出异议的其他高官也得到了类似的答复。德国外交部国务秘书恩斯特·冯·魏茨泽克（Ernst von Weizsäcker）认为入侵苏联"只会提振英国的士气"，因为这将被视作"德国没有把握取得对英作战胜利"的标志。海军上将卡纳里斯也对此充满疑虑，请求凯特尔将军提醒希特勒，不要低估苏联的反击能力。"亲爱的卡纳里斯，你也许熟悉军事情报，"凯特尔回复道，"但作为海军将领，你真的不应该对战略决策指手画脚。"[53]

在进攻苏联一事上，希特勒不仅进行了政治和军事评估，也算了经济账，尽管他对试图以经济理由规劝他不要匆忙发动战争的托马斯和其他下属感到十分不耐烦。1941 年 1 月 9 日，他告诉手下的将领，对苏联取得胜利将让德国变得无懈可击。"苏联巨大的地理空间包含着无尽财富，"他说，"德国必须从经济和政治上统治苏联。"[54]

讽刺的是，自从签署《莫洛托夫 - 里宾特洛甫条约》以来，德国开始依赖于苏联的稳定供货。没有苏联提供的大量饲料、原油、金属和矿物，德国的军事和民用经济都将受到严重削弱。德国陆军军需总监爱德华·瓦格纳（Eduard Wagner）上校指出，"条约的签署拯救了我们"。

有几个例子可以说明苏联所供应物资的重要性。1940 年，德国 65% 的铬矿、74% 的磷酸盐以及 55% 的锰都来自苏联。[55] 希特勒不去考虑侵略苏联将如何危及这些物资供应，却执着于自己对将领提出的迅速而成功的军事行动会给德国带来的"无尽财富"。他认为征服苏联后，对德国经济脆弱性的所有担心都将变得无关紧要。

在 1940 年夏秋之际有关入侵苏联的讨论中，陆军元帅费多尔·冯·博克（Fedor von Bock）由于延休病假，基本没有参与决策。但在 12 月 3 日博克的 60 岁生日庆祝会上，希特勒前去看了他，带去了一份小礼物，还宣布了一条令人吃惊的消息。"简单地问了问我的健康状况后，他告诉我说有必要将苏联从地球表面抹去。"博克回忆道，"元首的话让我有点吃惊，我表示苏联有广袤的领土及难以估量的军事实力，即便对拥有如此强大军力的我们来说，想要征服它也是一个艰巨的任务。"

博克注意到，希特勒的表情立即变得"冷淡而僵硬"。希特勒表示，"开启这次消灭布尔什维主义的伟大远征是德国的宿命"。然后，希特勒的语气变得和蔼了一些，告诉博克说，自己希望他在这次远征中发挥"决定性作用"。[56]实际上，博克后来指挥了中央集团军群，负责征服苏联中部和莫斯科。

两周后的12月18日，希特勒发布了第21号指令"巴巴罗萨计划"。指令开宗明义地指出："国防军必须在对英作战结束前做好准备，**在一场战役（'巴巴罗萨行动'）中迅速击败苏联**。"[57]

与急于将战争拓展至东线的诸多其他尝试一样，侵苏计划的准备工作完成得并不充分，这一点甚至体现在该计划的名称选择上。"巴巴罗萨"是腓特烈一世（Frederick I）的绰号，这位德意志皇帝在1190年率领军队远征圣地巴勒斯坦的途中，坠河溺亡。[58]

希特勒确信德军将取得一场令人瞠目的速胜。到1941年春天时，希特勒认为，德军"明显处于实力的巅峰"，而苏军"毋庸置疑正处于低谷"。正如他在1月初所说，"既然反正都要击倒俄罗斯人，那最好现在就动手，趁着他们没有指挥官且装备较差"。[59]

但希特勒的将领仍心存疑虑。希特勒的陆军副官格哈德·

恩格尔（Gerhard Engel）在 12 月 18 日的日记中写道，哈尔德将军希望他搞清元首"是真的想要战争，还是仅仅想虚张声势"。[60] 在高级将领和希特勒间扮演中间人的恩格尔，在揣测希特勒时可能有诸多疑惑。他在日记里写道："我觉得元首仍不清楚将会发生什么。对自己军事将领的不信任、对俄罗斯人实力的未知，以及对英国人顽强抵抗的失望，仍令他忧心不已。"

1941 年 1 月 28 日，哈尔德在日记里写道："巴巴罗萨：目标不明。我们没有那样进攻英国人。进攻苏联不会明显增强我们的经济潜力。不能低估来自西方的风险。"[61]

2 月 1 日，博克奉命与希特勒进行了又一次会谈。"他认为苏联的陷落是必然的。"[62] 这位陆军元帅记载道。当博克提醒希特勒德军可能会遭遇挫折时，德国元首不为所动："我坚信对我们的军队而言，那仅仅是一场飓风罢了！"

作为传统的普鲁士军国主义者，博克尽管心存疑虑，但仍然立即开始备战，准备率军深入苏联腹地。但仅仅两周后，他震惊地发现，由于供给的削减，很多部队面临口粮不足的问题。"如果口粮现在就被削减，那么在深入苏联内陆、远离供给基地后，我们该怎么办？"[63] 他在日记里写道。

希特勒不会考虑这种问题。此前他一再证明了怀疑者的错误，现在他决心故技重施。三周前，在与高级将领的一次会面中，他已经开始憧憬取得期待已久的对苏胜利，开始准备"一场对抗全世界的战争"。[64] 换句话说，如果美国参战的话，德国就可以利用新征服的东方领土上的资源与美国对抗，并毫无悬念地击败敌人。

第二章 "两个恃才傲物之人"

在大多数描述中，温斯顿·丘吉尔生命中经典的（同时也是最具挑战性的）时刻，发生在不列颠空战已打响的1940年夏秋之际，彼时德国空军未能夺取英伦三岛的制空权，原本入侵英国的计划也随之落空。但丘吉尔发现，几个月后自己面临的是一种更令人不安的局面。"回顾动荡不安的战争岁月，没有任何时期像1941年上半年那样让我和同僚承受了如此巨大的压力，并在同样长的一段时间里面临了如此之多的难题。"英国首相如此在回忆录中写道。[1]

不列颠之战变成了猛烈的空袭，德军的空袭以民用设施为主要目标，导致了4.3万人死亡。1941年5月后，空袭逐步常态化。[2] 英国不得不在海上与德国的U型潜艇作战，战火还波及了北非，同时，巴尔干国家也面临着日益迫近的德国威胁。"我们在1941年面临的问题，必须要依靠其他所有人的帮助才能化解。"丘吉尔补充道。他强调了英国军事和经济资源的窘迫，表示："我们不得不长期孤军奋战下去。"之后，他用形象的语言回顾了过去一年，总结道："孤注一掷后，我们现在必须要激流勇进。"

与之相比，希特勒对外界仍展现出一副对胜利充满信心的模样。"元首并不担心战争的未来前景。"墨索里尼的外交部部长兼女婿加莱亚佐·齐亚诺（Galeazzo Ciano）伯爵在1941年1月1日的日记中指出。[3] 与每日在伦敦报道这座城市如何与毁灭和物品短缺做斗争的美国同行不同，接替威廉·夏伊勒担任哥伦比亚广播公司驻柏林记者的亨利·弗兰纳里（Henry Flannery）记录了自己那令人难以置信的置身于冲突之外的超脱感。"1941年年初，我们在柏林几乎不知道战争还在继续，"他回忆道，"没有空袭打扰我们的休息，战争似乎还很遥远。"[4]

但在伦敦，情况并非如此。彼时在信息部工作的哈罗德·尼科尔森的办公室窗户，被一枚德军丢下的炸弹震碎；尼科尔森当时不在伦敦，从而幸免于难。此类侥幸脱险似乎只会坚定英国人的抵抗决心。"毫无疑问，我们越发感到，德国人唯一能理解的东西就是以牙还牙，"尼科尔森在1月2日写道，"我们在和魔鬼作战，我觉得我们也应该用魔鬼的方式，让他们尝尝这种滋味。"[5]

英国此时还无法实现这种愿望。美国仍置身事外，苏联仍遵守着与希特勒签订的条约，英国还没找到能够全力投入战争的强大盟友。但英国仍在英勇抵抗这一事实本身，就是了不起的成就。

从1940年5月出任首相的那一刻起，丘吉尔就在告诉英国人"我们正在孤军奋战"，将他们描绘成英勇抵抗者，不屈服于纳粹横扫欧洲的狂潮。除了英国首相，其他英国高层官员也强调了这一理念。"就我个人而言，没有需要讨好和纵容的盟友反而让我感到更高兴。"国王乔治六世表示。[6]

丘吉尔的战时首席军事顾问黑斯廷斯·伊斯梅将军指出："我们在孤军奋战。因此，我们不仅不感到恐慌，反而还觉得很踏实，并且感到很高兴。今后的一切都将变得很简单。我们的命运掌握在自己手中。"[7]和丘吉尔一样，很早并多次就希特勒的野心发出警告的保守党议员维克多·卡扎勒特（Victor Cazalet）阴郁地指出："法国人战败了，退出了战争，法国弥漫着失败主义和反英情绪。"但他也认为"有些人甚至获得了信心，觉得孤军奋战更好"。[8]

可事实上，英国并非完全孤立无援，甚至在艰险的战争初期也并非如此。英国、法国、波兰和其他国家的军队从敦刻尔克和其他法国港口大规模撤离，这标志着一个新的联盟的核心已经形成。对所有想要继续斗争的人来说，英国成了他们的作战基地。

撤退者中就有我的祖父兹格蒙特·纳戈尔斯基（Zygmunt Nagorski），他作为波兰流亡政府中的一员，从此前的流亡政府所在地法国昂热（Angers）撤到了英国。"对我们来说，这座海岛成了唯一能容许我们继续战斗的地方。"[9]他回忆道。他的波兰流亡同胞将他们的临时安身之地称作"最后的希望之岛"。[10]比利时外交部部长保罗－亨利·斯帕克（Paul-Henri Spaak）是比利时国内少数决定逃到伦敦的政府官员之一，他的大多数同胞不得不屈从于德国的统治。"英国是我们最后的希望，"斯帕克回忆道，"我们意识到只能寄希望于英国了。"[11]

当法国一战时的著名军事统帅菲利普·贝当（Philippe Pétain）向希特勒投降时，夏尔·戴高乐（Charles de Gaulle）将军选择流亡英国。抵达伦敦后，他在英国广播公司的广播中宣告"法国的抵抗火焰不会熄灭"。[12]理论上，戴高乐确实有资格带领同胞进行斗争。在他1934年所写的《未来的军队》（*The Army of the Future*）[13]一书中，他早就发出了严厉的警告：

"一个从我们的错觉、我们经历的灾难，以及我们限制上次大战胜利成果的急切行动中渔利的统一的德国，将有能力对西方猝然发起致命一击。"[14]

为了避免一语成谶，戴高乐认为法国需要对陆军进行现代化改造，让坦克和步兵协同作战，打造一支能与空军密切配合、具备快速打击能力的高度机动化部队，而非依赖于战壕防御体系和传统的步兵队形。戴高乐的书在法国仅仅卖了750本，贝当元帅和多数高级将领不屑于承认这种军事理论，他们坚称马其诺防线和步兵部队足以保护法国。

由于没有赢得广泛的支持，戴高乐到达伦敦后领导抵抗运动的努力并未取得理想效果。"我当时是从零开始，"他后来承认道，"没有任何一支部队或一个组织站在我这边。在法国，我没有追随者，也没有名望。在国外，我同样没有声望和地位。"[15]但丘吉尔不这样认为，他立即让戴高乐在英国广播公司向其同胞发声，将戴高乐打造成"自由法国"（Free French）的代言人。

在英国已待了六周的美国作家约翰·冈瑟（John Gunther）对大量拥入的外国人带来的影响进行了观察。"伦敦不是一个国家的首都，"他写道，"而是六个或八个国家的首都。"他指的是所有流亡政府及那些从被占国土逃到伦敦的人所设立的办事处。"波兰士兵守卫着英国海岸，"冈瑟指出，"波兰、捷克和其他外国飞行员与英国皇家空军并肩作战。"[16]

丘吉尔知道，这意味着英国人并非完全在孤军奋战；但他也清楚，想要取得战争胜利，仅靠来自英吉利海峡对岸的流亡者远远不够。他把首要目标定为大西洋对岸的强国，尤其是罗斯福总统。为了维护与罗斯福总统的关系，从而为英国赢得更多支持，丘吉尔付出了很多努力。然而，来自华盛顿的信号尽管令人鼓舞，但远谈不上让人充满信心。

1940 年新年前夜，丘吉尔给罗斯福写了一封信："请记住，总统先生，我们不知道你的想法，也不知道美国打算采取何种行动，我们在为自己的生存而战。"[17] 丘吉尔最后"在已到来的疾风骤雨般的新年中"，送上了他的祝福。

哥伦比亚广播公司的记者爱德华·R. 默罗（Edward R. Murrow）在那个新年之夜的著名广播节目《这里是伦敦》（"This is London"）中，对战争进行了冷静的评估："英国受到了重创——还将屡受打击——但她不会投降。"随后，他有意向大西洋对岸的美国同胞释放了信息："你们现在不必付出血汗与泪水，但这里几乎所有有见识的观察家都认为，在伦敦一个小时前迎来的新年中，你们的决定是无比重要的。"[18]

* * *

除了发挥了战斗口号的作用外，丘吉尔"我们在孤军奋战"的表达很自然地让人联想到说出它的政治家曾经历的极大政治孤立。正如美国外交家罗伯特·墨菲（Robert Murphy）所说，今天我们不太会想起在战争前夕，丘吉尔是如何被贬损为"英国和欧洲公认的过气之人"的。[19]

丘吉尔一战时曾出任海军大臣，但加里波利之战（Gallipoli campaign）的失败让他深受打击，该战役意在迫使奥斯曼帝国退出战争，同时打通通往英国当时的盟友俄国的海路。事与愿违的是，交战双方都损失惨重，最后协约国被迫撤军。尽管失败不应归咎于一个人，但丘吉尔承担了责任，从内阁辞职，前往西线服役。

战争结束后，他重返政坛，但在 20 世纪 30 年代的多数时间里显得"碌碌无为"。作为议会中的保守党后座议员，他没有担任官职。他与很多同僚都合不来，因为他强烈反对对"圣雄"甘地争取印度独立的运动做出任何妥协，并在爱德华八世退位危机的初期选择站在国王的一边。尽管他很早并经常就绥靖政策的危害提出的警告，且这对他后来赢得权力斗争十分重要，但他仍被视作一个言行鲁莽的孤僻之人。

即便德国入侵波兰证明丘吉尔准确判断了希特勒的意图，但他的政治前景仍不明朗。战争爆发时被安排到唐宁街 10 号工作的 24 岁外交部员工、人称"乔克"的约翰·科尔维尔在日记里写道，内维尔·张伯伦失败的绥靖政策已经完全声名狼藉。"但真的没有人能取代他，"科尔维尔在 1939 年 11 月 8 日写道，"外交大臣哈利法克斯（Halifax）子爵不够坚强有力，温斯顿又太反复无常。"[20]

不过，张伯伦在战争初期让丘吉尔重操旧业，出任海军大臣，对他关于德国威胁的先见之明表示了认可。任职期间，丘吉尔于 1940 年年初在中立的挪威采取攻势，切断了瑞典对德国的铁矿石供应，并在挪威水域布设水雷。但仓促的布雷行动刚刚开始，希特勒就派遣军舰和士兵占领了挪威。尽管英国、法国和波兰军队在保护纳尔维克（Narvik）和其他挪威战略目标上取得了一些胜利，但盟军还是很快被迫撤离。

挪威战役的混乱与失败本应对丘吉尔的声望和艰难的政治生涯，带来致命的最终一击。正如丘吉尔所承认的，考虑到他在策划与落实行动中发挥的重要作用，"能维持自身的公众信誉与议会对我的信任，真是一个奇迹"。[21]

然而，丘吉尔不仅未被追责，反而成为首相。这是因为越来越多的议会同僚认为，张伯伦不再是一个能够领导战时国家的可信之人，而丘吉尔是唯一可靠的人选。尽管他过去犯过错，也有过误判，但他有关希特勒的警告及需要为重大军事斗争做好准备的判断，无疑是十分正确的。"最终，我们选择了丘吉尔。"丘吉尔的坚定支持者、后来成为首相的哈罗德·麦克米伦（Harold Macmillan）欣慰地写道。[22]

丘吉尔立即动员同胞，开始为与美国结成全面的同盟做准备。

* * *

德国入侵波兰后，罗斯福主动向丘吉尔伸出橄榄枝，在1939 年 9 月 11 日的一封信中提醒对方说，两人在上次战争中担任了"类似的职务"，都负责各自国家的海军工作。"你能重返海军部工作，让我非常高兴。"罗斯福写道。他希望丘吉尔"保持与我的个人联系，告诉我你想让我知道的任何事"。毫无疑问，这是一条直接的沟通渠道。罗斯福还说："你随时可以通过你的（或我的）外交邮袋寄送密封信函。"换句话说，所有的来往信件都将通过外交邮袋传递，然而一些外交官——尤其是宣扬失败主义论调的肯尼迪大使——不会参与其中。[23]

丘吉尔积极响应了罗斯福的提议，在信中他的署名是"海军人员"（Naval Person）。肯尼迪大使手下的美国武官雷蒙德·E. 李将军极不赞同肯尼迪对英国的悲观看法，在后一个月的日记中指出："他（肯尼迪）对战争的很多看法都是错误的，我不认为丘吉尔有多喜欢他，愿意通过他和罗斯福直接打交道。"[24]

肯尼迪一点也不高兴。1939 年年底去白宫述职时，他问罗斯福为什么要进行这种高层的私人通信。令他惊讶的是，总统在答复他时回忆起了与丘吉尔的初次会面。"自从我在 1918 年去了英国之后，就一直不喜欢丘吉尔。"他告诉肯尼迪。罗斯福当时作为海军部副部长对伦敦进行了官方访问，参加了英国内阁举办的一场晚宴，丘吉尔也出席了。"他在我参加的晚宴上令人生厌，对我们颐指气使。"罗斯福回忆道。[25]

罗斯福知道肯尼迪厌恶丘吉尔，发现他对自己与丘吉尔的私人通信的不满后，可能故意表现得言辞尖锐了些。但他并没有为在与丘吉尔打交道时绕过肯尼迪而道歉。"我现在关注他是因为他很有可能成为英国首相，我希望现在就能熟悉情况。"罗斯福表示。

尽管丘吉尔甚至想不起来罗斯福在 1918 年出席了晚宴，但两人都很谨慎。对美国人来说，丘吉尔对大英帝国的坚定捍卫——尤其是反对甘地的印度独立运动——标志着他是老派的帝国主义者。而罗斯福在美国是否会直接涉入一场新的全球性冲突这一重大问题上含糊其词，这一直让丘吉尔恼怒不已。丘吉尔抱怨说，美国习惯于"顺从民意而非塑造和引导舆论"。[26]

这确实是事实。罗斯福的好友罗伯特·H. 杰克逊（Robert H. Jackson）时任美国司法部副部长，后来成为司法部部长，并于 1941 年 7 月被任命为美国最高法院大法官，他恰如其分地总结了罗斯福所面临的"特殊困难"。杰克逊写道，从战争开始到 1940 年连任总统，再到珍珠港事件，"如果他做出任何看起来会让美国做好战争准备的举动，那他就会被指责为一个战争贩子，但他觉得有必要采取一些措施，以免到时会措手不及。他采取了一种一边维持和平，一边做好战争准备的双轨政策。他采取的任何有利于'参战'或'和平'政策的举动，都会被反对者视作不作为或不真诚。因此他真的很难采取行动"。[27]

鉴于上一场战争留下的惨痛回忆,多数美国人对让"我们的男孩"再次奔赴战场的主张,表示强烈反对。著名飞行员查尔斯·林德伯格是孤立主义运动最著名的倡导者,曾在20世纪30年代访问德国,对德国不断增强的空军力量进行过报道。他于1940年9月创立了"美国优先"委员会。正如他之前指出的那样,林德伯格认为美国应该远离由希特勒和斯大林统治的欧洲大陆上发生的冲突——不管怎样,苏联都对欧洲文明构成了真正的威胁。

如果战争演变成苏联与德国之间的一场斗争,林德伯格写道,"那么让纯正欧洲血统的德国人取胜,要好过让拥有一半亚洲血统的俄罗斯人获胜"。希特勒终将死去,他接着说,"德国人最终将会修正纳粹政权的过分之处"。[28]别的先不说,他的这一论据根本站不住脚,希特勒比斯大林年轻十岁,理论上前者应该比后者活得更久。

在丘吉尔任期中的头几个月里,他还必须同"英国正在打一场毫无希望的战争"这类观点做斗争。"英国的民主完蛋了。"5月20日法国即将崩溃时,肯尼迪在写给罗斯福的报告中指出。大西洋对岸的很多官员也持同样的观点。"1940年7月,华盛顿的大多数人认为,即便有温斯顿·丘吉尔的坚强领导,英国也无法长期抵抗纳粹德国的进攻。"[29]副国务卿萨姆纳·威尔斯(Sumner Welles)回忆道。孤立主义者指出,如果这是事实,那么美国寻求改变战争结局的任何努力不仅是错误的,而且是徒劳的。

在出任首相三天前的5月7日,丘吉尔对美国的态度进行了更乐观（但仍显谨慎）的评估。"强大的美利坚合众国将与我们结盟，或站在我们的一边。无论如何，它都将支持我们。"[30]他告诉下议院。

刚搬到唐宁街 10 号时，丘吉尔就竭力推动罗斯福更公开地进行战备工作。丘吉尔正在军训的儿子伦道夫（Randolph）后来回忆起 5 月 18 日自己请假回到伦敦后遇到父亲的场景。[31]他发现父亲正在镜前刮胡子，只穿了一件丝绸内衣。丘吉尔让儿子坐下，说"我觉得我知道该怎么办了"——他肯定是在说他可以带领英国走向胜利。伦道夫回应说自己不明白"你如何能做到这一点"。丘吉尔转过身来，郑重宣布："我会把美国拖进来。"

* * *

丘吉尔无法立即让罗斯福加入战争，但从一开始就充分利用了自己的权力说服对方。5 月 15 日，丘吉尔给美国总统发送了就任首相以来的第一封信——战争期间他一共发出了 950 封信，收到了大约 800 封回信。信函被投送至美国驻伦敦使馆，使馆将它们转为加密电报发往华盛顿。援引罗斯福在战争初期的第一封信中提及的两人的共同背景，丘吉尔在电报中用了"前海军人员"这个署名，而非此前在海军部任职时的"海军人员"。"尽管我换了办公室，但我很肯定你不希望我中断我们的私人通信。"丘吉尔解释道。[32]

根据丘吉尔写的信，罗斯福在 1940 年已经确信，美国需要尽可能援助英国。在 1 月 3 日发表的国情咨文中，罗斯福提醒美国人打消"在外界的其他文明与人类的商业和文化遭到摧毁的情况下，能够继续在孤立的高墙下生活"的幻想。但他对"那些不同意派美国青年去欧洲的土地作战的人的情绪"表示理解。罗斯福匆忙补充道："没有人让他们同意,因为没有人想要这么做。"[33]

德国在西欧取得胜利后,罗斯福对美国可以成为"暴力哲学统治下的世界中的一座孤岛"[34]的孤立主义思想,表达了更强烈的反对。6月10日在弗吉尼亚大学的演讲中,罗斯福指出:"对我以及绝大多数美国人来说,这样一座孤岛意味着一种人民没有自由的绝望噩梦——一种人民被囚禁于监狱的噩梦。"

但丘吉尔十分清楚,华丽的辞藻并不能保证美国会提供他所希望的实质性支持,更别说他认为能最终拯救英国的直接军事介入了。在5月15日发给罗斯福的电报中,这位新首相对"黯淡"的局势进行了大胆的评估,指出自己认为德国接下来会进攻英国,"同时采取空袭与空降行动"。承诺英国将在必要的情况下继续孤军奋战的同时,丘吉尔还警告称,"如果观望太久,美国的声音和力量可能不会产生任何作用",结果可能是"纳粹以惊人的速度肆虐整个欧洲,我们将面临无法承受的损失"。

在具体细节问题上,丘吉尔请求美国在英国没有生产出新的驱逐舰前,"租借40艘或50艘老旧驱逐舰",提供防空装备和弹药,以及提供钢材和其他物资。丘吉尔承诺"会尽量用美元支付,但相信在资金不足,无法继续支付货款的情况下,你们仍会为我们提供物资"。[35]

罗斯福的答复令人沮丧。他指出,租借或赠予英国老式驱逐舰必须得到国会授权,但现在并非他提出类似请求的合适时机。显而易见的原因是,美国国内仍存在着对深度介入战争的强大阻力。反对者包括乔治·C. 马歇尔（George C. Marshall）将军和其他高级军方将领，他们认为向英国提供物资风险太大，因为如果德国人征服英国的话，物资就将落入敌手。

丘吉尔从驻华盛顿大使洛锡安勋爵（Lord Lothian）处获悉这种言论后，并没有掩饰自己的愤怒。丘吉尔在交给科尔维尔另一封写给罗斯福的信时，厉声说："这是给那些该死的美国佬的电报。"[36]他对洛锡安抱怨道："到 4 月时，他们还确信盟国能赢得战争，美国没有必要支援；可现在他们又确信我们将战败，不可能提供支援了。"[37]

随着罗斯福设法向英国提供其急需的援助，丘吉尔的努力得到了回报。6 月 1 日，罗斯福授权向英国提供"过剩的"军事物资，包括 8 万挺机关枪、弹药，以及一战期间生产的 50 万支冲锋枪。[38]重要的是，马歇尔将军也改变了此前在援助英国问题上的立场，积极落实上述举措。美国随之开始向英国提供坦克部件，双方还在 9 月 2 日签订了一份用驱逐舰交换基地的协定。英国允许美国使用英国属地，并在那里修建海空军基地，租期为九十九年；作为补偿，美国人开始向英国提供老旧驱逐舰。

该协议远非完美。皇家海军很快开始抱怨，他们接收的第一批驱逐舰性能糟糕。但丘吉尔意识到这是一桩可让罗斯福向持怀疑态度的美国国会与公众表明立场的交易；更重要的是，这意味着英国之后能获得更好的军舰和更多的其他军事装备。罗斯福在 11 月赢得连任后，英国首相给他写信说，"为你获得成功而祈祷，对你成功连任感到欣慰"。[39]

丘吉尔也对美国在提供更多后续援助物资方面的迟缓反应表达了不满，他尤其对美国人让英方立即为所有物资付款的不当苛刻要求不满。鉴于英国迅速减少的黄金和美元储备，丘吉尔恳请罗斯福在这件事上采取一种更宽大的处理方式。罗斯福总统在一次电台广播（更出名的说法是"炉边谈话"）中，对此进行了回应。12 月 9 日，罗斯福宣布："从军事上讲，大不列颠和大英帝国当前站在反抗法西斯对世界的征服的第一线。他们所从事的斗争将在记录人类英勇事迹的史册上永垂不朽。"[40]

尽管罗斯福仍坚称美国不会参战，但承诺会将美国打造成"民主国家的兵工厂"，表示英国日益萎缩的财政资源不会对它成为美国援助的主要受益者一事构成阻碍。几天前的一场新闻发布会上，罗斯福解释说，他会像对待想要借水管灭火的邻居那样对待英国。他不可能在借出东西之前和他的邻居说："邻居，我的水管是花 15 美元买的，你要先给我 15 美元。"[41]他不会要钱，而是会在邻居"扑灭大火后"要回水管。

这种朴实的论证方式发挥了关键作用，为 1941 年 1 月初草拟的《租借法案》（the Lend-Lease Act）赢得了支持。在接下来的两个月里，国会就美国应该在多大程度上援助英国，展开了至关重要的辩论。罗斯福的演讲稿撰写人罗伯特·舍伍德（Robert Sherwood）引用了帮邻居灭火的类比，让多数美国人相信"总统借给英国人水管的提议既不激进也不危险，况且英国人正在可怕的逆境中进行英勇的抗争"。[42]

《租借法案》让罗斯福可以向丘吉尔提供英国需要的各类物资。按照规定，罗斯福可以向"总统认为其国防对美国国防至关重要的任何国家的政府"提供军事和其他物资。美国人将"租借"这些物资，不需要对方立即偿还，也不需要他们确定具体的偿还形式。

正是法案的这种极大的自由度，令孤立主义阵营感到恐慌。共和党参议员罗伯特 A. 塔夫脱（Robert A. Taft）指出该法案将"使总统有权在全世界推进一种未经公开宣战的战争。除了没有派士兵到前线的战壕作战外，美国在其他方面都与参战无异"。[43]

1941 年刚刚到来时，美国国会和人民能否接受这些条款还是未知数。罗斯福的支持者与孤立主义者都摩拳擦掌，准备进行一场激烈的斗争。

* * *

在《我的奋斗》中希特勒指出，他认为德国在上次大战前犯下的重大错误是，德国自认为可以通过一种殖民政策，与英国的全球性帝国展开竞争。"我觉得更合理的做法是，德国放弃其愚蠢的殖民政策，放弃商船船队与战舰，与英国结盟对抗俄国，不再执行一种孱弱的全球性政策，而是坚定地推行在欧洲大陆夺取领土的欧洲政策。"[44]希特勒写道。

希特勒认为英国在 20 世纪初本应成为德国的盟友而非敌人。在一步步取得大权的过程中及二战期间，他始终坚持这一想法。"在他当权的岁月里，没有让英国成为盟友的遗憾像一根红线一样一直缠绕着他。"[45]施佩尔在回忆录里写道。希特勒很早就执着于某些想法，此后从未完全放弃它们，无论它们与事实存在多大反差。这一点在他于关键时期对英国和美国的评估上，体现得尤为明显，正是在这一时期，他的政策迫使英美两国走得更近。他后来对苏联抵抗能力的严重误判同样体现了这一点。

"希特勒实际上对他的敌人一无所知，甚至拒绝利用他所掌握的信息。"施佩尔指出，"相反，他相信自己的灵感，无论其在根本上与事实有多么相悖。"根据施佩尔的回忆，最突出的例子是，希特勒一边将英国称作"我们的头号敌人"，一边又希望与这个敌人达成协议。[46]希特勒的军事副官恩格尔1940年12月18日在日记里写道："（元首）希望英国会屈服，不相信美国会参战。"[47]

根据施佩尔的回忆，从英法在德国入侵波兰后对德宣战的那一刻起，希特勒就试图让自己和下属相信，英法这样做"纯粹是一种虚张声势，是为了不在全世界面前丢脸"。[48]《人民观察家报》（Völkischer Beobachter）曾登出一个很有代表性的标题："德国希望和平——不存在针对法国和英国的战争。"[49]

希特勒私下里和在公开场合继续摆出"和平"姿态。1940年3月4日，希特勒会见了通用汽车海外公司（General Motors Overseas Corporation）的总裁詹姆斯·D.穆尼（James D. Mooney），穆尼遵照德国官员的建议，做了一次旨在避免大规模战争的不切实际的尝试。希特勒告诉穆尼，德国愿意尊重英国的世界强国地位，只要德国也能获得相似的尊重。希特勒声称这可以作为与罗斯福达成和平协议的基础，双方可之后再谈削减军备、开展新的国际贸易的事。穆尼给罗斯福捎了五次口信，谈到了与德国官员的会面情况，但白宫对此根本不予理睬。[50]

在不列颠空战及此后持续不断的闪电战中，希特勒对英国拒绝屈从于他的意志越发感到沮丧。"元首对英国拒绝媾和的顽固态度感到十分困惑。"[51]哈尔德在1940年7月13日写道。11月24日，纳粹德国宣传部部长约瑟夫·戈培尔（Joseph Goebbels）在日记里问："丘吉尔什么时候才会投降？"他又补充道："丘吉尔还没有考虑投降。"两天后，戈培尔再次在日记中表达了对英国人的愤怒。"他们最好的武器就是他们的迟钝与愚蠢，"戈培尔写道，"其他任何国家遇到这种情况早就投降了。"[52]

同月，莫洛托夫访问了柏林，与德国外长里宾特洛甫见了一面。[53]苏联外交人民委员出席欢迎宴会时，恰逢英国皇家空军空袭柏林，德国方面不得不带他躲到了里宾特洛甫的防空洞里。里宾特洛甫坚称英国完蛋了，但一向严肃的莫洛托夫巧妙地反驳道："如果是这样的话，那我们为什么要躲在这里，炸弹又是谁扔下的？"[54]

希特勒及其属下对英国的怨恨大多针对丘吉尔本人。张伯伦在德国入侵波兰后任命丘吉尔为第一海军大臣，赫尔曼·戈林得知此事后前往希特勒的办公室，在离元首最近的一张椅子上坐下，说："丘吉尔进了内阁。这意味着战争真的开始了。现在我们要跟英国打仗了。"[55]但希特勒从未完全放弃说服英国人接受他臆想中的"和平提议"。

在一定程度上，希特勒以自己对地缘政治的判断为依据来评估美国可发挥的作用。和看待英国一样，在看待美国时，他也只倾向于看到自己想看的东西。20世纪20年代早期，当希特勒还是慕尼黑羽翼未丰的纳粹党头目时，德美混血的哈佛毕业生、人称"普茨"（Putzi）的恩斯特·汉夫施丹格尔（Ernst Hanfstaengl）是他的宣传事务负责人与临时顾问。二战后在希特勒传记作者约翰·托兰（John Toland）对汉夫施丹格尔的采访中，汉夫施丹格尔表示自己试图让希特勒了解美国日益增长的重要性，以便给他提供"缩小华盛顿与慕尼黑之间差距……的大好机会"。[56]

汉夫施丹格尔指出，正是美国的参战决定了上次大战的最终结局。他告诉希特勒："如果战争再次爆发，美国人选择加入的一方必将取胜。"[57]尽管希特勒勉强承认汉夫施丹格尔的观点有道理，但似乎并没有被说服。希特勒对美国的看法"极其肤浅"，汉夫施丹格尔总结道，他主要关注犹太人，认为他们在幕后操纵着一切。在《我的奋斗》中，希特勒阐明了他的观点。"犹太人主宰着美国的股票交易所"，他写道，并将犹太人描述为美国"生产商的绝对主宰"。[58]根据汉夫施丹格尔的回忆，希特勒唯一崇拜的美国人是亨利·福特（Henry Ford）。福特具有强烈的反犹思想，希特勒因此将他称作"伟人"。

希特勒在《我的奋斗》中承认，英国"与美国之间的文化和语言纽带"让英国在欧洲拥有一种独特地位，[59]有时他似乎也会承认美国的经济潜力，但他一贯低估美国的军事潜力。1940 年 9 月 14 日，在和高级将领的谈话中，希特勒预测："1945 年之前，美国无法最大限度地重整军备。"[60]同年晚些时候及 1941 年年初，希特勒把他之前预估的美国能够大幅提升英国防卫力量的时间提前，但仍未摆脱偏见的干扰。

施佩尔生动地总结了希特勒的观点："他认为，美国人在1914～1918 年的战争中，并未发挥突出的作用，也没有做出巨大的牺牲。他们肯定无法承受战火的重大考验，因为他们的战斗意志很薄弱。总之，根本不存在作为一个集体的美国人，他们不过是由来自众多国家和种族的移民构成的群体。"[61]在1940 年 4 月的一次谈话中，希特勒认为美国的军工生产是"地球上最大的骗局……简直就是一个笑话"。[62]

早在 1939 年 4 月 26 日，美联社驻柏林记者站站长路易斯·洛克纳（Louis Lochner）在给家中孩子们的信中就写道：

"我担心德国人犯了一个大错：他们完全低估了可能面对的潜在敌人的实力……德国的高层领导人竟然会重蹈 1914～1918年的覆辙！还记得他们当初是如何嘲笑美国漂洋过海、派兵参战的可能性的吗？现在他们向德国人民灌输的说法是英国衰败不堪、无力一战，法国忙于内斗，美国只会虚张声势，等等。太可悲了！"[63]希特勒对法国的判断是正确的，面对英国和美国则犯了可悲的错误。

这些误判从长远来看将造成灾难性的后果，但丘吉尔此时还需要争取美国的大规模援助。这意味着在 1941 年头几个月有关《租借法案》的引人注目的辩论中，英国要赢得美国人民的真心支持。

* * *

罗斯福除了在 1940 年给英国提供有限的援助外，还开始为未来美国因情势所迫而直接介入战争做准备。9 月 16 日，罗斯福签署了美国历史上第一份和平时期征兵法案，要求所有年龄在 21 岁至 35 岁的男性进行登记。"我们不能对肆虐当今世界的暴力哲学无动于衷，"罗斯福表示，"我们必将充分利用我们的巨大潜力，将战事拒于我们的海岸线之外。我们必将防止我们的国土被人侵略。"[64]

1941 年年初《租借法案》悬而未决之际，罗斯福就美国同胞需要关注的威胁，进行了更直白的表达。在 1 月 6 日有关"四大自由"（Four Freedoms）的国情咨文中，他断言"今天美国的安全受到了前所未有的严重威胁"。他再次表达了对"自我孤立"的反对，谴责了"企图向全世界扩张的残暴新秩序"。他还说："侵略者仍在大肆扩张，威胁大大小小的其他国家。"罗斯福对绥靖主义表示反对，最后指出："美国人民坚定不移地反对这种暴政。"

实际上，很多美国人的立场并非如此坚定，但罗斯福的话在他们身上产生了积极效果。罗斯福指出，美国应该聚焦于"应对外部危险"。这意味着加速飞机、舰船、弹药及其他战时必需物资的生产——这句话不仅适用于美国的兵工厂，还适用于"那些正在与侵略者作战的国家"。罗斯福没有点英国的名，但所有人都知道他说的是谁。关于未来的偿还方式，罗斯福故意做了模糊化处理，强调了他关于处境艰难的民主国家的计划："我们将向你们提供越来越多的舰船、飞机、坦克、枪支。这是我们的目标，也是我们的承诺。"

罗斯福呼吁美国公民将"爱国主义放在腰包问题之前"，承诺用增加税收的方式来推进美国的国防项目。他继续说，这样做的目的是捍卫四大自由：言论自由、信仰自由、免于贫困的自由和免于恐惧的自由。美国应该捍卫"世界各地的人权"，而不仅仅是本国的。[65]

这是一个宏大的目标，《租借法案》被给予了体现美国革命理想的 HR1776 编号并非巧合。孤立主义者们很快展开了反击，称罗斯福在寻求为所欲为地利用国家资源的权力。"以前美国从未给予任何一个人剥夺国家防御的权力。"来自蒙大拿州的狂热民主党孤立主义参议员伯顿·惠勒（Burton Wheeler）指责道。他影射了政府的农场计划，还指出："《租借法案》是新政中非常危险的外交政策；它将断送四分之一美国青年的性命。"罗斯福反击说惠勒的批评是"他听到过的最虚假、最卑鄙、最反动的话"。[66]

罗斯福的另一个狂热批评者、共和党国会议员汉密尔顿·

菲什三世（Hamilton Fish Ⅲ）希望林德伯格在众议院外交事务委员会（House Committee on Foreign Affairs）就《租借法案》的立法裁决提供不利的证词。在菲什看来，林德伯格是孤立主义者可以用于辩论的最大撒手锏。这位飞行员很乐意效劳。

1月23日，林德伯格以证人身份走入委员会的一间会议室做证，房间里挤满了大约一千人，包括摄影师、摄影机操作员、记者，以及大量因林德伯格而关注这场重要听证会的旁听者。[67]尽管林德伯格的支持者经常为他鼓掌欢呼，但在四个半小时的听证会上，以国会议员路德·A. 约翰逊（Luther A. Johnson）为代表的《租借法案》支持者提出了很多问题，引发了不少令人尴尬的对话。

这位来自德州的民主党人逼问林德伯格是否同情英国人的事业。"我同情双方的人民，但我认为取得决定性胜利将对英国自身不利，"林德伯格回答道，"我同情英国人民，但不同情他们的目标。"

约翰逊有些怀疑，问林德伯格是否相信英国获胜最符合美国的利益。"不，先生，我认为一场全面的胜利，正如我们说的那样，意味着欧洲的衰落，而这是最糟糕不过的事。"林德伯格说道。

林德伯格指出，最好是能实现"一种经过协商的和平"。他似乎忘记了与希特勒的任何谈判都是包含附加条件的。他补充道，这种协商只有在"双方"都无法赢得战争的情况下才能发生，而这样的和平是他心目中的理想结局。

在回应其他质询者时，林德伯格坚称美国介入战争"将是一场巨大的灾难"。他还拒绝指责德国发动了战争，指出英国同样负有责任。在解释为何对纳粹的暴行保持沉默时，他冷酷地表示"公开地评论此事于事无补"。尽管当时有关德占区里最令人发指的罪行的报道并不多，但很多美国人已经了解了足够多的情况，因此对林德伯格的冷酷无情表示震惊。《里士满新闻导报》（*Richmond News Leader*）的一篇评论指出，"数百万人恨不得当天就投票绞死林德伯格或将他流放"。

孤立主义阵营称赞林德伯格说出了真相，但他所说的真相似乎没有多少吸引力。事实上，他可能适得其反，削弱而非巩固了孤立主义者的事业。2月9日，众议院以260票赞成、185票反对的投票结果批准了《租借法案》；3月8日，参议院以60票赞成、31票反对的结果，也批准了法案。

＊　　＊　　＊

除了全力赢得美国人的支持外，丘吉尔和他的政府还有很多棘手之事需要处理。首相的助手科尔维尔在1941年元旦的日记中，记录了一条耸人听闻的消息。密报显示，"自由法国"海军司令埃米尔·米瑟利耶（Emile Muselier）与另一名法国男性和两名法国女性被卷入了一个为通敌的维希政府服务的间谍网，军情五处因而实施了抓捕。"其中一名女性被发现和一位'自由法国'部队的医生一起躺在床上。"科尔维尔饶有兴致地指出，"在另一处，巴西使馆的二等秘书被发现一丝不挂地躺在床上。情报是通过巴西使馆交给维希政府的。米瑟利耶本人被查出私藏危险药物。"[68]

逮捕行动存在着一个问题：密报是以伪造的文件为根据的。尽管戴高乐将军与米瑟利耶关系紧张，两人后来甚至彻底决裂了，但法国领导人还是向英国人发出了最后通牒，要求释放米瑟利耶。英国照办了。丘吉尔还亲自向戴高乐道歉。这出闹剧及类似的情节生动地展现了伦敦当时的紧张气氛，尤其是在流亡者群体中。另一个身在伦敦的法国军队的成员、《自由法国》杂志的编辑雷蒙·阿隆（Raymond Aron）尖锐地指出："流亡团体在政治上是最令人不悦的；这种团体里弥漫着阴谋诡计、谣言、暗藏的敌意与肤浅的一致。"[69]

但最紧迫的任务仍是维持跨大西洋关系，而罗斯福等不及《租借法案》的正式通过，希望加强与丘吉尔的联系。总统派他最亲密的顾问哈里·霍普金斯作为"他的私人代表"[70]去了伦敦，并带去了官方授权信函。霍普金斯身体不佳，怕坐飞机，但他渴望完成自己的使命，当面了解丘吉尔，并转达罗斯福决心赢得国内政治斗争以援助英国的保证。

丘吉尔首次获悉美国代表的来访安排时，并不知道谁是霍普金斯；但得知他与罗斯福的密切关系后，便开始不遗余力地对他的来访表示欢迎。丘吉尔派自己的议会私人秘书布兰登·布兰肯（Brendan Bracken）去英国南部港口城镇普尔（Poole）迎接霍普金斯，英国海外航空公司（British Overseas Airways）的飞机将把霍普金斯从里斯本带到此地，这是霍普金斯五天路程中的最后一段。其他乘客都下机后，霍普金斯还未现身，布兰肯发现他还坐在座位上，"看起来虚弱而干瘪，累得甚至无法解开安全带"。

布兰肯与霍普金斯一起乘坐专列，于1月9日抵达伦敦。南方铁路（Southern Railway）总经理尤斯塔斯·米森登（Eustace Missenden）爵士后来回忆道，英国方面对霍普金斯的来访做了精心准备："丘吉尔先生做出了指示，要求我们提供最好的服务，火车专门安排了设施最现代化的卧铺车厢。列车长戴着白手套；饭菜非常丰盛，还有饮料，此外还有报纸、期刊等。哈里·霍普金斯先生深受打动。"

在同美国同事的头几次会面中，霍普金斯透露了他的想法。美国使馆代办赫舍尔·约翰逊（Herschel Johnson）很欣喜地发现，霍普金斯渴望了解英国急需什么。"哈里想搞清英国人要求的援助是否足以帮助他们渡过难关。"约翰逊回忆道。

作为哥伦比亚广播公司节目的听众，霍普金斯尤其渴望见见默罗，因此立即邀请他前来自己下榻的克拉里奇酒店（Claridge's）。霍普金斯告诉默罗："我觉得你可以说我此行是为了促进两个恃才傲物之人间的交流。"霍普金斯指的是他的上级和丘吉尔。他解释说，他希望这两个颇为自负的有权有势之人偶尔能擦出火花，因此他需要对首相进行评估。离开华盛顿前，霍普金斯向很多外交官打听了丘吉尔的情况，对听到的溢美之词感到厌倦。"我觉得丘吉尔认为他自己是世界上最伟大的人！"霍普金斯指出。

霍普金斯在第二天与首相进行了首次会谈，并在唐宁街10号与之共进午餐。在后来写给罗斯福的信中，霍普金斯指出首相官邸"有些破旧，因为隔壁的财政部遭受了严重轰炸"。在享用汤、冷牛肉、沙拉、奶酪、咖啡，以及淡葡萄酒和波尔图葡萄酒之余，霍普金斯端详着眼前这位欢迎自己来到英国的"身材圆胖、面带微笑、面色红润的绅士"。但在丘吉尔开始介绍战争概况前，霍普金斯说"他有一种感觉"是，他的英国东道主不喜欢美国或罗斯福。"这让丘吉尔对肯尼迪大使做出了尖锐但比较克制的批评，因为丘吉尔认为是肯尼迪让他对美国印象不佳。"霍普金斯写道。[71]

霍普金斯解释说自己此行的目的是了解英国在赢得战争方面的需求，然后气氛得到了缓解。丘吉尔对战况及英国的前景进行了介绍。"他认为德军不会登陆，但如果他们在英国建立了一个十万人的立足点，'我们会把他们赶走'。"霍普金斯援引了丘吉尔的话。丘吉尔充满信心地表示在非洲的意大利军队即将战败，但也承认希腊基本上保不住了。霍普金斯后来对丘吉尔的动力与决心表示赞叹。"上帝啊，这个人太有力量了。"[72]他说。他此前的怀疑一扫而空。

第二天，在丘吉尔经常在战争期间的周末前往的位于牛津郡的迪奇雷庄园（Ditchley），轮到丘吉尔及英方随行人员对美国客人刮目相看了。根据常去迪奇雷的贸易局主席钱多斯（Chandos）勋爵的回忆，丘吉尔竭力取悦罗斯福的特使，"用一种高贵而迷人的语调，展现了他的优雅和历史感，谈到了个人的命运及大不列颠在其中发挥的作用"。丘吉尔谈道，英国是为了反对暴政及捍卫"人类的自由权"而战，并不追求"财富……和领土扩张"。

停顿片刻后，首相问霍普金斯："总统会怎么看？"

所有人都投去了期待的目光，客人想了想才回答。"首相先生，我觉得总统根本不会在意这些。"霍普金斯说。此时，一个念头在钱多斯心头一闪而过："天啊，搞砸了。"

但停顿片刻后，霍普金斯接着说："你们知道，我们只希望看到该死的混蛋希特勒去见鬼。"钱多斯指出，紧接着而来的笑声表明，"此刻一种友谊结下了，它并没有受到霍普金斯不雅用词的影响"。[73]科尔维尔回忆道，饭后，丘吉尔变得"非常满意"，并"抽了一根有史以来最大的雪茄"。[74]

飞赴英国前不久，霍普金斯已经提醒了艾夫里尔·哈里曼，说总统打算对他委以重任。[75]哈里曼来自一个非常富裕的铁路世家，在格罗顿学校（Groton，马萨诸塞州的一所高级寄宿学校，罗斯福早年曾就读于此）上学时认识了罗斯福夫妇。哈里曼家族过去一直支持共和党候选人，直到艾夫里尔和姐姐玛丽（Mary）在1928年首次投票给阿尔弗雷德·E.史密斯（Alfred E. Smith），并在此后的选举中支持罗斯福，他们才被视作民主党的支持者。在争取援助英国的政治斗争中，哈里曼全力支持总统，对指责罗斯福在推动《租借法案》时滥用独裁权力的批评者嗤之以鼻。

"如果我们要援助英国，就实际一些，赋予总统进行有效援助的权力。"哈里曼2月4日在耶鲁俱乐部（Yale Club）的一场演讲中指出。2月13日，哈里曼在华盛顿交通俱乐部（Traffic Club of Washington）的演讲中，再次强调："我认为在这场辩论中不存在国内独裁的问题。"全部辩论都要归结于美国是否援助英国这一问题。"我已经做出决定，"哈里曼说道，"我不愿面对一个被希特勒统治的世界。"

五天后，罗斯福邀请哈里曼前往白宫，向他提供了一份霍普金斯曾暗示过的工作。"我希望你去伦敦，向他们推荐我们能做的一切，让战争早点结束，让英伦三岛继续存在。"总统向他做了指示。对纠结于哈里曼职务名称的记者们，罗斯福半开玩笑地说，他会称哈里曼为"稽查员"或"防务稽查员"。实际工作中，这意味着对《租借法案》项目的方方面面进行监督，与丘吉尔和各级英国官员打交道，确保工作有效展开。

哈里曼立即接受了任务。3月15日，罗斯福签署《租借法案》的四天后，哈里曼就到了伦敦。他立即被请到了英国首相的官方乡间别墅契克斯庄园（Chequers）。哈里曼回忆道，丘吉尔在此以"最热烈的方式"欢迎了他。

此时，丘吉尔已经得到了美国将信守承诺的各种保证，且并非只有推行新政的民主党人做了此类保证。罗斯福1940年大选的共和党对手温德尔·威尔基（Wendell Willkie）在1941年1月访问了英国。作为自由派共和党人，他大力支持和平时期征兵法案，并不怎么支持党内大规模的孤立主义运动。不过，在竞选总统之际，他并未公开唱反调，而是一再宣誓不会派美国军队去欧洲作战。"如果你们选我当总统，他们就不会被派往欧洲。"他宣布，"但如果你们再次选择罗斯福，我相信他们就会被送去欧洲打仗。"[76]

威尔基的姐姐夏洛特（Charlotte）的丈夫是美国驻柏林使馆负责空军事务的海军武官保罗·皮尔（Paul Pihl），她的做法更加极端。她对参加其周日午后沙龙的德国官员和空军军官保证，如果她的兄弟赢得大选，他将会信守承诺。[77]

尽管罗斯福也向美国选民做出过类似的保证，但威尔基后来反悔了。大选后，他再次采取了一种更具国际主义色彩的立场，支持总统就《租借法案》进行的斗争。

在奔赴英国的前一天，也就是1月19日，威尔基在白宫与罗斯福进行了第一次会面，总统给丘吉尔写了张介绍威尔基情况的便条。他这样介绍自己的前竞争对手："他在排除政治干扰上真的发挥了重要作用。"罗斯福指的是在推动《租借法案》的过程中，威尔基努力避免法案被共和党人用于党争，而孤立主义者的重要人物多为共和党人。罗斯福还引用了亨利·沃兹沃斯·朗费罗（Henry Wadsworth Longfellow）的《航船的制造》（*The Building of the Ship*）中的诗句：

远航吧，国家之船！

远航吧，我坚强而伟大的联邦！

人类带着所有恐惧与对未来的希望，

与你同呼吸，共命运！[78]

美国传递的信息再清楚不过了：罗斯福渴望帮助英国赢得胜利，无论美国国内对其政策的反对如何强烈。丘吉尔第二天写信给总统，说诗句令自己"十分感动"。[79]

威尔基也被访问期间的所见打动。"我们的态度令他感到惊讶。"[80]尼科尔森在日记里写道。尤其让威尔基难以置信的是，当25架德军飞机来袭的防空警报拉响时，伦敦特拉法加广场（Trafalgar Square）前车流依旧，行人仍在纳尔逊雕像下喂鸽子。"我必须承认，伦敦民众面对白天空袭时的淡然，真是让人大开眼界。"共和党议员威尔基表示。

尽管展现了紧咬牙关的决心，并且罗斯福的特使也带来了支持英国的好消息，但尼科尔森和很多英国人仍认为时局艰难，最糟糕的时刻仍未过去。3月9日默罗在写给哥伦比亚广播公司的报道中指出："《租借法案》通过后，大街上并没有人庆祝，因为英国人依据自身的经验知道，法案的通过并不意味着马上落实。"不过，默罗也指出，"人们怀着极大的勇气与不知从何而来的信心，认为英国会赢得胜利"。[81]

默罗认为，部分勇气源于英国人所持有的"对其他所有民族与生俱来的优越感"。毫无疑问，丘吉尔比其他任何英国人都更好地体现了这种优越感。很难想象有比他更加顽强和自信的战时领导人。

但即便是他最热诚的支持者，也免不了产生怀疑。"我们需要用尽全力去抵抗来自空中，以及很快会来自潜艇的骇人攻击，"尼科尔森在 3 月 2 日写道，"我们可能会被击溃和饿死……唯一的希望是美国和苏联伸出援手。"此外，尼科尔森还担心危局可能导致英国国内发起逼丘吉尔下台的运动，让一个绥靖主义者取而代之。"那样的话，英国就完蛋了。"尼科尔森最后悲观地总结道。[82]

这些仅仅是尼科尔森写在日记里的个人想法，尽管他的日记中也不乏更多相信胜利的乐观表态。这些担忧表明前路依然漫漫，结局难以预料。

第三章 "大错特错"

1941 年 4 月 18 日，斯大林来到莫斯科火车站为日本外相松冈洋右送行。苏联领导人摆出这种个人姿态非常罕见，但考虑到几天前松冈洋右在《日苏中立条约》（Japanese-Soviet Neutrality Pact）上签了字，斯大林会有此举也就不那么令人惊讶了。日本此前已于 1940 年 9 月 27 日与德国和意大利签订了《三国同盟条约》（Tripartite Pact），承诺会"承认并尊重德国和意大利在欧洲建立新秩序的领导权"，同时德国和意大利也以欧洲盟友的身份承诺会尊重"日本在大东亚建立新秩序的领导权"。[1]但斯大林相信他得到了日本不会进攻苏联的保证，并试图取悦松冈洋右。"我们都是亚洲人。"斯大林告诉对方。[2]

更令人震惊的是，斯大林利用这一场合，对也在站台为松冈洋右送行的德国外交官大献殷勤。斯大林认出了德国大使弗里德里希·冯·德·舒伦堡（Friedrich von der Schulenburg）伯爵，搂着肩膀对他说："我们必须保持友好关系，你们必须为此不遗余力！"过了一会儿，看到武官汉斯·克雷布斯（Hans Krebs）上校后，斯大林首先核实了他的德国人身份，之后重复了之前的表态："无论发生什么，我们都是朋友。"[3]

斯大林成功地让舒伦堡相信了他的话，而这位德国贵族在对苏联的情况以及希特勒意图的判断上，一点也不敏锐。1941
年年初，舒伦堡伯爵在一场聚会上告诉美国大使的妻子苏联与
德国不会打仗时，他是真的相信这一点的。[4]后来，舒伦堡意识
到自己误判了形势，但仍试图让身在柏林的上级相信，他们应
该认真对待斯大林"保持友好"的呼吁，尽管此时德国早已
做出了入侵苏联的最终决策。"我真的相信，斯大林意识到了
国际局势的严峻性，他决定担起责任，避免让苏联与德国发生
冲突。"舒伦堡指出。[5]

舒伦堡被他的政府愚弄了。正如戈培尔在日记中指出的那
样，大使对有关入侵行动的关键考虑一无所知。舒伦堡对此
"毫不知情"，宣传部部长写道。[6]"毫无疑问，完美的做法是
不让外交官获悉相关政治背景。外交官有时必须逢场作戏，为
此并不一定需要多高的表演才能。即使他们真的拥有表演天
分，其表现也比不上当他们真的相信绥靖政策时。那时，他们
无疑会更令人信服地展现出绥靖姿态，更真实地处理好细
节问题。"

尽管希特勒和他的高级将领数月来一直在讨论入侵苏联的
计划，但他们并没有把它透露给日本伙伴。3月，松冈洋右开
启了欧洲之旅，在柏林受到了隆重欢迎，而在此之前不久，德
国最高统帅部发布了一项指令："绝对不能向日本人透露'巴
巴罗萨行动'。"[7]但日本官员至少大体上知道希特勒的想法。
在希特勒总理府招待松冈洋右的早餐会上，博克坐在了日本驻
柏林大使大岛裕志将军的旁边。[8]而这位在哥伦比亚广播公司记
者威廉·夏伊勒看来"比纳粹还像纳粹"[9]的日本大使告诉陆
军元帅博克，他赞同德国摧毁斯大林共产主义政权的计划。

尽管希特勒决心不告诉松冈洋右侵苏计划的细节，但做出

了一项承诺，其重要性在珍珠港事件后日益凸显。希特勒告诉日本客人，自己不会允许美国一次只对付一个敌人。"因此，如果日美发生冲突，德国将立即介入，因为三国同盟的优势在于集体行动。被人各个击破将是最为不利的情况。"[10]

除了舒伦堡，另一个面对希特勒当下意图还自欺欺人的人就是斯大林了。在顽固地拒绝相信任何有悖于自己的意愿及世界观这一点上，斯大林与希特勒是如此相似。希特勒坚信，所有反对入侵苏联的观点，只会进一步强化他迅速采取行动的决心；与之相似的是，斯大林也坚信越来越多有关德国即将入侵的新警告，只不过是让苏联被卷入新冲突的诡计罢了，尤其是当这些警告来自西方国家时。

3月20日，美国副国务卿萨姆纳·威尔斯告诉苏联驻华盛顿大使康斯坦丁·乌曼斯基（Konstantin Umansky），"德国打算进攻苏联"。美国驻莫斯科大使劳伦斯·斯坦哈特（Laurence Steinhardt）在4月15日与一名苏联高官的谈话中，再次谈到了这一警告。丘吉尔几天后也向斯大林发出了类似的警告。[11]但苏联领导人还是听不进去。正如曾在莫斯科任职的德国外交官汉斯·冯·赫尔瓦特指出的那样，"在莫斯科的西方国家使馆几乎一致认为，与其他西方大国相比，斯大林更尊重德国，而且他也更信任德国人"。[12]

斯大林对自己的间谍同样不信任。苏联在柏林的军方情报特工，在1940年下半年已经根据代号为"艾瑞埃斯"的线人提供的情报，向莫斯科发出了警告。1941年2月28日，他们发出又一份报告，引述了同一个线人的话，说"对苏战争已确定将在今年开始"。其他苏联军方情报机构也传来了类似的坏消息。1941年3月13日，罗马尼亚布加勒斯特（Bucharest）

的苏联情报人员从一名德军少校处获悉，"我们已经完全改变了计划。我们的目标是东方，将针对苏联。我们将从苏联那里得到谷物、煤炭和原油，这将使我们有能力继续与英美作战"。根据一名布加勒斯特线人提供的情报，"德国军方已经被胜利冲昏头脑，声称对苏战争将于 5 月开始"。[13]

3 月 26 日，布加勒斯特方面的情报指出"罗马尼亚总参谋部得到确切情报，两三个月内，德国就将进攻乌克兰"。报告预计波罗的海国家也将成为进攻目标，"以引发当地的反苏起义"，罗马尼亚将参战，并会得到比萨拉比亚（Bessarabia）这个此前被斯大林夺取的边境地区作为奖赏。情报谈到了德国不断增强的信心，德国认为能在几周内击败苏联。

斯大林不仅对这些报告嗤之以鼻，还换掉了拒绝报喜不报忧的苏联军事情报总局局长伊万·普罗斯库罗夫（Ivan Proskurov）。他用菲利普·戈利科夫（Filipp Golikov）代替了普罗斯库罗夫。戈利科夫开始递交各种报告，而报告的内容是其手下从德国人那里获取的假情报。比如 3 月时，苏联驻匈牙利布达佩斯的一名武官在没有可靠情报来源的情形下，将所有德国入侵的言论都斥为英国的故意宣传。他指出："就目前来说，德国在击败英国之前进攻苏联，是不可想象的。"

这恰恰就是斯大林想要听到的，戈利科夫则殷勤地献上类似的报告，讨好斯大林。所有认为德国即将进攻的报告"必须被当作来自英国人甚至德国情报机构的假情报"。戈利科夫指出。他还用一种奇怪而扭曲的逻辑解释说，柏林可能参与了某种错综复杂的阴谋。戈利科夫也会继续报送真实的消息，但会让他自己与报告中的观点保持距离。4 月 17 日，一份来自布拉格情报站的报告预测："希特勒将于 6 月下旬进攻苏联。"

不到三天后，斯大林用红墨水写的批示已经摆到了戈利科夫的办公桌上："英国人的挑衅！好好调查！"

苏联间谍继续收到这种"挑衅"式情报。苏联驻柏林武官瓦西里·图皮科夫（Vasily Tupikov）少将报告说，越来越多的德军正在从西欧被调往与苏联接壤的边境地区，并在4月底断言："苏联是德国的下一个敌人。"5月9日，他提供了德国作战计划的细节。根据他的总结，"随着德军抵达莫斯科附近，苏联红军将于一个或一个半月内被击败"。

在东京的苏联传奇间谍理查德·佐尔格（Richard Sorge）给军事情报总局的上级提供了一份又一份切中要害的报告，令斯大林尤为恼怒。佐尔格出生于阿塞拜疆的巴库（Baku），母亲是俄罗斯人，父亲是德国石油工程师，在德国长大，参加过一战，后来加入了共产党。他曾在负责指挥全世界共产主义运动的共产国际工作，后来假装脱党，去东京做了《法兰克福日报》（Frankfurter Zeitung）的德国记者。

佐尔格自称是忠诚的纳粹党员，和德国大使尤根·奥特（Eugen Ott）、奥特的下属，以及很多日本高官打得火热，会喝得烂醉，和这些官员的妻子和情人们也有很多风流韵事。佐尔格的事迹甚至在二战后吸引了日本的美国占领者的兴趣，尽管佐尔格本人没能活着看到这一天。根据美国军事情报机构的一份报告，佐尔格"在东京任职期间，与大约30名女性保持着亲密的两性关系，其中包括他的好朋友德国大使的妻子、他外籍助理的妻子以及该助理的情人"。[14]

佐尔格充分利用了他能接触到的内幕情报，在1940年年末首次报告了德国可能进攻苏联的情况。12月18日，他警告称"德国人可能会占领哈尔科夫（Kharkov）、莫斯科、列宁格勒一线的苏联领土"。他在后来的报告中提供了支撑其观点的更多证据，而戈利科夫以削减他的经费作为回应，这种做法被佐尔格准确地形容为"一种惩罚"。但佐尔格拒绝保持沉默。5月15日，他在报告中指出，德军将于6月21日或22日发动进攻；6月13日，他宣布："我再次警告：包括150个师的9个集团军群将在6月22日拂晓发起进攻。"斯大林不屑一顾，将其警告贬损为"从日本的小作坊和妓院道听途说而来的毫无价值的垃圾"。

内务人民委员部（People's Commissariat for Internal Affairs）的外国情报特工，发来与军事情报人员类似的报告后，斯大林的反应同样如此。代号为"斯塔希纳"（Starshina）的哈罗·舒尔茨－博伊森（Harro Schulze-Boysen）在德国空军部工作，是一个很有价值的线人。他多次就德国迫在眉睫的入侵发出了警告，在6月17日的报告中指出"德军随时有可能发起进攻"。斯大林看了报告后，咒骂"斯塔希纳"应该"滚回娘胎"。

苏共中央政治局委员阿纳斯塔斯·米高扬的儿子、斯特潘·米高扬战时是一名战斗机飞行员，他指出这种行为体现了斯大林对包括苏联特工在内的所有人的"极度怀疑"。"在他看来，所有人都可能会欺骗或叛国。"小米高扬在回忆录中指出，斯大林有一次召回了常驻特工，想要对他们进行清洗。[15]

* * *

法国战败后，施佩尔无意中听到了希特勒与约德尔和凯特尔这两位高级将领的谈话。"现在我们已经证明了我们的能力，"希特勒告诉他们，"相信我，凯特尔，进攻苏联的战役将不费吹灰之力，轻松得如小孩子的游戏一般。"[16]还有一次，希特勒告诉约德尔："我们只要在门上踢一脚,整个腐朽的大厦就会轰然倒下。"[17]希特勒一再坚称,入侵苏联的"巴巴罗萨行动"将带来另一场速胜——他的下属大多尽职地附和这些观点,只是在比喻的用语上略有不同。"苏联将像一座纸牌屋般一触即溃。"戈培尔在日记里写道。[18]

剩下的心存疑虑之人,知道试图驳斥这些过于乐观的预测会带来的风险。此前对将战争扩大至西欧的计划提出警告的德军经济专家托马斯将军再次指出,在进攻苏联时只考虑最理想的情况是非常危险的。1941 年 1 月,他的参谋人员着手拟写相关报告,对和平时期苏联的物资供应被切断的危险性,以及煤炭和橡胶短缺的前景,提出警告。[19]总之,他们预计入侵苏联可能让德国承受更多负面而非正面的经济后果。

但当希特勒不断承诺入侵带来的经济好处后,托马斯突然改变了自己的看法。在 1 月 20 日交给元首的报告中,他指出德军将迅速掌控苏联 70% 的工业潜力以及 400 万吨来自乌克兰的谷物——实际上,这让希特勒对自己的判断更深信不疑。考虑到德国此前在西欧取得的速胜,托马斯可能觉得不应再不合时宜地泼冷水。但更可能的是,他无法承受来自顶层的压力,必须做出希特勒所乐见的乐观评估。

并非所有人都完全屈服于这种压力。苏联与德国这两个国家在人口数量上存在着巨大差距,这是不争的事实,意味着斯大林可以利用压倒性的人力优势。战争爆发前夕,苏联人口是 1.7 亿,而德国人口为 8400 万。[20]德国侵略者必须迅速取得胜利,否则将面对苏军不断补充的新兵,在兵力补充问题上德国无法与苏联相比。为了取得速胜,希特勒寄希望于一支装备更加精良、训练更加有素、组织更加严密的军队。

然而，尽管德国的人均收入在 1940 年大约是苏联的 2.5 倍，并且德国为迅速扩张军力投入了大量资源，但德军的现代化远未完成，尤其在机械化方面。1941 年时，德军 130 个师中只有 33 个师实现了摩托化，可进行闪电战，其他的部队仍主要靠军马运输火炮和补给，多数士兵要徒步行军。[21]

在 4 月 28 日的备忘录中，外交部国务秘书恩斯特·冯·魏茨泽克对击败苏联会促使英国投降的预测提出了质疑，还警告称对苏速胜可能无法实现。他指出，即使德军占领了苏联西部，抵达了莫斯科，至少部分红军还可能在更靠东的地区生存下去，这将导致冲突连绵不断。"斯拉夫人著名的消极抵抗"将再度上演，他写道，"我们只会成为军事意义上的对苏赢家，但从经济角度而言是失败的"。[22]

但希特勒和他的诸多将领仍然相信，迅速取得对苏战争的胜利是必然的，这使他们对任何敢于提出不同意见的人都不屑一顾。京特·布鲁门特里特（Günther Blumentritt）将军在 4 月告诉同僚，"十四天的战斗"应该足以让德军赢得胜利。他后来补充道，考虑到德军将同一支"没受过教育、半亚洲"的军队作战，这一点更明显了。[23]其他军方预测称战争将持续六至十周不等。

与之相比，希特勒几乎表现出一种更谨慎的态度，他预计的战役时间为不超过四个月，可能是三个月。德国领导人非常清楚，拿破仑一直等到 1812 年 6 月下旬才率领大军进入俄国，结果事实证明他犯了一个致命的错误。法国皇帝备受打击的军队最终在俄国严酷的寒冬中撤退，遭受了灾难性的损失。为了避免迎来相似的命运，希特勒最初计划在 1941 年 5 月 15 日展开行动。他认为即使苏军能抵抗整整四个月，提前的进攻时间仍能确保德军在第一场雪降下之前，有足够多的时间来取得胜利。

* * *

对取得侵苏战争的最终胜利踌躇满志的同时，希特勒觉得有必要处理一下大战中的其他问题。他公认的盟友墨索里尼让他在本该集中精力为"巴巴罗萨行动"做最终准备的时刻，转移了注意力。这位对希特勒早期取得的一连串胜利心生嫉妒、被希特勒衬托得黯然失色的"领袖"（Il Duce，对墨索里尼的称呼），在1940年秋天决定也制造一个惊喜，证明他同样可以迅速征服其他国家。希特勒在10月28日去佛罗伦萨拜访他时，墨索里尼骄傲地宣布："元首，我们正在阔步前进！胜利的意大利军队在今天拂晓越过了希腊－阿尔巴尼亚边界！"

正如希特勒对他手下将领说的那样，墨索里尼的行动被证明是一个"令人遗憾的错误"，意大利军队没过几天就开始败退。[24]在忙于准备"巴巴罗萨行动"的同时，希特勒制订了"马瑞塔行动"（Operation Marita）的计划，决定在阿尔巴尼亚和希腊采取攻势以拯救危局。根据他在1940年12月13日发出的指令，德军将在一场闪电战行动中，夺取阿希两国的大片区域。这样的话，大多数德军就可以迅速进行"新的部署"，[25]这意味着准备发起对苏战役。

上述计划很快遇到了麻烦。1941年3月，此前在《三国同盟条约》上签字，表面上答应在德国争夺巴尔干控制权的斗争中成为德方可靠盟友的南斯拉夫政府，在一场政变中被推翻。由空军将领杜桑·西莫维奇（Dusan Simovic）领导的新政府立即退出了同盟条约，危及了德国从北面进攻希腊的计划。

暴跳如雷的希特勒发誓要"从军事上摧毁南斯拉夫，让这个国家不复存在"，一定会摧毁贝尔格莱德（Belgrade）。[26]4 月初，德军对南斯拉夫和希腊展开了进攻，德国空军按照希特勒的意思对南斯拉夫首都进行了狂轰滥炸。

从军事上看，尽管英国陆军和皇家海军向希腊提供了支援，但德军对南斯拉夫和希腊的进攻都取得了胜利。然而，这些胜利都是有代价的。在宣布实施"马瑞塔行动"时，希特勒告诉他的将领，"'巴巴罗萨行动'不得不推迟四周进行"。[27]正如他的副官恩格尔上校在 3 月 24 日的日记里写的："我们对巴尔干的突然干预让他将全部设想抛到脑后——所有宏伟目标不得不暂时搁置，现在不可能在 5 月下旬对苏联发起进攻了。"似乎是要让自己安心，恩格尔接着说："本来早几周或晚几周不一定很糟，但我们不想被苏联的严冬搞得措手不及。"最早的可选进攻日期是 6 月底，他总结道，"不幸的是，我们要'感谢'意大利人赐给了我们这个烂摊子"。[28]

在《第三帝国的兴亡》（*The Rise and Fall of The Third Reich*）中，夏伊勒承认墨索里尼负有责任，但将"巴巴罗萨行动"的延期归咎于希特勒。"为了对一个不听话的巴尔干小国发泄自己的私愤，推迟了进攻苏联的时间，这可能是希特勒政治生涯中最具灾难性的决策。"夏伊勒写道。

实际上，希特勒更严重、更根本性的错误在于完全低估了进攻苏联的风险。在"最具灾难性的决策"这个层面上，他此后做出的诸多战术误判和巴尔干战役相比，简直不遑多让。但推迟实施"巴巴罗萨行动"无疑增加了失败的可能性。

德国外交部部长里宾特洛甫 5 月去了罗马，他告诉墨索里尼："三个月就能解决苏联。"意大利外交大臣齐亚诺伯爵对此心存疑窦。他将入侵行动称作"一个没有明确目标的……危险游戏",在日记里写道"拿破仑的悲剧再度上演"。[29]

甚至希特勒的一些高级将领也有类似的疑虑。早在1941年1月,博克就担心,如果不能迅速消灭红军并占领莫斯科,等待德国的可能就是"一场德军根本无法打赢的旷日持久的战争"。[30]4月4日,哈尔德在日记里写道:"陆军情报机构'东线外国军'(Foreign Armies East)现在承认,欧洲地区的苏联军力比最初预计的要强。"[31]

还出现了其他一些令人不安的信号。希特勒为了继续向斯大林表明,德国仍在遵守《苏德互不侵犯条约》,于1941年春天批准让一个苏联军事代表团参观德国的坦克工厂和训练场。[32]为了不引起对方怀疑,他命令不要对苏方参观者进行任何隐瞒。当德国人展示出四号中型坦克(Panzer IV)时,俄罗斯人抗议说这不是德国人所宣称的最新及最重型的坦克。实际上,这确实是德国当时最好的坦克。据德军最著名的坦克指挥官海因茨·古德里安将军的战后回忆,当时这让他和一些同僚认定,俄罗斯人肯定生产出了更好的坦克。古德里安很快就能在战场上亲自确认这一点了。

入侵苏联前不久,希特勒还派军方参谋人员去苏联了解其经济状况。这些人声称,苏联无法迅速生产出优质的武器装备,因而无法弥补其在战争初期可能遭受的严重损失。听完类似的报告后,军事情报局局长、海军上将威廉·卡纳里斯和同僚谈了谈。"先生们,你们真的相信今天我们听到的这些无稽之谈吗?"他问道,"我的专家们告诉我，情况完全不同。迄今为止，还没有人成功地打败和征服过俄罗斯人！"[33]

但希特勒孜孜不倦地灌输入侵苏联必然会取得胜利的思想，让多数高级将领努力压抑偶尔的疑虑。正如古德里安所说，希特勒此前以惊人的速度取得的胜利"令高级将领惊愕不已，以至于他们已经排除了'不可能'这一选项"。他们惧怕希特勒，敏锐地意识到他此前证明了质疑者的错误，因此不敢发表意见。1946年在纽伦堡审判上被处以绞刑前，凯特尔认为他之所以接受希特勒的乐观预测，是因为无知与盲目的信任。"我相信希特勒，我本人几乎不知道任何真相。"他说，"我不是战术家，我也不了解苏联的军事和经济实力。我怎么可能知道？"[34]

与此同时，德军高级将领不放过任何能够支持元首的乐观态度的证据。例如，5月5日，哈尔德写道："苏联的高级军官队伍明显素质很差（令人沮丧的印象）。与1933年相比，目前的情况非常悲观。苏联要花二十年时间才能恢复至原有水平。"除了做出这种错误的预测外，哈尔德有关苏联基础设施的情报也非常不准确，且来源可疑。在3月11日的时候，他曾在报告里写道："有关苏联新建公路的情报表明那里存在着过去我们不知道的更好的公路网。"实际情况到底如何，侵略军很快就能亲自了解了。

* * *

3月30日，希特勒对应召在帝国总理府参会的高级军事将领坚定地表示，与征服西欧时不同，他希望将领们在即将到来的对苏战争中，采取更加无情的手段。"这场战争无法以高贵的方式进行，"他宣布，"这是一场前所未有的无情的严酷战争。所有军官必须摒弃老派和陈旧的理论。"这是一场"你们无法理解"的战争，希特勒继续说道，他希望将领在执行他的所有命令时，"毫不犹豫与无条件地服从"。[35]

在此期间，传统的普鲁士军国主义者博克同布劳希奇将军和哈尔德将军进行了探讨。"元首是什么意思？"博克问道，"我们要向平民和非战斗人员射击吗？"博克注意到，他只得到了模棱两可的答复。但他那时本应确切地知道问题的答案，他不愿面对这件事本身就是一种逃避。

这不单纯是打消德军将领仍希望遵守交战规则、不射杀平民的残存幻想，而是希特勒准备在其种族征服理论的指导下，对欧洲最大的斯拉夫国家发动战争。他在《我的奋斗》中阐明了这一理论，此后从未动摇。希特勒反复强调，斯拉夫人是只比"害虫"犹太人好那么一些的"劣等人"（Untermenschen），因此与其他被征服的族群相比，有必要更残忍地对待他们。"这场战争将与在西方的战争大为不同，"他告诉将领们，"在东方，今天的残酷意味着未来的仁慈。"

另一个决定性因素，正如希特勒所说，是针对共产主义的战争。在哈尔德所写的一份总结里，希特勒对此直言不讳：

这是两种意识形态的碰撞。应严厉谴责布尔什维主义，它是一种社会性犯罪。共产主义是我们未来的巨大威胁。我们必须忘记士兵间的同志情谊。共产主义者永远不是我们的同志。这是一场你死我活的战争。如果我们认识不到这一点，尽管我们仍能打败敌人，但三十年后，我们

还是要再次与共产主义敌人作战。我们发动战争不是为了
保护敌人……而是要消灭布尔什维克政治体制和共产主义
知识分子。[36]

除了最初入侵苏联的决策值得商榷外，种族与意识形态因
素的糅合，后来也成了希特勒在1941年犯的根本性错误之一。
这一决策根本没有认真考虑去争取苏联人民的支持。

准备占领苏联领土的纳粹策划者对他们的政策将对新的被
征服者产生何种影响毫无顾虑。为了确保实现希特勒的梦想，
让乌克兰成为能够养活德国民众和军队的取之不尽的大粮仓，
他们给苏联准备了"饥饿计划"，打算饿死"多余"的当地人
口。根据估算，这意味着故意饿死2000万~3000万人。[37]之后
成为希特勒在乌克兰的总督的埃利希·科勒（Erich Koch）指
出，占领行动不是旨在"给乌克兰带来幸福，而是要确保德
国能获得必要的生存空间和食物来源"。[38]

入侵苏联前不久，博克和其他将领参加了希特勒出席的一
次晚宴，他在日记中对希特勒的言论进行了总结："对苏战争
的胜利至少能让驻守苏联的德军——大约65个至75个师的士
兵——靠山吃山，德国的食物和原材料需求将得到充分
保证。"[39]

德军首席经济专家托马斯将军此时已致力于制定最残忍的
占领政策，他在5月2日会见了政府其他机构的代表。根据托
马斯办公室的总结，此次会议得出了以下触目惊心的结论：

1. 战争进入第三年后，整个德军只有依靠苏联的粮
食，才能继续进行战争。

2. 如果我们对苏联予取予求，那么毫无疑问，成百上千万人将因此饿死。

3. 最重要的是恢复油菜籽和油饼的生产与运输，以及谷物的运输。[40]

除了体现制定者的铁石心肠外，上述政策还大大高估了大饥荒后乌克兰的农业潜力。战争爆发前夕，该地区很少向苏联以外的国家出口谷物。[41]德国决策者认为，他们可以通过饿死数百万苏联人口或将其流放至西伯利亚来解决问题。除了乌克兰以外，苏联其他地区主要城市的食物供应也将被切断，其传统食物源将转而努力满足德国之需。

远在东京的苏联传奇间谍佐尔格获悉了德国的占领目标。一个来到日本首都的德国军方信使告诉他，德方的第一个目标是"占领欧洲粮仓乌克兰"，第二个目标是"抓获至少一百万或两百万战俘，填补德国的劳动力缺口，让他们从事农业和工业生产"。[42]

让斯拉夫奴隶劳工为优秀的日耳曼民族服务，也是希特勒的基本信条之一。正如他在《我的奋斗》和诸多演讲中指出的那样，对斯拉夫人土地的征服将为德国提供大量的劳动力，填补因越来越多的年轻人参军或进入警卫队而出现的人力缺口。在德军即将入侵波兰的 1939 年年中，根据官方统计，德国的劳动力总人口是 3940 万。即便加上 35 万战俘和 80 万在德国的外国劳工，一年后的劳动力总人口还是降到了 3600 万。[43]下降的趋势从一开始就很明显，且随着战争的推进，统治被占领地区的纳粹只会感到劳动力长期短缺的压力与日俱增。

所有这些严酷的政策体现了一种不可动摇的信念——恐怖是镇压所有抵抗最有效的工具。甚至在希特勒还没有发出具体指令前，很多将领已经开始为元首心中的作战而摩拳擦掌了。5月2日，第4装甲军的艾里希·霍普纳（Erich Hoepner）将军向部队指示说，他们即将参加"对斯拉夫民族的古老斗争，捍卫欧洲文明，抵御俄国-亚洲人的野蛮侵略，打败犹太人及布尔什维主义"。这场斗争，他补充道，必须采取"史无前例的"手段。"必须依靠钢铁般的意志落实每一次军事行动，无情地消灭敌人，"霍普纳指出，"尤其是决不能饶恕当今苏联布尔什维克政权的拥护者。"[44]

很快，希特勒就在"巴巴罗萨命令"和其他指令中规定，德国侵略者可以不经请示向任何涉嫌从事游击活动的人进行射击，无论对方是军人还是平民，并可以对整个村庄实施集体报复。理论上，"例如谋杀、强奸或抢劫等违反民事法律的行为"虽仍不被允许，但当上述行为被视作征服战役的一部分时，犯罪士兵根本不会受到任何追究。[45]

于侵苏战争一个多月前首次起草的臭名昭著的"政委令"（Commissar Order）就是一个明显的例子。该指令允许处决红军部队中的所有政委，即便他们准备投降。[46]6月6日修订的命令指出，这些人"是抵抗运动的真正领导者……他们开创了野蛮的、亚洲式的作战方法"。命令规定，对付这样的敌人只有一种方式："原则上，**无论他们是否抵抗，只要抓住，就应立即枪决。**"[47]

稍早的时候，约德尔将军毫不掩饰他的险恶用心，声称是苏联的行为促使德国实行了此类政策。"我们必须预料到苏联对德国飞行员的报复，因此最好把整个行动当作一种报复。"

约德尔写道。

此时，多数德国军官没有直接对希特勒提出任何质疑，但有些将领还是表达了对以政委为目标的担忧。希特勒的副官恩格尔在 5 月去了波兰，他在日记里指出，汉斯·冯·扎尔穆特（Hans von Salmuth）和海宁·冯·特莱斯科夫（Henning von Tresckow）两位将军"认为这非常糟糕，担心这样做在军队中会产生适得其反的效果"。特莱斯科夫告诉恩格尔："我宁可让俄罗斯人来破坏国际法，而不是我们自己！"

恩格尔在 5 月 23 日的日记里写道，陆军元帅冯·克鲁格（von Kluge）"请求我说服元首改变危险的'政委令'"。克鲁格还要求将特别行动队（Einsatzgruppen）置于更严格的军事管控之下。"波兰发生了一些性质非常恶劣的事情，好几次他不得不亲自介入，"恩格尔指出，"我们在波兰采取了一种非常令人不快的政治策略。"[48]

如果说这种策略对在波兰的德国占领者而言导致了"令人不快"的后果，那么它很快将在苏联引发灾难。问题是希特勒对波兰的教训视而不见，对他即将发起的军事进攻所带来的更严重的影响也熟视无睹。相反，希特勒将波兰当作自己准则与方法的试验田，而他即将在更靠东的土地上更大规模地运用此类策略。

*　　*　　*

1941 年 2 月 15 日，伦敦的波兰流亡政府在《波兰双周评论》（Polish Fortnightly Review）上，刊登了一篇令人不寒而栗的文章，标题为《德国对波兰人民的大屠杀》。文章写道："德国对波兰人民的种族灭绝并未停止；相反，最近的消息表明，这种屠杀愈演愈烈。"[49]由于波兰境内地下抵抗运动的迅速发展，伦敦的波兰官员能够及时掌握关于已沦陷的祖国的消息。尽管一些报告的内容令人生疑，但它们大体上就每天上演的暴力事件提供了准确情报。

这不仅仅是波兰人的悲剧：纳粹对斯拉夫人及大量少数族裔犹太人实施的恐怖统治与大屠杀，不仅发生在波兰，而且发生在苏联。进攻波兰前夕，希特勒向其下属解释说，战争的目标是"消灭波兰"；后来，他宣布的对苏战争目标同样是"消灭苏联"。"我们必须坚定信念，摒弃仁慈！"希特勒告诉将领们。[50]党卫军兼盖世太保头目海因里希·希姆莱（Heinrich Himmler）对此极力附和："伟大的日耳曼人应当把消灭所有波兰人当成一项重要任务。"[51]1939年9月征服波兰的过程中，希姆莱的得力助手莱因哈德·海德里希（Reinhard Heydrich）传达了简短但毫不含糊的指示："肃清：犹太人、知识分子、牧师、贵族。"[52]

一年后，希姆莱告诉一群党卫军军官说："在射杀波兰的重要人物时，我们绝对不能心慈手软。我们必须残忍无情，否则我们以后将付出代价。"像是在念一种旁白，他紧接着又说："你们应该记住我说的话，但也应该马上忘了它。"[53]党卫军军官必须为未来的冲突做好充分准备——希姆莱肯定考虑到了日益迫近的对苏战争，但他也希望他们在必要时对犯下的罪行矢口否认。

这种来自上层的指示导致了从占领初期起便一直存在的令人恐惧的暴力活动。《波兰双周评论》的报道指出，如果有一个德国人受伤或被杀，"作为报复，德国人会在当地杀死100个无辜波兰居民或更多"。陆军元帅冯·博克向侵略军下达的命令毫不隐晦地表达了这一点："如果村庄里有人暗中射击，并且无法查明射击来源，那么整座村庄就该被夷为平地。"[54]苏联很快也会成为这种策略的牺牲品。

波兰报刊详细地记载了类似的情况："在卢布林（Lublin）的斯祖茨卡村（Szczuczka）的农田里，德国人发现了村民私藏的弹药。德国人马上将两百个村民驱赶到一处谷场，将他们锁进一间屋子，用机枪扫射他们，最后放火烧毁了那间屋子……在华沙附近的齐伦（Zeran）及与之毗邻的塔格维克（Targowek）等地，大约 300 人被逮捕并当场受到严刑拷打，最后 86 个男性和 6 个女性被枪杀。"

在这种不分青红皂白的屠杀中，犹太人成了最明显的牺牲品。"在华沙省马佐夫舍地区的奥斯特鲁夫（Oatrow Mazowiecki），一家犹太人所开商店里的商品被全部没收，商店本身也被焚毁。大约 600 个男性犹太人被驱赶到郊外，然后被机枪射杀。没死的人会被补枪，一些人甚至被活埋。"

还有一类人也立即成了受害者——精神病院的病人。此类事件数不胜数，比如说"在海乌姆（Chelm）的卢贝尔斯基（Lubelski），一支盖世太保小分队包围了当地的精神病院，命令医生和工作人员离开。之后他们使用左轮手枪杀死了所有病人（共 428 个），在大楼一翼作为难民受到照顾的 40 个健康的孩子也惨遭毒手"。

1941 年 2 月的报告统计了截至当时被处决的受害者总数："在波兰的德国占领区里，被盖世太保屠杀的总人数超过了 7 万。"实际上，德国正规军及由生活在波兰的日耳曼人组成的民兵，同样应为屠杀负责。[55]

德国在波兰的杀戮规模远超其他占领区。1940 年 2 月

6 日，波兰"总督辖区"（对未被德国直接吞并的波兰领土的称呼）的总督汉斯·弗兰克（Hans Frank）向纳粹报纸《人民观察家报》的记者解释了为何他实施了与别的地方不同的政策。他指出，在布拉格，德国人每枪毙七个捷克人就会张贴告示。如果他在波兰也每击毙七个波兰人就张贴告示的话，现有的树木根本就不够他贴。"我们肩负巨大的责任，必须确保该地区被牢牢握在德国人手里，还要一劳永逸地消灭波兰人的精英。"[56]

为了实现这一目标，驻波德军一开始就组建了 5 支特别行动队，总共大约有 3000 人，他们的攻击对象是一长串的"国家公敌"，即任何涉嫌从事抵抗活动的人，以及波兰精英分子和犹太人。[57]这些来自党卫军、秘密警察和其他安全部门的杀手很快就因使用对任何侵略军而言都堪称极端残忍的手段而闻名。特别行动队经常有焚烧村庄、大规模屠杀等恐怖行径。他们就是陆军元帅冯·克鲁格提醒恩格尔上校注意的那支部队。

德军驻波兰最高军事长官约翰内斯·布拉斯科维茨（Johannes Blaskowitz）将军对有关大规模处决事件的报告感到不安，拒绝就此保持沉默。他向来自总参谋部的赫尔穆特·斯蒂夫（Helmuth Stief）上校汇报了自己的疑虑及一些具体细节。斯蒂夫后来在写给妻子的信中说："对包括妇女和儿童在内的整个家族进行处决，这种事只有不配做德国人的下等人才做得出来。作为德国人，我感到羞耻。"[58]

1939 年 11 月 27 日，布拉斯科维茨递交了一份非常鲁莽的报告。他称特别行动队为"行刑突击队"，指责秘密警察在维持秩序方面几乎毫无建树，"只在民众中散播了恐惧"。对波兰人及犹太人的大屠杀，他写道，是"大错特错的……因为这既不能摧毁波兰在大众眼中的国家形象，也不能让犹太人灭绝"。他还警告称，"在德国宝贵的劳动力中，极度残暴和道德堕落像传染病一样迅速蔓延"。

希特勒的反应在意料之中。"我们不能像救世军（Salvation Army）般打仗"，他宣称，轻蔑地批评手下将领"想法幼稚"。1940 年 2 月，布拉斯科维茨又递交了一份报告，指出持续的恐怖政策只会引发波兰人的进一步抵抗，人数多达 50 万的占领军将无限期地被波兰拖住脚步。希特勒对这种准确的预测置若罔闻，很快不再重用布拉斯科维茨，但布拉斯科维茨在战争末期又回到了高层指挥岗位。

大规模逮捕是实施恐怖统治、进行镇压的另一种方式。当时一个广为传播的黑色幽默段子是波兰人分三类——"已经被关进监狱的，刚进监狱的和将要被关进监狱的"。[59]实际上，这种说法可能起源于苏联。1939 年，在被苏联吞并的波兰领土上，大规模逮捕、驱逐、处决波兰人，同样是司空见惯的。

但苏占区与德占区存在着明显的不同：波兰犹太人很快意识到，去苏占区更有可能活命，因此大约有 30 万人选择前往东边的苏占区。[60]其中很多人被逮捕，与波兰天主教徒一起被发配至古拉格劳改营，但他们没有因为是犹太人而遭受杀害。在苏联当局看来，他们不过是众多高度可疑的波兰人中的一群。这样看来，选择苏联占领区是一种权宜之计。

对苏联及德国占领者来说，波兰人的生活中不存在任何神圣不可侵犯的领域。1939 年 11 月 6 日，德国人打着举行名为"对面向科学与学术的国家社会主义运动的看法"的讲座的幌子，在克拉科夫（Krakow）召集了欧洲最古老的大学之一雅盖隆大学（Jagiellonian University）的教职员工。克拉科夫的盖世太保头目向聚集的波兰人宣布，雅盖隆大学中存在反德思想；与此同时，党卫军部队包围了学校大楼，开始殴打并逮捕教授。出席活动的 183 个波兰人中，168 人被押往萨克森豪森（Sachsenhausen）集中营，且一些人命丧于此。[61]

对顶尖教育者及其他文化、政治领袖的打压并非偶然。还在计划该如何拿波兰开刀、征服东方领土时，纳粹就想出了这种关闭大多数学校，故意让斯拉夫人保持愚昧的制度。1940年 5 月希姆莱宣布，被统治的斯拉夫人只能接受小学四年级之前的教育。"这种教育的唯一目的，"他解释道，"就是教会他们做 500 以内的基本算术，让他们会写自己的名字，懂得必须服从德国人的铁律……我不认为读很多书有什么用。"[62]

1939 年 10 月 18 日希特勒对军事将领做出的指示反映了这种政策："必须防止波兰知识分子将自己打造成新的统治阶层。必须维持较低的生活标准。他们只不过是贫贱的奴隶。"[63]"较低的生活标准"是一种委婉的说法；实际上它导致了大面积的饥饿与饥荒，多亏波兰农民的聪明才智与迅速兴起的黑市，情况才稍有改善。这与此后专门为苏联打造的更成熟的"饥饿计划"不同，但无疑已经是一种对后者的预演。

故意令波兰贫困及对其实行恐怖政策，意在使德国更容易召集到大量奴隶劳动力。讽刺的是，战争爆发前一年，波兰与德国曾达成一项协议，允许 6 万波兰劳工帮助德国人收割作物，双方都因此获益，因为战前波兰的失业率曾居高不下。[64]波兰被占领后，弗兰克的上级要求他召集 100 万波兰劳工去德国。他曾试图寻找志愿者，但效果不彰。2 万自愿报名的波兰人遭受非人待遇的消息，很快不胫而走。

1940 年 3 月，希姆莱颁布了一项指令，让所有在德波兰劳工在衣服上佩戴一个紫色字母 P，并且禁止他们使用公共交通工具、去教堂或电影院、与德国人发生性关系。这意味着波兰人很快连虚假的选择权都没有了。奴隶劳工，即希特勒所说的"卑贱的奴隶"，现在成了常态。在各个村镇，波兰人为了躲避抓捕，愿意做牛做马。

理论上，占领者本可以实施一种更合理的经济剥削政策，在胁迫性的总体政策下通过温和的举措获得更多的配合，带来更高的生产率。但希特勒不打算在波兰或今后的苏联实施此类政策。他认定更多而非更少的恐怖，将确保德国在东线的真实战场和经济战场上都做到无往不胜。

* * *

并不仅仅是苏联间谍和西方国家政府就德国迫在眉睫的入侵威胁，给苏联领导人发出了警告。早在 1940 年 8 月 14 日，希特勒就他关于侵苏时间的考虑发出了一个信号：他要求苏方的供货时间安排"截止于 1941 年春季"。此后随着计划入侵时间的迫近，德国人逐步从莫斯科使馆撤回了外交官员及其家属。到进攻前夕，在苏联的德国外交人员已经减少到仅仅一百多人。此时在苏联驻柏林使馆工作的克里姆林宫翻译瓦伦丁·别列日科夫指出，苏联同期驻德外交人员的数量大约是一千人。"斯大林担心引起希特勒的怀疑，禁止我们减少驻德外交人员的数量。"别列日科夫写道。[65]

不过，正如没有人能让希特勒相信进攻苏联是愚蠢的举动，让斯大林改变看法，不再认为希特勒不会侵略东方邻国（希特勒早在《我的奋斗》中就有侵略想法），同样是不可能的。在过去一年多里，德国军事准备活动的一些迹象已经很明显。一些德军飞机频繁闯入苏联领空，明显是在执行侦察任务。起初，红军边防部队会对其中一些飞机开火，苏军飞机还会起飞实施拦截。有一次，五架德军飞机以迷失方向，只能在燃油耗尽前以被迫着陆为由，在苏联领土降落。[66]

斯大林的反应是限制己方部队的行动。1940 年 3 月 29 日，内务人民委员部的 102 号指令规定："德国飞机或气球侵犯苏德边境时，不要开火。在报告侵犯国境的情况时，务必要慎重。"4 月 5 日，内务人民委员部负责人拉夫连季·贝利亚（Lavrenty Beria）又向边防部队发布了一项命令：在任何摩擦中，边防士兵都应"避免让子弹落入德国领土"。

德国人就频繁越界给出的解释十分牵强，他们说这是由于一些飞行学校的位置离边境太近。[67]与此同时，侵犯领空的次数在不断增加：1941 年 4 月 19 日至 6 月 19 日，这样的事共发生了 180 次。斯大林继续帮德方找借口，对相关问题轻描淡写。"我不确定希特勒是否知道此事。"他说道。[68]在一份发给德国政府的照会中，苏方姿态极低地表示，"只要德机不频繁越界"，苏联边防部队就不会向飞机开火。[69]

这些事引发了关于斯大林是否在奉行彻头彻尾的绥靖政策的猜测。5 月 15 日，土耳其驻莫斯科大使发回国内的一封急件被德国人截获，信中认为斯大林为了让希特勒相信自己真心渴望和平，几乎愿意做任何事。"斯大林已经快要任由德国人摆布了。"土耳其大使写道。[70]

然而一些历史学家认为，恰恰相反，斯大林此时正考虑对德国发起先发制人的攻击，不过没有可靠的证据能支持这一理论。更令人信服的是，斯大林自欺欺人地认为这样做可以拖住德国人。毕竟，正如为斯大林撰写传记的艾萨克·多伊彻

（Isaac Deutscher）指出的那样，沙皇亚历山大一世（Tsar Alexander I）曾通过与拿破仑讲和，给自己赢得了四年的备战时间。[71]斯大林可能希望至少能赢得一年的时间，改善苏联部队装备落后的现状。1941 年 3 月，他获悉只有 30% 的坦克及装甲部队能够获得充足的作战所需的配件。德国入侵的前一个月，苏联将领们向斯大林报告："旨在提供红军所急需的军事技术的计划，其落实程度很不理想。"[72]

在 5 月 5 日对军校毕业生的讲话中，斯大林似乎比往常更倾向于承认苏联面临迫在眉睫的威胁，但他仍在努力传达他对苏联可以赢得任何军事冲突的信心。"德军不可战胜吗？"他说，"不，它并非不可战胜。"他提醒听众说，德国取得的军事成功让纳粹领导人"开始头脑发热了"。"对他们来说，似乎没有什么是做不到的。"斯大林有意指出，拿破仑最初也取得了类似的军事上的成功，但随后"他的军队开始屡遭失败"。[73]

但如果斯大林是在利用与希特勒的结盟来争取时间的话，他已经浪费了他曾拥有的大把时间。对西部防线的处理就是一个例子。20 世纪 30 年代，苏联曾在西部边境修建了牢固的防御工事。与纳粹签署条约后，苏联的边境线进一步西移，斯大林决定基本放弃原有的防御工事，沿着新的苏德分界线修建新的工事。苏联后来为此付出了沉重的代价。

佩特罗·格里戈连科（Petro Grigorenko）年轻时曾参与旧工事的修建，他回想起 1941 年春天，斯大林在新工事尚未完工且没有装备足够多的火炮的情况下，就下令炸毁了"成千上万"的旧设施。结果，德军在入侵时不费吹灰之力就占领了大多数混凝土制成的新炮台。"我不知道未来的历史学家会如何解释政府对苏联人民犯下的这种罪行，"后来成为将军与异见人士的格里戈连科写道，"对希特勒的'巴巴罗萨行动'来说，没有比这更好的礼物了。怎么可能让这种事发生？斯大林一定是疯了才做出了这样的事。"[74]

也可能斯大林仍在罔顾事实，坚信苏联总是能在德国向他处持续扩张时置身事外。1939 年 9 月德国入侵波兰后不久，斯大林告诉部下，这场战争是"两个资本主义国家阵营之间的战争"。他说："他们好好打一仗，打得两败俱伤，我们觉得这很好。"[75]这样一来，他就能指望苏联成为最后的赢家，不仅巩固其对波罗的海国家和波兰东部的控制，而且进一步扩张其力量与影响。在希特勒为"巴巴罗萨行动"做最后的准备工作时，斯大林仍在努力实现上述目标。

斯大林的看法得到了很多苏联外交官员的响应。6 月 3 日接受国际通讯社驻伦敦记者的采访时，麦斯基大使预计德国不会强大到同时击败英国和美国，而他相信美国迟早会被卷入战争。被问到苏联是否会对抗击德国的斗争伸出援手时，麦斯基回答说苏联是"世界上唯一中立的大国"，并且愿意维持这种地位，致力于与所有参战国保持尽可能和睦的关系。根据一份基于国际通讯社内部消息的波兰政府报告，编辑们认为麦斯基的论述毫无新意，因而没有发布采访内容。[76]

英国外交大臣安东尼·艾登 6 月 13 日提醒麦斯基注意在苏德边境集结的规模越来越大的德军部队，可苏联大使再次坚称他不相信德国会进攻苏联。即便在日记中，面对明显的证据，麦斯基也拒绝承认自己的错误——和他在克里姆林宫的上级一样，麦斯基仍不愿面对现实。"希特勒还没准备好自杀，"麦斯基在 6 月 18 日写道，"毕竟一场针对苏联的战役无异于自杀。"[77]

在莫斯科，斯大林的下属明白，在递交与斯大林的想法相左的报告时，他们必须极端小心。在德国侵苏的前一天，贝利亚转达了来自苏联驻柏林大使弗拉基米尔·迪卡诺索夫（Vladimir Dekanozov）的信息，它警告称入侵迫在眉睫。贝利亚在递交的文件中用以下声明开头："约瑟夫·维萨里奥诺维奇（Joseph Vissarionovich），我的属下和我本人牢记您睿智的预言：希特勒不会在1941年进攻我们！"[78]

从短期看，斯大林表现得比希特勒还要自欺欺人。

第四章 "普利茅斯兄弟会"

1941 年 2 月，约翰·吉尔伯特·温奈特出发去伦敦圣詹姆士宫（Court of St. James's）接替约瑟夫·肯尼迪出任美国大使前，与罗斯福见了面，聆听最后的指示。总统告诉他，"美国人民正在评估局势，让温斯顿·丘吉尔和英国政府保持耐心"。温奈特回忆道，罗斯福还希望他"让英国人民明白，我们相信他们的事业，纳粹主义和法西斯主义与美国的生活方式水火不容"。罗斯福特别谈到了第一个和平时期征兵法案的实施，以及即将通过的《租借法案》和向英国交付的驱逐舰，这些都是美国支持英国的实际举措。"我们已经下定决心，将竭尽所能让战争早日结束。"温奈特总结道。[1]

作为颇受欢迎的新罕布什尔州共和党州长，温奈特的表现与传统的共和党政客并不相似。[2]他很早就支持新政，组织了公共工程项目并批准了本州的公民救济计划。早在温奈特 1935 年卸任州长前，罗斯福就提名这个被他称作"乌托邦约翰"（Utopian John）的人出任美国驻国际劳工组织（International Labour Organization）首任代表。温奈特愉快地接受了这份工作，去了瑞士日内瓦，很快又在 1935 年 8 月返回华盛顿，出任新成立的社会保障署（Social Security Board）主席。在为最重要的社会福利新项目赢得舆论支持的斗争中，罗斯福任命了一个自由共和党人，对此他感到很满意。斗争胜利后，温奈特重返日内瓦的国际劳工组织，在 1939 年出任该组织的总干事一职。

温奈特目睹了希特勒的早期军事征服，毫不讳言自己的反对态度。德国人肢解捷克斯洛伐克时，他去了布拉格，后来又目睹了法国的溃败。"当法兰西战役的战火正在肆虐时，我从飞机上看到了前线的场景。"他写道，"德国人进军巴黎的前一天，我离开了这座城市。"他还目睹了从敦刻尔克撤退的士兵抵达英国以及"不列颠空战造成的影响"。他的上述活动并非无人注意。在日内瓦，德国和意大利的秘密警察监视着他。在德国，媒体将他描述成敌人。

准备去英国任职时，温奈特已经是一名坚定的国际主义者，认为很有必要援助英国。赴英前，温奈特应邀去新罕布什尔州立法机关做了演讲。很多美国人仍不确定该如何看待欧洲的战争，温奈特此时发出了明确的信号，回应了罗斯福的讲话。"我们现在是'民主国家的兵工厂'，为反抗侵略者的人提供物资，"他说，"英国要我们给他们提供'完成任务'的工具。我们可以作为自由人和他们并肩作战……在正义的事业中，遵从上帝旨意的我们必须竭尽全力。"[3]

3 月抵达英国后，专列带他来到温莎车站，国王乔治正在此等候，准备陪同他初次参观温莎城堡。"国王亲自迎接一名外国大使，这在英国历史上还是第一次。"温奈特骄傲地指出。[4]他十分理解他们为何做出这种史无前例的姿态：英国的处境还很危险，迫切需要美国的帮助。参观完温莎城堡、火车驶入伦敦的帕丁顿车站（Paddington Station）时，他正好赶上了德国的空袭。

新大使受到了英国方面的热情欢迎，这一点很难得，尤其是考虑到前任大使肯尼迪对英国前途的悲观预测，以及他如何不加掩饰地反对罗斯福的《租借法案》和让两国命运更紧密地联系起来的任何举措。肯尼迪从英国回国后，前总统候选人温德尔·威尔基告诉专栏作家约瑟夫·艾尔索普（Joseph Alsop）说："英国人讨厌肯尼迪。"[5]

1941 年年初，在一架从佛罗里达棕榈滩（Palm Beach）飞往华盛顿的班机上，肯尼迪的言谈表明他同样不喜欢英国人。正在海军服役的罗斯福总统的二儿子小富兰克林·罗斯福（Franklin Roosevelt Jr.）正赶上休假，也乘坐了同一架飞机，两人就欧洲局势进行了激烈的讨论。据小罗斯福后来的回忆，"肯尼迪深信希特勒将横扫欧洲，美国应向英国施压，让英国通过谈判实现最有利的和平"。一个讲话听起来像是英国人的乘客拍了拍肯尼迪的肩膀，让他说话小点声，前大使因而向小罗斯福抱怨道："我讨厌那些该死的英国人，从丘吉尔到普通百姓都不喜欢。"[6]

从温奈特抵达伦敦并收到丘吉尔希望早日与他见面的消息的那一刻起，新大使与首相的关系就变得与以往截然不同。在回忆录里，丘吉尔感激地指出，这一时期"总统逐步加强了与我们的联系"。[7]

但丘吉尔仍尽力让美国保证继续支持英国，虽然他对美国在军工生产和供货方面的延误感到不满。在华盛顿，接替去世的洛锡安勋爵出任英国大使的哈利法克斯勋爵也经常对罗斯福政府在践行承诺方面的混乱牢骚满腹。和华盛顿复杂的官僚机构打交道，哈利法克斯说，简直"像撞在棉花堆上一样"。[8]

温奈特发现英国方面完全对他敞开了心扉，首相更是如此，一开始就将他纳入了自己的核心圈子。这种亲密无间让新大使很快就与首相的女儿、女演员莎拉·丘吉尔（Sarah churchill）发展出了一段罗曼史。温奈特的妻子是富有的社交名流，仍住在新罕布什尔州，只会偶尔来伦敦看看温奈特；27岁的莎拉比温奈特年轻25岁，尽管她仍在公开场合和丈夫一起露面，但与这个出生于奥地利的犹太音乐家和喜剧演员，早已貌合神离。

温奈特没有让个人生活影响自己新的核心使命，即与自己情人的父亲发展一种密切的工作关系。他很快帮助化解了华盛顿与伦敦间有关驱逐舰–基地互换协议最终条款的僵局，该协议早在半年前就已公开，最终在3月27日成功签署。和此时抵达英国、前来协调美国援助事宜的艾夫里尔·哈里曼一道，温奈特陪同首相不仅去了契克斯庄园，还视察了遭受德国空袭的城市。

温奈特被自己在公开场合与私下里见到的英国首相折服，称丘吉尔"这个矮壮、有点驼背的人显得意气风发，会突然陷入沉思，对周遭的一切浑然不觉——我后来领略过无数次这种专注的力量"。[9]同样，丘吉尔和他的手下也迅速对温奈特产生了好感。丘吉尔的年轻秘书科尔维尔称赞温奈特"低调而精明，充满智慧"。一天晚上两人正在商谈时，德军轰炸机又进行了轰炸。"他甚至连头也没抬。"科尔维尔赞许地写道。[10]

然而，尽管相貌英俊的温奈特取得了政治上的成功，并很快在伦敦获得了认可，但他并不是一个富有个人魅力的人。他顶多是一个乏善可陈的公共演说家，平时寡言少语到了几乎令人苦恼的地步。温奈特首次拜访麦斯基时，苏联大使发现温奈特给他留下了"某种奇怪的印象"。"温奈特个子很高，长着一头黑发，动作不紧不慢，表情严肃，说话无精打采，声音小到让人几乎听不见，总是一副忧郁、内敛的表情，和他那气壮如牛、充满自信、喋喋不休、反复无常的前任肯尼迪截然相反，"麦斯基在日记里写道，"听他说话时必须要全神贯注。"[11]

麦斯基嘲笑温奈特不搬进大使的住所，反而住在使馆一间相对简朴的公寓里的决定，是在"玩民主党那一套"。但在英国人看来，新大使的低调风格及在德军空袭后频繁巡视相关区域的举动，进一步表明这个新来的美国人工作认真负责，并且真心支持英国。

在温奈特抵英两周后，英方于萨伏依酒店（Savoy Hotel）为他举行了一场午餐会。在该场合，丘吉尔称他为"一位朋友及忠诚的同志"，指出"你在世界历史的一个伟大的转折时刻来到我们身边"。在英国广播公司广播其讲话时，首相一如既往地给出了有力的结束词："你，大使先生，和我们有着一样的目标。我们都面临着同样的危险。我们也将共享利益。"丘吉尔还说英美两国最终将"共享胜利的果实"。

和丘吉尔不同，温奈特的发言声音不大，有时还显得结巴。但他传递了英国人想要听到的信息：美国将提供"工具——军舰、飞机、枪支弹药，以及食物——给全世界所有用生命捍卫自由的人"。他还说道："一种新的精神已经兴起。自由的人民正为赢得一个自由世界而合作，任何暴政都无法打消他们的希望。"

英国媒体对此欣喜若狂。伦敦《星期日泰晤士报》（Sunday Times）指出，温奈特取得了"非凡的胜利"。《每日先驱报》（Daily Herald）宣称："他的讲话并非夸夸其谈。它们是一种信念的宣誓。"[12]

＊　＊　＊

3月21日，信息大臣达夫·库珀（Duff Cooper）与他的同事、内阁议员哈罗德·尼科尔森一起主办了一场午餐会，招待英国媒体人。尽管就即将签署的驱逐舰－基地互换协议，伦敦与华盛顿进行了艰难的谈判，但库珀还是提醒记者们"不要敌视美国"。他称赞《租借法案》"可能是最能为战争带去决定性影响的因素"，并声称他"确定美国不久后就会参战"。（尼科尔森在日记里提到了这一点）。[13]

库珀的言论表明，英国的政治领袖及其媒体，不仅需要让自己的同胞，还要让美国人一直相信，这场战争能够且必将取得胜利。否则，库珀指出，美国就会一直置身事外，英国取胜的希望也就破灭了。换句话说，公众认知和战舰与枪支一样，也能塑造现实。

二战前最后一任德国驻华盛顿大使、后来回到柏林外交部的汉斯·迪克霍夫（Hans Dieckhoff）同样认为，美国的公众舆论非常重要。在3月10日的一份备忘录里，他强调舆论的变化"将取决于战争的进程"。他预测："如果德国在近期果断而成功地击败英国，那么美国公众舆论很可能支持不涉入战争；如果战争继续久拖不决，那么就有很大的风险，美国公众舆论将越发向支持参战的方向发展。"[14]

英国领导人尽管公开展现出了一种乐观态度，但对英国的危险处境心知肚明。德国的U型潜艇作战给寻求维持英伦三岛物资供应的英国及英联邦船只，造成了惨重的损失。2月至5月，丘吉尔指出，U型潜艇共击沉了142艘船，其中99艘是英国船。[15]德军在希腊和南斯拉夫取得的胜利尽管拖延了希特勒的侵苏计划，但也再次证明了纳粹的强大。在利比亚，"沙漠之狐"埃尔温·隆美尔（Erwin Rommel）将军率领的非洲军团，被派往非洲营救被英军围困的意大利军队，已经取得了一连串胜利。

尽管德国空军未能赢得不列颠之战，但其轰炸机仍持续袭击伦敦及其他城市。4 月 16 日深夜，与温奈特在美国使馆开完会后，科尔维尔在走回唐宁街 10 号的途中，碰上了德军的空袭。"炸弹像冰雹般落下，"他指出，"这段路走得真是令人不快。"三天后，他在日记中更直白地表达了自己的担忧："走在街上时，我肯定会更仔细地观察伦敦的地标建筑，因为下次可能就见不到了。"[16]

并非只有年轻的丘吉尔的秘书感受到了此种不祥之兆，他的上级同样感受到了。5 月 2 日，科尔维尔在报告中指出，华盛顿拒绝了英国政府让其协防亚速尔群岛（Azores）及佛得角群岛（Cape Verde Islands），以防其被德国占领（尽管希特勒最终并未这样做）的请求。此事再加上来自公海和中东的一些坏消息，让首相"非常沮丧"。根据科尔维尔的描述，丘吉尔以"一种他从未见过的糟糕心情"，给罗斯福发了一封充斥着悲观情绪的电报。接着，首相在和哈里曼、人称"帕格"（Pug）的幕僚长伊斯梅将军及科尔维尔的谈话中，描绘了"一个欧洲、亚洲及非洲被希特勒统治，美国及英国别无选择，只能不情愿地接受'和平'的世界"。[17]

丘吉尔认为当前是一个决定性的时刻，警告称如果希特勒控制了伊拉克油田和乌克兰小麦，那么连"我们的普利茅斯兄弟会"（指美国人）也无法确保能够扭转战局。在那天早上的火车上，科尔维尔记述道，丘吉尔的妻子克莱门汀（Clementine）

问他:"乔克,你觉得我们能赢吗?"

自赴信息部任职以来,尼科尔森就注意到了公众越发担忧与厌倦的迹象,他不断思考自己能为此做些什么。"从宣传的角度看,英国真正需要做的是确保能取得胜利",他在 4 月 13 日的日记里写道,此时德军已经在利比亚赢得了主动权。"他们厌倦了谈论我们事业的正义性及最终胜利属于我们的说辞。他们想要看到我们打败德国人的事实。"尼科尔森接着说,"在如何向他们展示这样的事实一事上,我简直束手无策。"[18]

* * *

短小精干的美国驻伦敦武官雷蒙德·E. 李将军于 1958 年逝世,享年 72 岁。《纽约时报》(*New York Times*) 刊登的讣告指出,"对生活在伦敦的美国居民和英国政府官员来说,没有比他更受欢迎的美国武官了"。报纸给出的理由是:在德国 1940 年至 1941 年的空袭中,"雷蒙德对皇家空军成功保卫英伦三岛充满信心"。[19]

李不仅自己坚信英国会获胜,而且努力向别人宣传这种思想,尤其是向那些负责塑造美国公众舆论的人。闪电战期间,美国媒体频繁报道伦敦被空袭"摧毁",这令他感到不安。他把几个美国记者叫到他的办公室,在办公桌上摆了一摞词典。接着,他读了读所有词典对"摧毁"的定义。李让记者们看看窗外,指出外面的景色并不符合他刚才所读的定义。"伦敦没有被摧毁,如果你们想要征求一名军人的意见,我认为伦敦将来也不会被摧毁。"他说。

但即使是曾与肯尼迪大使和其他一些人的悲观主义努力斗争的李,在那年春天也感受到了困扰他英国同行的那种焦虑。

从 1 月下旬到 3 月底，李作为美国代表团的顾问之一参加了 ABC - 1 会议，即首届美国 - 英国 - 加拿大军事参谋计划会议。在华盛顿举行的这次会议基于美国可能参战的假设，奠定了英美广泛展开军事合作的基础。但鉴于美国官方的非交战国地位，会谈内容严格保密，只有少数与会者知晓。英国代表们为了谨慎起见，都穿了便装，且自称"英国采购委员会的技术顾问"。

根据总统助手罗伯特·舍伍德的回忆，与会参谋人员的讨论"给美国或其他任何尚未参战的反法西斯国家提供了最高等级的战略准备"。舍伍德写道，极端的保密性与担心德国或日本获悉此事并没有太大关系，真正的保密原因是美国国内的孤立主义者已经在指责罗斯福政府预谋让美国卷入战争。舍伍德指出，如果上述计划被国会或媒体知晓，"美国的战争准备工作很可能前功尽弃"。[20]

会谈非常成功，李在 4 月初回到伦敦后，本应感到更欣慰、更轻松些。但在里斯本停留期间，李似乎因自己带回来的秘密文件而感到恐慌。这些文件涉及华盛顿军事商议的结论，包括美国参战后美英两军的部署及作战计划。他还带回了一封罗斯福给丘吉尔的密信。李写道，这些文件一旦丢失，就将造成"无法弥补的损失"。

返回英国前，李在里斯本的一家酒店留宿，将文件委托给驻里斯本美国公使馆保管。吃完晚餐后已经很晚了，他上床睡觉，却于凌晨两点半被"一场非常恐怖的噩梦"惊醒。半睡半醒间，他想起里斯本是国际间谍中心，因而到处都有纳粹特工，而他将文件委托给了"根本不是美国人的美国代表保管"。在他的噩梦中，其中一名代表驱车前往边境，将文件交给了德国人。李一大早急忙跑到公使馆，确定这只是他的想象。接着，为了保险起见，他拿回了文件，将自己反锁在酒店房间里，直到离开里斯本。

4 月 10 日夜，李乘坐的飞机在普尔降落，他赶往附近的伯恩茅斯（Bournemouth）过夜，第二天早上再坐火车去伦敦。李写道，在新的落脚之地倒咖啡时，他听到了"像是炸弹爆炸般的四声巨大的砰砰声从远处传来"。当他和其他客人出屋查看情况时，他们看见了普尔一家大型酒店被炸弹击中，冒出了冲天的火光。李和其他客人上床睡觉后，又被女房东的敲门声叫醒，房东让他们去楼下更安全的地方。这次，仅半个街区之外的沃尔沃斯（Woolworth）商店中弹起火，多架德军轰炸机在空中盘旋。李最终抵达了伦敦，将罗斯福给丘吉尔的信上交，并将其他文件锁好，然后才松了口气。[21]

另一件令他欣慰的事是，他与在他离开期间抵达伦敦的温奈特进行了初次会面。"与温奈特的初次面谈和与肯尼迪的截然不同，后者粗鲁、嚣张，言行上非常无知。"李在日记里写道，"很明显温奈特与丘吉尔相处得很好，我肯定他们今后也会和睦相处。"[22]

不过，回到伦敦的第一周让他感到很郁闷。"我觉得很多方面的情况都严重恶化了，而如果我没有离开的话，我可能根本注意不到这些。"他写道。李指出，食物供应不足的情况恶化了，人们看起来"更加严肃"了。在电影院，观众现在被迫观看那种当局此前尽量回避的露骨宣传片。李看了一部电影，训练中的英军高喊："杀！杀！杀！"他发现自己以前没有注意到这些。

尽管李希望美国的援助能帮助皇家空军对德国腹地实施空袭，但他对"这场与时间的赛跑"表示担忧。关键问题是"对一项逐渐显露出败象的事业来说，我们是否能提供足够及时的援助来表示支持"。从他的日记来看，他远没有公开宣称的那样乐观。

"布莱克先生"（很可能是他这段时间接触的一个线人的假名）也没给李带来振奋人心的好消息。他给李提供的情报大体是德国人"坚信来自美国的援助对英国于事无补"。甚至一些英国官员在与美国特使打交道时，似乎有意表现出一种绝望感，而非丘吉尔几乎在每个场合都努力展示的那种毫不动摇的信心。负责飞机生产的大臣比弗布鲁克勋爵有一次问正忙于扩充美国陆军航空兵团（US Army Air Corps）兵力的亨利·阿诺德（Henry Arnold）将军："如果丘吉尔被绞死，而我们剩下的人躲在苏格兰或被德国人穷追不舍，你们会怎么办？"根据李的回忆，阿诺德认为英国人是为了体现形势的紧迫性，在"故意演戏给他看"。[23]

一些美国人很受触动。4月10日，哈里曼给罗斯福写信说："英国的力量受到了削弱。考虑到我们的利益，我相信在我们的伙伴变得不堪一击前，可以直接投入我们的海军。"曾先后担任驻苏联及驻法国（法国投降前）大使的威廉·布利特（William Bullitt）在4月29日给哈里曼的信中写道："总统等待着舆论的引导，舆论同时也在等候来自总统的引领……除非总统的政策发生变化，或者希特勒引发了舆论认为会有损国家荣誉的事件，否则剧变就不会发生。"[24]

这个时期，驻欧洲的美国记者在争取舆论的斗争中，起到了越来越直接的作用。

＊　　＊　　＊

多萝西·汤普森（Dorothy Thompson）是最早成为名人的外国女性记者之一，她从20世纪20年代开始，为一系列美国刊物撰写了极富洞察力的有关欧洲的报告，它们令她声名鹊起。早在1923年，啤酒馆暴动失败后，她就曾试图见见希特勒。1929年发生股市崩盘及经济"大萧条"后，希特勒的纳粹党开始崛起。汤普森终于在1931年11月成功采访了希特勒。这是她为《大都会》（Cosmopolitan）杂志所做的专访，但她充分利用这次机会，很快写出了一本名为《我见到了希特勒!》（I Saw Hitler!）的书。这本篇幅不长的书于1932年出版，引发了巨大的反响，这是因为它讲述了关于当时的德国的一些重要事实。

对汤普森来说不幸的是，在其总体比较成功的职业生涯中，这本书却是她的最大败笔。她准确地指出，希特勒试图破坏民主制度，而不是像早期那样以暴力推翻它："人民必须'觉醒'，希特勒的运动旨在让民众投票支持独裁!"尽管如此，她完全误判了他的政治前途，而当时有很多迹象表明他的新战略奏效了。

"当我最终步入阿道夫·希特勒在凯斯霍夫酒店（Kaiserhof Hotel）的会客室时，我意识到我要见的是德国未来的独裁者。"汤普森写道，"但不到五十秒后，我改变了看法。我很快发现这个全世界急于了解的人是如此的微不足道。"她形容希特勒"说话前后矛盾，喋喋不休，坐立不安，显得没有安全感……典型的'小人物'形象"。这里的"小人物"是当时德国作家汉斯·法兰达（Hans Fallada）的畅销小说名。汤普森指出，希特勒的眼睛"散发着一种天才、酒鬼和臆想症患者所特有的光芒"。最后，她总结认为希特勒不太可能成为拥有最高权力的领袖，即便他做到了，"他也只会攻击最弱小的敌人"。[25]

值得称道的是，汤普森在希特勒掌权后重返德国，撰写了严厉抨击纳粹的文章，导致其在 1934 年因"反德"思想而被驱逐出境，这表明她不会重蹈覆辙，再次低估希特勒。战争伊始，她就积极号召美国同胞支持英国。在美国国内就《租借法案》激烈角力之际，她放下了记者的超然中立的立场，站在了罗斯福政府一边。

她编写的宣传册《1776 年之战》（*The Battle of* 1776）介绍了《租借法案》的内容以及罗斯福、国务卿科德尔·赫尔（Cordell Hull）、海军部部长弗兰克·诺克斯（Frank Knox）和战争部部长亨利·史汀生（Henry Stimson）的相关评论。汤普森在导言中强调"当务之急"是尽快通过悬而未决的法案。

在阐释希特勒的德国是如何系统性地"粉碎民族国家"时，汤普森指出这一进程也摧毁了德意志民族的精华，即"法律、文化与制度"的根本。现在，"德国不再是一个以国家形式存在的实体……而是一个由世俗化的教会和一种非基督教的教团，也就是纳粹党来维持的部落"。

接着，在一篇听起来过于现代，但在今天会被认为立场有问题的文章中，汤普森写道："和历史上与其极其相似的穆罕默德的宗教运动一样，这种教团，这种世俗化的宗教威胁着文明社会。凡纳粹主义兴起之处，民族国家必将毁灭。一国不仅毁于纳粹的军事占领，而且亡于对其基本制度的系统性摧毁。"她指出，如果德国成功击败英国，还认为美国不会是下一个目标，这种想法将是愚蠢的。被打败的英国"将成为德国统治大西洋及包围美洲的基地……我们甚至来不及放出一枪一弹，就会输掉战争"。[26]

虽然与一些常驻柏林的前同事相比，汤普森更公开地支持罗斯福政府，但同样的仗义执言者大有人在。因对希特勒掌权做出极具洞察力的报道而获普利策奖的《芝加哥每日新闻》（*Chicago Daily News*）记者埃德加·安塞尔·莫瑞尔（Edgar Ansel Mowrer），在纳粹新政权的压力下，被迫于1933年离开德国。1940年夏，莫瑞尔的出版商、时任海军部部长的弗兰克·诺克斯，要求他陪同人称"狂野比尔"（Wild Bill）的威廉·多诺万（William Donovan）去一趟英国。罗斯福之所以派多诺万（此人很快会成为情报机构战略情报局局长）赴英，是为了让他执行一项任务，对英国的情况及战局进行评估。总统不相信肯尼迪大使的判断。

与丘吉尔和其他英国高官会谈后，两位美国特使就应该如何向总统报告达成了一致。莫瑞尔指出："**在丘吉尔的领导下，无论面对德军残酷的空袭还是登陆，英国都不会投降。**"[27]

目睹过纳粹行径的这些记者急于在争夺美国国内舆论的斗争中发挥作用，这并不令人惊讶。1940年12月1日，夏伊勒在即将结束作为哥伦比亚广播公司驻柏林记者的工作时，在日记里指出，希特勒如果继续在欧洲与非洲取得胜利，早晚会进攻美国，"除非我们打算放弃我们的生活方式，屈辱地顺从于希特勒的极权主义"。夏伊勒指出，只要美国抵抗，希特勒就无法统治世界。"两国之间的碰撞是不可避免的，就像天空中两颗急速飞向对方的行星一样。"[28]1941年年中，夏伊勒的《柏林日记：一个驻外记者的笔记》（*Berlin Diary: The Journal of a Foreign Correspondent*）出版，很多读者得以了解到他此前未公开的想法，该书也很快升至畅销书榜单榜首。[29]

与此同时，同样刚从德国回美国的《基督科学箴言报》（*Christian Science Monitor*）记者约瑟夫·哈施（Joseph Harsch）出版了他十二篇报纸连载文章的文集《征服的模式》（*Pattern of Conquest*），提出了很多与夏伊勒和汤普森相似的观点。"美国人民面临的问题很明确，"他写道，在这场争夺全球统治权的激烈斗争中，"美国要么成为统治者，要么仰人鼻息"。为了防止德国人最终取胜，美国需要"与英国并肩作战"。他指出："英美两国的合作无疑能够打败德国。"[30]

并非所有的美国记者都从一开始就明确反对希特勒。接替夏伊勒成为哥伦比亚广播公司驻柏林记者的是亨利·弗兰纳里，他于1940年11月抵达柏林，与夏伊勒一起工作了一小段时间，并没有立刻像夏伊勒那样强烈地反对纳粹。"我属于'思想开放'的那一类人——不相信纳粹德国必然会对美国构成威胁，认为我们至少可以继续与希特勒做生意。"弗兰纳里回忆道。[31]但了解到自己报道的这个国家的更多真相，包括它要对身体和精神上有残疾的人实行"安乐死"的秘密计划后，他很快改变了看法。

当德国仍希望美国置身事外时，其官员还能装装样子，以比较克制的姿态面对待美国记者。但当华盛顿在1941年年初加大对英国的支持力度后，在德美国记者感到越来越不安了。3月15日，盖世太保以"涉嫌从事间谍活动"为由，逮捕了合众社记者理查德·霍特利特（Richard Hottelet）。他被关押至7月8日，然后被突然释放，获许回到美国。[32]根据他的同事、后来成为美国广播公司王牌播音员的霍华德·K.史密斯（Howard

K. Smith）的说法，霍特利特的真实罪行是，他在收听纳粹的宣传报道时，"无法继续掩饰自己的厌恶"。[33]史密斯指出，由于纳粹正在四处找人逮捕，以恐吓其他驻柏林的美国记者，霍特利特成了显眼的靶子。

与纳粹的很多行为一样，这种对记者的粗暴对待只会增强那些继续留在柏林的记者对纳粹的反感。此前他们在写给读者的报道中，并未完全表现出这种情绪，而现在纳粹的这种行径进一步推动了美国国内舆论的转变。

*　　*　　*

如果说驻柏林的记者不约而同地将纳粹视作邪恶的象征的话，那么驻伦敦的美国记者则有另一种不同的感受，他们绝大多数人对丘吉尔带领英国英勇抵抗德国战争机器的行为表示认可。"战争中的美国在伦敦拥有一支非常出色的记者团队，"信息大臣库珀写道，"他们几乎毫无例外地持有反德立场，为我们共同的事业做出了巨大贡献。"[34]

在不列颠空战及此后的空袭中，默罗的《这里是伦敦》每天向美国听众报道德军轰炸造成的伤亡情况，更重要的是还向他们传递了伦敦市民的冷静与勇敢，以及丘吉尔令人备感鼓舞的领导力。新首相丘吉尔在法国沦陷及敦刻尔克撤退后，于下议院发表演说，这时默罗写道："他的演讲洋溢着莎士比亚风格，有着一种不加掩饰的紧迫感，此前我在下议院从未听到过这样的讲话。"[35]

除默罗外，还有不少美国记者讲述了英国的不屈精神。《科利尔周刊》（Collier's Weekly）的流动记者昆廷·雷诺兹（Quentin Reynolds）在 1940 年年末于伦敦总结了自己的看法，指出希特勒在征服欧洲大陆时大多奏效的恐怖策略，在对英空袭中未能取得成功。雷诺兹写道，伦敦不仅没有恐慌，"反而不屑一顾地将恐怖当作武器对付英国人，（使恐怖策略）起到的效果就如同在对阵乔·路易斯（Joe Louis）* 的拳击赛中，让一个娘娘腔上场"。[36]但发挥了最大宣传效果的还是默罗的广播节目。

在哥伦比亚广播公司伦敦分部与默罗共事的埃里克·塞瓦赖德（Eric Sevareid）认为，自己的同事并没有直接在政治范畴内思考自己的工作。"默罗并未试图向美国'兜售'英国的事业，"塞瓦赖德写道，"而是在努力解说一项向全世界展现了人性崇高之处的人类事业。在这一过程中，他让大家理解了英国人和他们的行为，也因此牵动了美国国内听众的心。"塞瓦赖德指出，默罗的影响力使其在重要性上远超美国的官方使节（默罗在伦敦广播的大多数时间里，大使是肯尼迪）。"默罗就是一位双重意义上的大使，他在美国代表着英国，同时在英国又代表着美国。"塞瓦赖德总结道。[37]

默罗的叙述无疑给赴英美国记者留下了先入为主的印象。斯克里普斯－霍华德新闻社（Scripps-Howard）的记者厄尼·派尔（Ernie Pyle）凭借其平易近人的风格与勇气，赢得了普利策奖与巨大声望，但在 1945 年死于日本狙击手枪下。他曾于 1940 年 12 月来到伦敦，一直待到 1941 年 3 月。他迅速出版的《厄尼·派尔在英国》（*Ernie Pyle in England*）一书讴歌了英国精神，同时无视了民众的任何疑虑。"在三个月的时间里，我没有遇见一个怀疑英国可能输掉战争的英国人。"派尔写道。[38]

在英国待得更久的美国人知道事实远非这样简单——当天

---

* 美国拳击手，世界重量级冠军。——译者注

空布满德军轰炸机时，英国人也会和其他人一样，感到担心与恐惧。不过，按塞瓦赖德的说法，在表露自己的情感时，"英国人相互之间仍心存戒惧"，情感外露是不妥的。"一个人可以心里感到害怕，但当两个人在一起或上百人聚集时，就不能表现出恐慌。"[39]值得注意的是，塞瓦赖德是在二战后出版的回忆录中，才谈及了对此事的思考。但在英国生死攸关的时刻，他和同事们无暇进行这种细致的分析。

对派尔这样的访客来说，伦敦民众每日展现出的勇气不仅令人难以忘怀，而且极富感染力。即将离开伦敦之际，派尔这样描述自己的感受："我在伦敦待了这么久，得到了伦敦式的视野，了解了它的随性，知道了它无论发生什么都能挺过去。伦敦人有着战斗机飞行员般的心态——今晚有人会牺牲，但肯定是别人，不会轮到我。"[40]

* * *

1941 年 1 月，戈培尔领导的纳粹宣传部门吹捧"美国优先"委员会"真正体现了美国精神，是真正的爱国"。[41]这表明德国政府仍希望孤立主义者能阻止或至少拖住罗斯福援助英国的步伐。随着《租借法案》的通过，德国的上述希望遭受了直接打击。3 月 11 日美国众议院及参议院投票表决后，戈培尔在日记里抱怨说，美国的反对势力已经"放弃了斗争"，指出《租借法案》带来了"广泛、消极的影响"。"当然，伦敦像一个快要淹死的人抓住救命稻草一样，对此求之不得。"[42]

尽管希特勒仍认为美国无法迅速扩充军备，不能对战争产生决定性影响，但《租借法案》的消息促使他"对美国人，尤其是罗斯福，频繁进行长篇累牍的谩骂"，恩格尔指出。新

法案给他带来了"额外的重大问题"。这位陆军副官记录了
3 月 24 日希特勒对少数纳粹党高官和将领的讲话摘要。希特勒
称《租借法案》"为他提供了对美开战的理由"。他还称此时
尚无意借此大做文章，但那一天迟早要来。[43]

"我们早晚要和美国打仗，"希特勒宣称，"罗斯福和他幕
后的犹太金融势力想要战争，且必须进行战争，因为德国在欧
洲的胜利将对在欧洲的美国犹太人造成巨大的资本损失。"他
慨叹德国没有能够打击美国城市的轰炸机，无法好好教训一下
"美国犹太人"。但希特勒指出"对海上交通线的无情攻击"
将限制美国援助的有效性。另外，他还说，"美国人并非无所
不能，其军工产能仍比较有限"。

在一个月后的日记里，哈尔德尽职地附和了希特勒的看
法。哈尔德在 4 月 26 日指出，华盛顿在其他方面也没有做好
应对一场全面战争的准备。"如果美国人现在参战，我们只需
把他们当作一支和平时期的军队就行了。"哈尔德写道。[44]但并
非所有希特勒的将领都对此不屑一顾。博克对《租借法案》
的消息感到不安，在日记里写道美国人"现在除了没有派兵
来欧洲外，在所有其他方面都已与参战无异"。[45]博克担忧的语
气表明，他觉得事态的发展并不乐观。

越发紧密的美英关系进一步让希特勒觉得要展示他对最终
胜利属于德国的毫不动摇的信心。他相信，他进攻苏联的计划
不仅将实现自己最初在《我的奋斗》中做出的向东扩张的承
诺，而且将向顽固、不妥协的英国及其美国支持者表明，阻挠
自己实现目标的努力都是徒劳的。"我们不再尊重美国，"戈
培尔在 3 月 10 日的日记里写道，"唯一能让美国犹太人明白的
就是展现力量。"

尽管戈培尔认可希特勒对罗斯福和美国人的蔑视态度，但他对丘吉尔的强硬领导风格感到担忧。"如果他在1933年就上台了，我们肯定无法取得今天这样的成就，"读完丘吉尔自20世纪30年代末以来的一系列演讲稿和随笔后，戈培尔在5月8日写道，"而且我相信他今后还会给我们制造更多麻烦。"接着，好像是为了让自己安心，戈培尔写道："但我们能够也必将解决这些问题。不过，我们不能再像以前那样轻视丘吉尔了。"[46]

*　　*　　*

在希特勒紧锣密鼓地筹备"巴巴罗萨行动"、丘吉尔努力强化与华盛顿的关系之际，一位不速之客突然造访苏格兰，让英德两国的领导人都大吃一惊。5月10日，早在纳粹运动发迹于慕尼黑时就跟随希特勒左右的纳粹党副元首鲁道夫·赫斯（Rudolf Hess）驾驶一架梅塞施密特 - 110（Messerschmitt - 110）战斗机从奥格斯堡（Augsburg）起飞，消失在德国领空，直奔北海而去。尽管赫斯是有经验的飞行员，但此前从未跳伞；在格拉斯哥（Glasgow）附近，他平生第一次跳伞，但在离开驾驶舱时被划伤腿部。

飞机坠毁并爆炸后，赫斯发现自己落在了一片农田里，一个苏格兰农民发现了他。赫斯告诉农民和很快现身的英国地方民兵说他是德国人，需要给汉密尔顿公爵（Duke of Hamilton）带个口信。曾作为英国代表团成员参加1936年柏林奥运会的皇家空军中校[48]道格拉斯 - 汉密尔顿（Douglas-Hamilton）称，不记得在当时一场有纳粹高官出席的招待会上见过赫斯。但赫斯决定通过接触汉密尔顿来完成自己的使命。[47]

根据赫斯留给希特勒的信及他后来对抓捕者的供述，他的目标是说服英国单独与纳粹德国缔结和约。实际上，正如希特勒后来承认的那样，赫斯在叛逃至英国的几天前见过希特勒，问他是否仍像《我的奋斗》所写的那样，相信德英两国可以和解。希特勒表示他没有改变这一初衷，尽管当时他肯定觉得自己是在回答一个理论性问题。

得知赫斯到来时，丘吉尔正在迪奇雷庄园观看一部由马克斯兄弟（Marx Brothers）出演的电影。刚刚见过丘吉尔的汉密尔顿打电话告知他这一消息。"我觉得这太不可思议了，"丘吉尔回忆道，"不过报告是真的。"丘吉尔指出，对他来说这就好比"我所信任的同僚"、外交大臣艾登偷偷驾驶一架喷火战斗机到德国伞降一样。也就是说，这简直令人难以想象。[49]

英国首相对此感到困惑，而希特勒得知赫斯飞英后勃然大怒。德国元首当时在阿尔卑斯山的度假山庄贝格霍夫（Berghof），正准备会见施佩尔，审阅施佩尔为他制定的1950年在重新打造的恢宏新首都里举行胜利游行的草案。在即将发动截至当时德国最大规模军事入侵行动的前夕（这次的目标是苏联），希特勒已经开始筹划未来的盛大庆祝活动了。在楼下等候的施佩尔遇见了赫斯的两名助手，两人在征得了施佩尔的同意后，准备先把赫斯的亲笔信交给希特勒。施佩尔不知道发生了什么，在两人走进希特勒的会客厅时又看了看手中的草案。"突然间，我听到一声含糊不清的、如同动物般的怒吼。"施佩尔回忆道。[50]

希特勒将此事视作对自己的背叛，感到十分震惊与尴尬。"赫斯总是有一些疯狂的想法。"确认赫斯安全着陆后，希特勒对副官说。第二天，希特勒又说"他的所有想法都游走于现实与疯狂的边界".[51]戈培尔指出，"元首绝对很受打击……人们不禁要问，像这样一个蠢人如何能成为仅次于元首的人物".[52]

纳粹官员担心此事在国内造成不良影响，希特勒的当务之急却是安抚墨索里尼，向他解释说此事是一个精神不正常的人做出的流氓行为，并不代表纳粹政权面临任何深刻的危机。他派外交部部长里宾特洛甫去了罗马。根据意大利外交大臣齐亚诺伯爵的回忆，抵达罗马的里宾特洛甫看起来"沮丧而紧张"。里宾特洛甫和墨索里尼会谈时，意大利领导人最终安慰了来访的德国客人。但根据齐亚诺的描述，墨索里尼事后说他觉得赫斯一事"给纳粹政权造成了沉重打击"。意大利军队屡遭败绩，墨索里尼因而嫉妒并讨厌德国取得的胜利，因此乐于听到赫斯的消息，认为"这将有助于打压德国人的气焰，尽管对意大利人来说这不是好事".[53]

希特勒和戈培尔对丘吉尔和他的团队如何处理赫斯这个不速之客感到忧心忡忡，尤其是为丘吉尔能从赫斯身上获得何种宣传上的好处感到担忧。考虑到世界各地媒体对此事的大肆渲染，戈培尔起初认为它将造成"巨大的损失"。此外，他还有别的担忧。"主要的危险在于英国人将利用赫斯来给关于纳粹暴行的假新闻增加真实性。"戈培尔写道。但到了第二天，英国并未以赫斯的名义发布任何假声明，戈培尔对此困惑不已，因为如果有英国的高官叛逃至德国，他早就借机大肆宣传了。"我们在和英国的哑巴外行打交道。"戈培尔总结道。[54]

实际上，丘吉尔无意和他的囚徒赫斯玩什么花招。他在写给艾登的信中说，赫斯"和其他纳粹领导人一样，都可能是战犯"。赫斯将被当作战俘，单独关押在条件较好的地方，同时审讯者会对他进行仔细盘问，尽可能从他口中套话。"他应该像被我们抓住的重要将领一样，受到有尊严的对待。"首相指示说。

5 月 17 日，丘吉尔写信给罗斯福，对审讯者从赫斯那里掌握的情况及处理此事的策略进行了说明。"我们觉得最好让媒体好好发挥一番，让德国人接着猜吧。"根据丘吉尔的总结，赫斯的主张是，德国必将获胜，因此英国应与希特勒讲和，"任其在欧洲为所欲为"，从而保住大英帝国的海外领土。丘吉尔在信中指出："这种让我们抛弃所有的朋友以苟且求全的提议毫无新意。"[55]

但赫斯坚称希特勒不会与目前的英国政府谈判——简而言之，不会与丘吉尔谈判。此外，赫斯似乎认为英国存在着可能与王室有关且拥有决策权的亲德势力。这可能就是他决心与汉密尔顿公爵接触的原因，赫斯错误地认为公爵会对他的提议感兴趣。他可能还觉得公爵可以带他见到乔治国王。

丘吉尔之所以谨慎处理赫斯一事，是因为他还要考虑斯大林对此事的反应。丘吉尔在他的回忆录里写道，苏联官员"非常好奇……他们就此发表了很多奇谈怪论"。在斯大林深信伦敦和华盛顿在德国即将入侵苏联一事上都提供了假情报的背景下，苏联如此看待赫斯一事也就不足为奇了。三年后的一次晚宴上，斯大林问丘吉尔赫斯事件有什么内幕。当丘吉尔解释说赫斯真的只是受到蛊惑，他的行为也仅仅是个人行为时，斯大林满腹狐疑。"我觉得斯大林认为德国与英国在对苏联的入侵上，进行过某种深度谈判或曾存在某种阴谋，只不过最后计划流产了。"丘吉尔回忆道。[56]

驾机叛逃前，赫斯在希特勒核心圈子中的威望与重要性已大不如前，他可能希望凭借此举恢复地位。二战结束后，他与施佩尔及其他纳粹高官在纽伦堡接受了审判。他被判终身监禁，与施佩尔及其他五个免于死刑的纳粹官员一起在施潘道监狱（Spandau Prison）服刑，最终死于监狱。施佩尔在获释前不久与赫斯有过一次谈话，当时赫斯确认了他当时确实想同英国达成交易。"赫斯十分严肃地告诉我，他的想法是受到梦境中超自然力量的启发，"施佩尔写道，"他说他根本没打算反对希特勒或令他难堪。"[57]

到 1966 年时，施潘道监狱的所有其他纳粹囚犯都已获释，只剩下赫斯一人。到 1987 年时，赫斯已经 93 岁，身体虚弱不堪且几乎失明，但还是成功地用电线把自己勒死了。美国人、英国人、法国人及苏联人一起负责管理施潘道监狱，但和希特勒一样，他们同样无法控制赫斯的行为。

＊　　＊　　＊

尽管造成了一时轰动，但赫斯事件带来的影响很快消散。"我从未把这一突发事件太当回事，"丘吉尔写道，"我明白此事不会影响大局。"[58] 不过，赫斯在德军入侵苏联前的关键时刻，无意间暴露了四个主要"执棋者"间复杂的关系：希特勒与墨索里尼关系中的潜在矛盾，斯大林对丘吉尔及罗斯福显而易见的多疑，以及丘吉尔在给罗斯福的信中波澜不惊地解释赫斯事件的来龙去脉这件事所展现的两位西方国家领导人之间越发和睦的关系。

《租借法案》代表着华盛顿在援助英国方面迈出了一大步，同时罗斯福还带来了其他鼓舞人心的好消息。在 4 月 11日发给丘吉尔的电报中，他宣布美国已将安全巡逻区进一步向北大西洋拓展，让其扩大至西经 26 度，以便对西半球的所有航运实施有效监控。美国军舰将不仅为英国船队护航，而且会通知英方他们探测到的敌方活动，包括"敌方舰船及飞机"[59]的位置。丘吉尔在 4 月 16 日给罗斯福的回信中写道："海军大臣收到了消息，感到十分欣慰与满意。"[60]

不过，首相对英国海上的惨重损失越发感到担忧。5 月 24 日，哈里曼受丘吉尔之邀来到契克斯庄园，这天恰逢英国军舰在北海遭遇纳粹的新战列舰"俾斯麦"号（Bismarck）及巡洋舰"欧根亲王"号（Prinz Eugen）。[61]早上 7 点，哈里曼醒来发现丘吉尔只穿了一件黄色毛衣，里面是短款睡衣，露出了粉色的大腿。"打了一场恶仗。"丘吉尔告诉他。结果令人沮丧：皇家海军战列舰"胡德"号（Hood）被炮弹直接击中，引发了大爆炸，最终沉没，导致 1421 个船员中除 3 人外全部遇难。"俾斯麦"号也被击中，但它一开始就成功摆脱了英舰的追击，准备沿既定航线返回法国港口城市布雷斯特（Brest）。

此事给哈里曼提供了一个真正了解丘吉尔的机会。"接下来的三天里，丘吉尔全神贯注于追击'俾斯麦'号，不顾恶劣的天气，下令出动所有可用的军舰与飞机进行追歼。"哈里曼回忆道。"俾斯麦"号最终走上末路，于 5 月 27 日被击沉，导致大约 2300 个船员葬身鱼腹。[62]这艘本应成为第三帝国海军之荣耀的战列舰在首次执行任务时就葬身于海底。

"俾斯麦"号沉没当晚，罗斯福通过电台在白宫发表了一次讲话。"单纯从海军及军事需要的角度而言，我们应使用军事力量向英国及所有与英国一道抵抗希特勒主义或其暴行的国家提供援助。"罗斯福宣布。如果说这听起来是总统朝直接参战向前迈进一步的话，那么第二天他的立场似乎又有所退缩，表示他现在不会让海军直接保护商船队，也不会要求国会修改《中立法案》（Neutrality Acts）。[63]

罗斯福敏锐地意识到，林德伯格与"美国优先"运动仍有着相当大的号召力。5月3日，在圣路易斯市的一场有1.5万个支持者参加的集会上，林德伯格反复强调英国败局已定，美国拯救它的努力是徒劳的。"将美国造的飞机拼命运往英国是无济于事的，我们无法让英国在军用航空领域胜过德国。"林德伯格指出。[64]

罗斯福的演讲稿撰写人罗伯特·舍伍德写道，孤立主义者对总统的不断攻击，包括总统将"断送四分之一的美国青年的性命"这样的煽动性言辞，对总统造成了打击。"无论国际局势如何危险，他都不会主动让美国涉入战争——他在等待美国被舆论推动的那一刻。"[65]

对美国民众来说，很多人陷入了不知该努力置身事外还是该帮助英国的两难境地。4月底公布的一项盖洛普民意调查显示，81%的受访者反对此时参战。但民意调查机构同时指出，"如果只有美国参战才能打败德国和意大利的话，68%的受访者表示'同意'参战"。[66]

不过，战争的重心即将转移。虽然海上仍进行着激烈的战斗，并且德国在5月下旬成功入侵希腊，但伦敦和其他英国城市遭受的空袭次数大幅减少。"我们对德国人在这么好的天气里竟不认真空袭一事感到困惑。"尼科尔森在6月17日的日记里写道。他对这一突变的原因做了猜测，指出："可能是德国人正在东线集结用来胁迫苏联的重兵。"[67]在信息部工作的尼科尔森对有关希特勒真实意图的情报并不知情，而实际上希特勒即将实施"巴巴罗萨行动"。

希特勒再次按照自己的逻辑行事，哈尔德将军在 6 月 4 日的日记里记录了希特勒的想法。即将开始的对苏攻势所"基于的是打消英国获得欧陆支持的最后希望，并最终建立一个摆脱英国影响的欧洲的需要"，哈尔德写道。"一旦成功征服苏联，我们将不受约束，利用海空军的优势我们可以最终击败英国。"[68]

在希特勒看来，迅速征服苏联不过是与英国算总账前的一段小插曲。

第五章 "我们该怎么办?"

希特勒的军队于 6 月 22 日凌晨发起进攻。直到这一最后时刻,斯大林仍不相信德国会进攻苏联。德国发动进攻前两天,拉脱维亚(Latvia)里加(Riga)港的主管打电话告诉苏共中央政治局委员阿纳斯塔斯·米高扬的消息,本应引起苏联方面最后的警觉:当时在港的 25 艘德国货船奉命于次日驶离,无论船上货物是否完成了装卸。米高扬直接找到斯大林,敦促他下令不准德国货船驶离。"这样做是一种挑衅,"斯大林生气地说,"我们不能这样做。告诉他们不要阻挠船只,让它们离开。"

6 月 21 日夜,3 个来自前线的德军逃兵先后越过边界进入苏联,警告称进攻将在次日拂晓展开。3 条消息都被通报给了最高指挥官。斯大林再次坚称这些是挑衅行为,但他同意边防部队进入戒备状态(可为时已晚)。他还下令枪毙第三个德军逃兵、来自柏林的年轻工人、共产党员阿尔弗雷德·利斯科夫(Alfred Liskov),罪名是"散布假消息"。[1]

几个小时后,利斯科夫的"假消息"被证明是完全准确的。凌晨 3 点刚过,庞大的德国战争机器全面启动。参与进攻的德军多达 305 万人,军中有 3550 辆坦克、2770 架飞机,以及大约 60 万匹运送武器和其他物资的军马。与德国结盟的芬兰和罗马尼亚也提供了 50 万人的兵力。[2]这次集结的军事力量堪称史上最大规模，标志着两个大国之间的一场惨烈冲突的开始，在这场战争中，双方投入的总兵力从未低于 900 万人。

德军侵苏部队分为三个集团军群。北方集团军群将进攻波罗的海国家，以最终夺取列宁格勒为目标。南方集团军群将向乌克兰首府基辅发动攻势。装备最为精良的是中央集团军群，它号称拥有德军一半的装甲师及最著名的装甲部队，其任务是包围并夺取明斯克，然后继续向莫斯科东进。随着战局朝此方向发展，此后的莫斯科战役将集结最大规模的兵力。

6 月 22 日战争刚刚开始时，会说俄语的德军通信兵恩斯特·布施（Ernst Busch）下士截获了红军的一则未加密信息："我们被攻击了。我们该怎么办？"苏军司令部的回复经过了加密，但布施的战友很快破译了其内容。"你们肯定疯了！"回复显示，"为什么不加密？"[3]考虑到此前克里姆林宫一直强调不会爆发战争，苏军指挥员起初对德军入侵表示难以置信也就可以理解了。

凌晨 4 点，总参谋长格奥尔吉·朱可夫将军给在别墅休息的斯大林打电话，报告了整个苏联西部遭受德军狂轰滥炸的情况。过了一会儿，到达克里姆林宫的斯大林仍不愿相信事态的严重性。他猜测德军可能在擅自行动。"希特勒肯定对此不知情。"他表示。接着他命令莫洛托夫约见德国大使舒伦堡，以搞清边境事态的真相。很明显，他仍在幻想入侵不是真的。[4]

按照德国政府的指示，舒伦堡已经提出要约见莫洛托夫，以传达一条明确的消息。舒伦堡在清晨 5 点 30 分上门时，戈培尔正在德国电台宣读一份由希特勒口述的声明。这份声明对俄罗斯人在边境的"不断侵扰"进行了指责，声称德军展开了

"将持续很久的战斗"，目的是将"再次越界进入德国"的红军巡逻部队赶走。声明还提到了希特勒用来粉饰对苏入侵的意识形态－地缘政治借口：

"现在时机已到，必须采取行动回击犹太－盎格鲁－撒克逊战争贩子和莫斯科布尔什维克总部里的犹太独裁者们的阴谋。"[5]

与莫洛托夫会谈时，舒伦堡递交了德国政府的消息，并未掩饰他的失望——战争使其维系两国和平的努力毁于一旦了。与戈培尔在同一时间宣读的声明一样，这份声明也宣称纳粹政府被迫"采取反制手段"来应对苏联对边境日益增长的威胁。莫洛托夫感到难以置信，问德国大使这份声明意味着什么。根据在场苏联笔记员那平淡的记录，"舒伦堡答复说，在他看来，这意味着战争的开始"。

莫洛托夫觉得希特勒还可能改变主意，抗议说苏军仅仅开展了常规演习，并未在边境集结重兵。舒伦堡回应说，他就此事没什么好说的了。莫洛托夫回到斯大林身边，转达了"德国政府已经向我们宣战"的消息。斯大林嘟囔了一句："里宾特洛甫这个混账竟然骗了我们！"

但实际上是斯大林自己骗了自己。

*　　*　　*

令侵略者感到惊讶的是，尽管他们做了充分的准备，而且这种准备不可能不被外界觉察，但苏联守军明显对德军的猛攻准备不足。"在整条战线上，对敌人的战术性突袭明显取得了成效。"哈尔德在开战第一天的日记里写道。[6]两天后，戈培尔在日记中写道："东线的军事进展顺利得出乎意料。"[7]

戈培尔尤其得意地提到德国空军在打击苏联空军上的成功。苏军飞机整齐地停放在西部的机场，成了完美的攻击目标。宣传部部长戈培尔指出，少数苏军飞机起飞战斗，"但像苍蝇般被击落"。战争开始第一天，德军就摧毁了大约1200架苏军飞机，德国飞行员得以在天空翱翔，肆意攻击苏军的地面部队及平民。苏联西方面军空军司令伊万·考皮茨（I. I. Kopets）少将发誓说，如果其部队的飞机在突袭中被消灭，自己就开枪自杀。看到第一天的战况后，考皮茨果然饮弹自尽。[8]

地面的战况对苏联守军来说同样糟糕，同时也令德军惊讶不已。曾在德国驻莫斯科大使馆任职的前外交官汉斯·冯·赫尔瓦特这次同德国国防军一起再次踏上苏联的领土。6月22日拂晓前，他所在的部队开始用大炮轰击红军的阵地。赫尔瓦特回忆道，这造成了"一种奇特的景观"，漆黑天空下的大地被火光照亮。有好几个小时的时间，苏军没有发起反击。"他们完全被我们打了个措手不及，而且如很多俄罗斯人后来告诉我的那样，他们整整一天都没缓过来。"这绝非个例。当德军炮击乌克兰西部城市利沃夫（Lvov）时，苏军同样来不及反应。苏军指挥官被俘后解释说，起初他以为是演习的德国人误击了他们——他遵守了不回应"挑衅"行为的上级命令。

赫尔瓦特指出，"苏军步兵的士气十分低落"。德军只要突破敌军防线，"红军士兵就会放弃所有抵抗，扔下武器等着当俘虏"。排着长队的新抓来的战俘常常只需安排一个德军士兵去看管，且德国人让他们去哪儿他们就会去哪儿。赫尔瓦特形容战俘"都很配合，而且同样重要的是，他们给我们提供的信息都很准确可靠"。[9]

没有搞清真相的苏联领导集团感到惊恐不安，后来官方为了掩饰战争初期的一连串重大挫折，宣称苏军士兵和平民从一开始就进行了激烈的抵抗，民间少有人怀疑红军在斯大林的英明领导下将取得最终胜利。然而，在瞬息万变的前线作战的苏德双方军人并不这样认为。不过侵略者很快就开始残暴无情地对待苏军战俘和平民，这激发了反抗的决心。

在头一个月里，德军利用苏军的混乱以惊人的速度向东推进，前进了大约450英里。德国国防军士兵写于战争初期的家信反映了他们高昂的士气。"我感觉自己好像重生了一般。"一等兵亨利·内勒（Henry Nahler）在6月26日写道。他得意地描述了德军武器在初期进攻中引起的震撼。他说德军轰炸机只要一来，"人们就背上行囊，发疯似的沿着公路狂奔"。他还在信中说，为了庆祝胜利，他喝了一桶鲜牛奶，还吃了两个在谷仓里找到的鲜鸡蛋。"总体而言，一切都很轻松欢乐。俄罗斯人根本没朝我们开炮。"[10]

还有人表达了对希特勒的领导的充分信任。"如果元首决定做类似的事，他肯定会成功。"一名姓白令（Bering）的非委任军官写道。一个叫作冯·迪德尔森（von Dirdelsen）的一等兵吹嘘说，他的连队在头3天前进了25英里，摧毁了3座苏军碉堡。他尽管承认很多军官在最初的攻势中阵亡，但称他们的勇敢将激励其他人更英勇地战斗。"我们将击败这个有着疯狂政府的国家，痛揍红军。"这个一等兵用响应纳粹宣传的口吻说道。

在瞬息万变的前线的另一侧的红军为何士气低落，这并不难理解。战争爆发前一天刚从军校毕业的维亚切斯拉夫·多尔戈夫（Vyacheslav Dolgov）立刻作为一名政委被派往西北方面军所在的诺夫哥罗德（Novgorod）地区。60多年后，居住在莫斯科的退休的多尔戈夫将军称自己在那段岁月里是"斯大林铁腕政策与天才智慧"的真正信徒。但他同样清晰地记得，所有士兵在几乎没有基本武器装备的情况下就投入战斗时有多恐惧。"我们让指挥官给我们武器，因为还没有拿到枪我们就要去打仗。我们被告知要从敌人那里夺取武器，然后用他们的枪打败他们。"多尔戈夫回忆道，"我们有时确实从德国人那里夺到了一些枪，但这也让我军承受了重大伤亡。我看见田野里满是尸体。"[11]

多尔戈夫的部队——还有很多其他部队——在几乎没有武器的情况下就投入战斗的一个原因是，德国人迅速占领或摧毁了西部边境附近的大量用来储存苏军武器和其他物资的库房。苏联将这些物资装备置于此处时，根本没有考虑到这将给侵略者带来极大的便利。

结果惨不忍睹，苏联守军损失惨重，伤亡人数很快增至数百万。45岁左右的插画家伊利亚·德鲁日尼科夫（Ilya Druzhnikov）立即应召入伍，和其他新兵一起乘坐牛车赶往前线。他后来回忆了当时"一片混乱"的景象。在他的部队，平均每十个人才有一支冲锋枪，这意味着每个拿枪的人身后都有一群没枪的人跟着。拿枪的人一旦倒下，后面的人就会捡起他的武器。军官们随时准备枪毙胆敢朝错误方向前进的人，也就是那些不去直面战斗，而是想要逃跑的人。长官会定期命令新兵去战场上搜刮能从死尸身上带走的所有东西，包括武器、弹药和衣服。[12]

在这种情形下，很多苏联士兵在战争初期想要投降也就不足为奇了。像多尔戈夫这样的政委的工作就是阻止他们投降，他后来回忆说自己曾看到大批"懦夫"集体投降。"这些绝望的苏联士兵脱掉并挥舞他们白色的内衣,努力表达投降的意图。"多尔戈夫说。还有些士兵会逃到树林里,靠野果和用取掉衬里的头盔煮过的沼泽水活命。多尔戈夫在战争期间受过几次伤。他的部队总共有两三千人,最后只有 75 人活了下来。

*   *   *

在德军 6 月 22 日清晨的进攻取得开门红之际,苏联电台还广播着不痛不痒的内容,完全无视前线的消息及德国电台为侵略正名的努力。苏联官方的沉默再次表明斯大林不愿承认西部边境迅速升级的灾难。他不愿面对德军入侵这一事实,也不愿承认苏军的能力现状——这支军队在应对战斗时的措手不及令人瞠目结舌。

一开始,国防人民委员谢苗·铁木辛哥(Semyon Timoshenko)给在明斯克指挥部的西部军区副司令伊万·博尔金(Ivan Boldin)打了电话。"博尔金同志,请记住,没有我们的同意,不要对德国人采取行动。"铁木辛哥告诉他,"请转告德米特里·巴甫洛夫(Dmitry Pavlov)将军,斯大林同志禁止你们向德国人开炮。"

"但这怎么可能?"博尔金喊道,"我们的军队在全面败退!无数村庄被焚毁,各地都在上演屠杀。"[13]

面对压倒性的证据,斯大林不得不承认德国发动了全面入侵,但他发布的新命令同样反映了他对敌我双方的力量对比认知不足。苏军最高统帅部(Stavka)命令前线部队"使用一切可能的手段攻击敌军,将敌人消灭在边境地带"。统帅部给空军下达的命令是,对敌军实施"致命打击","粉碎敌军主力部队，把敌人的飞机消灭在机场上"。[14]苏军轰炸机要对东普鲁士城市柯尼斯堡（Königsberg）和梅默尔（Memel）进行轰炸，西南地区的苏军应夺取距边境 30 英里的波兰城市卢布林。

斯大林的命令不符合实际情况。发布上述指示时，西部的苏联空军力量大多已被摧毁，多数前线红军部队已经分崩离析。

在某种程度上，斯大林清楚他的做法可能对他造成不利影响。因此，发布至前线的命令由铁木辛哥、朱可夫及属于克里姆林宫核心圈子的格奥尔基·马林科夫（Georgy Malenkov）签署，而非由斯大林本人签署的事实并非偶然。几位军政领导人意识到他们不得不宣布战争已经爆发的事后，敦促斯大林亲自来做此事。但斯大林逃避了责任。"让莫洛托夫宣布。"他说。他的助手们仍力劝说他，"在这样一个重要的历史关头"，人民希望听到由最高领袖而不是外交人民委员发表的讲话。但斯大林不为所动。"这无疑是一个错误，"米高扬后来写道，"不过斯大林沮丧不已，不知道该怎么跟国民交代。"[15]

斯大林帮莫洛托夫写好了发言稿，莫洛托夫在中午通过电台发表了讲话。当时还活着的每个苏联公民都记得这次讲话。莫洛托夫称德国的入侵是"文明国家历史上前所未有的背信弃义之举"。他指出"尽管苏德之间签有互不侵犯条约，且苏联政府认真地履行了条约的所有条款"，但德国还是入侵了苏联。完全无视苏联此前对纳粹侵略行径的默许与纵容，莫洛托夫谴责了德国对"法国、捷克、波兰、塞尔维亚、挪威、丹麦、荷兰、比利时、希腊和其他国家人民"的奴役。莫洛托夫发誓要让"傲慢的希特勒"在苏联遭遇与拿破仑一样的命运。最后，为了引起听众的共鸣，他宣布："我们的事业是正义的。敌人将粉身碎骨。胜利属于我们。"[16]

远离前线的苏联公民可能对这种展示自信的话语信以为真，也可能对当天晚上苏联电台关于战况的首份公告深信不疑。广播里说德国人在边境仅取得了"微不足道的胜利"，在大多数情况下，"敌军的进攻被成功阻止，他们遭受了重大的伤亡"。[17]不过，斯大林对局势的极端严峻性有了越来越深刻的认识。向东直指白俄罗斯的德军中央集团军群进展迅速。6月28日，他们占领了白俄罗斯首府明斯克，包围了40万红军士兵。明斯克也许不是一个重要战略目标，但斯大林此前决心保卫它。失败让他深受打击。第二天，他告诉随从说："列宁给我们留下了一笔伟大的遗产，但这笔遗产现在都毁在我们这些继承人手上了！"

说完这些悲观的话后，斯大林回到别墅，没脱衣服就躺到了床上，但大多数时间他不安地在各个房间中来回踱步，看着明亮的列宁肖像和旁边的三部电话，等着更多坏消息的传来。[18]第二天，他没有像往常一样回到克里姆林宫。打来电话的人被告知"斯大林同志现在不在，也不会过来"。整整两天，政治局委员和其他高官不禁猜测斯大林是否还能掌控局势，是否因压力过大而崩溃了。根据米高扬的描述，"莫洛托夫说斯大林一筹莫展，对什么都不感兴趣，失去了所有的动力，状态很糟"。[19]

包括莫洛托夫和米高扬在内的苏共中央政治局委员最终紧张地前往斯大林的别墅。他们害怕斯大林，但更害怕领导层出现权力真空，尤其是在如此关键的时刻。他们到达后，发现他坐在小饭厅的一张扶手椅上。斯大林看了看来者，问道："你们来干吗？"根据米高扬的回忆，"斯大林的表情很奇怪，提出的问题也很奇怪。毕竟，他早该叫我们来了"。米高扬意识到斯大林觉得他们要逮捕他。[20]

莫洛托夫向斯大林转述了成立国防委员会（State Defense Committee）来负责战事的提议。"由谁负责？"斯大林狐疑地问。莫洛托夫和秘密警察负责人贝利亚都说由斯大林负责。斯大林看起来既吃惊又宽慰。"好吧。"他说。这位领袖过去总是认为自己周围潜伏着敌人和刺客，这一刻终于打消了内心最深处的恐惧。

但斯大林此前的做法——顽固地拒绝认真对待关于德国人侵行动的诸多警告，以及为安抚希特勒而避免展开任何公开备战工作——已经造成了一目了然的恶果。他似乎经历了一种惊人的蜕变：他不再展现出无所不能的形象。根据赫鲁晓夫在战争初期的观察，这是"一个与以往不同的斯大林"。

当赫鲁晓夫告诉斯大林由于很多红军部队缺少武器，战况非常糟糕时，斯大林并没有做出否认。"好吧，人们都说俄罗斯人很聪明，"他低声答复道，"那就看看我们到底有多聪明。"[21]

后来，当赫鲁晓夫从基辅打电话提出配发武器的要求时，斯大林冷嘲式的言论根本无法给人以安慰。根据赫鲁晓夫的描述，这导致了他自己和马林科夫在电话上的激烈言语交锋。

"告诉我，去哪里能弄到冲锋枪？"赫鲁晓夫问道，"我们这里有工人想要加入红军和德国人打仗，但我们没有武器可以给他们。"

"你最好不要指望从我们这里得到冲锋枪，"马林科夫回答道，"莫斯科民防组织的冲锋枪都被送到列宁格勒了。"

"那我们拿什么打仗？"

"我不知道。或许用长矛、剑、自制武器,你们工厂能制造的所有武器。"

"你是说我们应该用长矛对抗坦克?"

"你们必须竭尽所能。你们可以用汽油瓶或煤油瓶制造燃烧弹,用它们对抗坦克。"

赫鲁晓夫对斯大林的多次误判与准备不足所造成的后果,感到"沮丧和愤怒"。"看看我们!竟然在没有冲锋枪和机关枪(更别提大炮或机械化装备了)的情形下,就想抵御侵略者!"[22]

考虑到苏联的现实,只有一个人能让国民重拾信心,让他们相信苏联不仅能抵御德军的猛攻,而且能取得最终的胜利。

* * *

斯大林最终在 7 月 3 日通过电台向国民发表了讲话,希望在苏军接连败退的情况下提振军民的士气。斯大林在评估军事局势前的开场白,成了讲话中最引人注目之处:"同志们!兄弟姐妹们!陆军和海军的将士们!我在和你们讲话,我的朋友们!"[23]

在其他国家,这样的问候也许再正常不过了,但在苏联并非如此。斯大林之前从未称呼苏联人民为"兄弟姐妹"和"我的朋友们"。过去他的所有言行都表明他仅仅把民众当作统治对象。现在,这位国家领导人在这场共同的斗争中亲切地视他们为伙伴,这是史无前例的,而他的听众也感受到了其中的不同寻常之处。他们感到斯大林讲话的分量远远重于莫洛托夫的讲话,它标志着他又全面掌控了局势。

他的话既包含部分事实,也掺杂了谎言、大量自我辩护之词和对未来威胁的预测。它不仅针对德国人，还为自己的同胞提了醒。尽管与以前相比他显得更加仁慈，但重新展现出领导力的斯大林还是以前那个斯大林。对那些习惯于屈从于他意志的人来说，尽管斯大林的讲话可能让这个国家付出沉重的代价，但还是让他们感到踏实。

斯大林赞扬了"红军的英勇抵抗"，称他们已经摧毁了德国侵略者"最精良的陆军与空军力量"。他承认"敌军仍在前进，准备发动新的进攻"，但强调那些进展只是暂时的。"历史证明没有战无不胜的军队，从来也没有。"他如此宣称。在5月对军校毕业生的讲话中，他曾提出类似的观点："拿破仑的军队一度被认为是战无不胜的，但俄国、英国与普鲁士的军队成功地击败了他们。"和拿破仑的军队一样，斯大林发誓要让德国侵略者在苏联的土地上"被彻底打败"。

在解释德军为何能从边境迅速向东推进时，他将此归咎于"德军具备有利条件，而苏军有着不利条件"。德军经过了充分动员，他指出，"而苏军不得不在临时动员后便马上开拔去前线"。不出所料，他没有就此承担责任，而是指出"背信弃义地"撕毁《苏德互不侵犯条约》的德国人才是罪魁祸首。

为了表明他与希特勒所签条约的正当性，斯大林声称条约"确保了苏联在过去一年半的时间里安全无虞；并且在纳粹铤而走险地违反条约进攻苏联后，它为苏联提供了提高部队战备状态，从而驱逐法西斯德国的机会"。这种观点的问题在于，它与斯大林承认苏军在战争爆发时并未做好准备的事实相矛盾。斯大林希望国民接受他的观点，无论它是多么的自相矛盾。

为了在国内立威，斯大林还承诺会"无情地打击所有后勤组织不力者、逃兵与制造恐慌者"，"消灭间谍、破坏分子及敌军伞兵"。军事法庭将惩办所有"制造恐慌与胆小怯懦"之人。如果不得不实施撤退，他说，所有的装备和物资必须撤走或毁掉。"不能留给敌人任何东西，哪怕是一部发动机、一辆轨道车、一丁点的谷物或燃料。"他说。他根本不在乎这样做也会让深陷战火的平民一无所有。

在从德军开始入侵到斯大林发表讲话的动荡时期，斯大林也采取了一些明智之举。例如，在 6 月 24 日，他成立了疏散委员会（Council of Evacuation），含蓄地承认了德军在未来控制大片苏联领土的可能性。该委员会的任务是向德国人够不着的东部地区运送工人、物资及整座工厂。在委员会的主持下，2593 家大型企业及大约 50000 家小工厂和车间，很快被转移至东部。位于原厂址的设备被拆卸、装载，然后由工人在新厂址组装，他们的工作条件通常非常严酷。[24]

7 月 3 日晚斯大林发表讲话前，一项绝密紧急计划已经启动：将列宁遗体从位于莫斯科红场的列宁墓，转移至莫斯科以东 1000 多英里外的小城秋明。疏散工厂及机器设备根本不需要如此细致入微的准备：斯大林认为保存列宁的遗体对延续他自己的权力至关重要。

保护列宁的遗体既可以巩固列宁所领导的组织，也可将后续领导者的政治权力合法化。如果德国侵略者真的兵临城下（考虑到迄今为止他们的进展，这种可能性越来越大），从莫斯科夺得列宁的遗体，那么他们既可取得巨大的军事胜利，又可对苏联造成毁灭性的政治与心理打击，因为这代表法西斯主义对共产主义的胜利。因此，在首都面临危险的情形下，苏联领导人及苏共中央政治局决心将列宁遗体转移到安全的地方。

但确保列宁遗体完好无缺并非易事，在列宁墓里也不容易做到。2004年，我采访了伊利亚·兹尔巴斯基（Ilya Zbarsky），[25]当年运送列宁遗体前往秋明的几名看护者中，只有他那时还健在（他于2007年去世）。他的父亲鲍里斯·兹尔巴斯基（Boris Zbarsky）和另外一人在列宁去世后，对其遗体做了大胆的初步防腐处理——移除内脏，将遗体浸泡在化学药剂中。鲍里斯也参与了安全转移遗体的工作。1934年，在莫斯科国立大学学习生物化学的伊利亚作为列宁墓科学家团队中的一员，和父亲一起负责维护列宁遗体，使其可供公众瞻仰。

7月3日傍晚，内务人民委员部的汽车接上了鲍里斯、伊利亚和遗体保护小组的另一个成员谢尔盖·马达谢夫（Sergei Mardashev），以及他们的家人，将他们送到莫斯科亚尔斯瓦斯基（Yaroslavsky）火车站的岔道旁。之后他们登上专列，专列将载上他们和40名克里姆林宫的警卫，带上他们珍贵的货物，开启长达4天的旅行。火车上没有冷藏设施，这意味着科学家们必须想办法防止木质灵柩中的遗体在闷热的夏天腐坏。伊利亚在列车窗户上挂了窗帘以阻挡阳光照射，和父亲与马达谢夫轮流看护遗体。火车一路畅行无阻，在此期间，他们轮流为遗体轻轻涂抹一种特殊的液体。

到秋明后，列宁的遗体被藏在了一栋有人看守的沙皇时期的两层别墅里。在这里，科学家们同样要面对没有冷藏设施的难题。根据伊利亚的估算，大约有70%的时间，遗体被浸泡在化学药剂中。尽管到1942年时莫斯科面临的威胁就逐步减弱，但斯大林直到1945年3月战争即将结束时才允许遗体重回莫斯科。伊利亚·兹尔巴斯基对在战时作为保护列宁遗体，使其免于落入希特勒之手的团队中的一员，流露出一种自豪感。

* * *

更多关于德军取胜的消息传回德国后，希特勒几乎欣喜若狂。进攻苏联是他的夙愿，但他知道这也意味着巨大的风险。"努力做出这一决定后，我再次获得了精神上的自由，"希特勒在给墨索里尼的信中写道，"我现在摆脱了精神上的痛苦。"[26]斯大林发表电台讲话的同一天，哈尔德将军在日记里写道："现在说在两周之内能赢得苏联战役可能并不夸张。"但他也提出了警告："苏联幅员辽阔，且会采取各种方式顽强抵抗，这将长期牵扯我们的精力。"[27]

哈尔德的意思是红军的主力已被打垮，德军只需在未来数周而非数月内进行扫尾作战。这使得希特勒开始考虑在短期内占领苏联的重要城市。

7月8日，哈尔德在日记里写道："如果元首决心夺取莫斯科和列宁格勒，使之变成不毛之地的话，那我们就不必在整个冬天考虑粮食供应的事了。两座城市将被空军夷为平地。用不着使用坦克。"接着，他直接引用了希特勒的一句话，写道："这场民族浩劫不仅将使布尔什维主义，而且将使俄罗斯民族主义失去中心。"[28]

7月14日，哈尔德对古德里安将军的装甲部队取得的"惊人进展"惊叹不已。"一些敌人四散逃窜，一些敌人略做抵抗。"他写道[29]两天后，被称作"急速海因茨"（Schneller Heinz）的坦克司令古德里安抵达了斯摩棱斯克（Smolensk），这是继明斯克后第二座沦陷的大城市。德军再次包围了数十万红军，大部分苏联士兵被杀或成为俘虏。战争刚爆发三周，德军距莫斯科就只有230英里了。7月21日，德军轰炸机首次空袭了苏联首都。尽管斯大林做过保证，但如果希特勒下令夺取莫斯科的话，红军看起来是无力阻止德军一路东进的。[30]

在 7 月 27 日与手下共进晚餐时，希特勒有些得意忘形，不仅描绘了他关于莫斯科和列宁格勒的愿景，而且谈起了征服整个苏联的规划。新的德意志帝国，他解释说，将向乌拉尔山脉以东拓展 200～300 公里（124～186 英里）。尽管侵苏德军多达数百万人，但希特勒认为只需"25 万人再加上一批优秀的管理人员"，新的德国统治者就能统治这片辽阔的土地。他指出他的信心来自英国的成功经验，英国证明了一支人数不多的占领军同样可以有效地进行统治。"让我们学学英国人，他们用包括 5 万士兵在内的 25 万人就能统治 4 亿印度人。苏联的这片土地必须永远由德国人统治。"

但他很快澄清他不会考虑任何半开明的殖民政策，不会让被征服者享有任何人道的待遇。希特勒宣称，他们将被无情地征服，被剥夺基本的教育权。他的目标是"通过日耳曼移民让苏联德意志化，把当地人视同于红皮肤的印第安人……在这件事上，我将采取冷血手段"。[31]

但在"巴巴罗萨行动"刚刚实施五周的重要关头，希特勒实际上远比他在公开场合表现出来的更加矛盾。7 月 28 日，也就是他谈到德意志帝国的未来的第二天，他向陪他在东普鲁士的军事指挥部"狼堡"散步的副官格哈德·恩格尔与鲁道夫·施蒙特（Rudolf Schmundt）透露了心中的困惑。恩格尔在日记里写道，希特勒"晚上睡不着觉，因为他对很多事情都并不确定"。这种不确定性的核心在于，希特勒觉得他必须决定该如何最大限度地利用德军早期取得的胜利。换句话说，要决定他们接下来该集中力量达成哪个目标。正如恩格尔所说，"希特勒的内心有两种主张在角力：政治－战略主张和经济主张"。

如果希特勒决定优先实现政治－战略目标，"他会说有两个毒瘤必须清除：列宁格勒和莫斯科。"恩格尔说道，"这将是对苏联民众和苏联共产党最为致命的打击"。

但恩格尔表示，如果希特勒更看重经济目标，那他的选择就大不一样了。"尽管莫斯科是一个重要的工业中心，但南方更为重要，那里有石油、小麦，差不多拥有维持苏联运转所必需的全部物资。那里是流淌着奶与蜜之地。"[32]那片希特勒早在撰写《我的奋斗》时就指明的土地便是乌克兰。

希特勒认为政治与经济之间的抉择，体现在决定德军是该先进攻莫斯科还是乌克兰。这一决策可能与斯大林拒不相信德国将进攻苏联一样影响深远。在东线战场上，两位国家元首都坚持只有自己才有权做出重大决策，无论他们的决策是好是坏。

* * *

正如哈尔德在日记里指出的那样，德军在一些没有预料到的地方，遭遇了顽强抵抗，即便他们在初期的进攻中击垮了很多苏联士兵。例如，在边境对面的布列斯特（Brest）要塞，红军战士在德军炮火和机关枪的猛烈攻击下，和他们的妻儿一道进行了令人难以置信的长期抵抗。[33]一些人依托地道和城墙坚持战斗了一个月。德国人本指望迅速击破要塞；但出乎意料的是，他们发现自己通过高音喇叭向抵抗者喊话时，几乎是在恳求对方。"俄罗斯人，投降吧。德军指挥部会保障你们的生命安全，"德国人喊道，"莫斯科已经投降了。"沿着红军前沿阵地撒下传单的德军飞行员大胆地推进攻心战。"莫斯科已经投降了，"德国人声称，"继续抵抗毫无意义。立刻向战无不胜的德国投降吧。"[34]

布列斯特的久攻不下有着特别的讽刺意义。这座城市战前属于波兰领土，德国人在 1939 年入侵波兰后，波军在同一座要塞进行过抵抗（我的父亲就是从这场攻防战中幸存下来的波兰军人）。苏军从东部进入波兰后，希特勒与斯大林就瓜分波兰领土一事达成一致，德国人将布列斯特交给了苏联。

中央集团军群司令费多尔·冯·博克对驻守于布列斯特的红军的抵抗意志感到震惊。"俄罗斯人在固执地进行抵抗，"博克在 6 月 23 日的日记里写道，"战斗中经常能看见妇女。根据战俘的供述，红军政委夸大事实，称德军枪杀所有战俘，号召大家拼命抵抗。很多苏联军官为了避免成为俘虏，宁愿自杀。"[35]

6 月 27 日，进攻开始五天后，戈培尔在日记中承认，战局并非像他宣传的那样"一边倒"。"俄罗斯人损失了大量的坦克和飞机，"他写道，"但自德军于星期日发起进攻以来，俄罗斯人英勇战斗，学到了很多东西。"[36]两天后，哈尔德提到了很多有关"俄罗斯人战至最后一人"[37]的战报。

德军面临的另一大障碍就是苏联糟糕的公路网——情况远没有哈尔德的战前评估那样理想。"我们毫无准备，因为所有的地图都与实际不符。"哥特哈德·海因里希（Gotthard Heinrici）将军战后回忆道。[38]博克在 6 月 23 日那篇记载布列斯特的红军如何顽强抵抗的日记中抱怨道："对当地文化及糟糕的公路状况的缺乏了解，简直让人一言难尽。"[39]

德国军官很快发现，地图上标示的大部分道路根本没有专门铺设过,而且常常是无人问津的小路。在干燥无雨的夏日,这些道路通常可以通行,但一旦下雨就会变成泥泞的沼泽。7月7日,博克无奈地指出了第4装甲军因雨被困两天的事实,它预示着德军在夏末和秋季将面临更大的麻烦。"这使得路况令人担忧,并为人员和装备带来了极为沉重的负担。"博克写道。

种种迹象表明,尽管取得了初步胜利,但如果德军不能在1941年夏天对俄罗斯人造成致命打击,就将陷入一场持久战。129年前拿破仑入侵俄国时,他的大军同样是在6月末一路直抵莫斯科这座已被俄罗斯人纵火放弃的城市。拿破仑军未能对化整为零的俄军取得决定性胜利,因而被迫撤退。他的士兵在俄国严酷的寒冬中饥寒交迫,而哥萨克人又放火焚烧了可能给法军提供食物的村庄和农田。参加拿破仑对俄战役的55万至60万法军及盟军士兵中,有大约40万人死亡,其中只有不到四分之一的人死于战场。[40]

希特勒坚信其规模更大、更现代化的军队能够在类似的寒冬到来之前就取得胜利。但早就有征兆表明,虽然表面不显,但他害怕会重蹈拿破仑的覆辙,且这种担心已经影响了他对下一步主攻方向的思考。"元首对重走拿破仑的进攻路线有一种本能的反感。"约德尔将军解释道。[41]莫斯科让希特勒产生一种不祥之感,他担心德军会在此处与布尔什维主义者打一场生死大战。

显而易见,实施"巴巴罗萨行动"后,与布尔什维主义的生死大战对希特勒而言已是不可避免之事。然而,尽管他从一开始就预测德国能轻松征服苏联,但在是否重走拿破仑进军莫斯科的路线一事上,他释放出了自相矛盾的信号。一贯与希特勒步调一致的戈培尔在 7 月 4 日的日记里谈到了中部战场的"辉煌"战绩，但同时指出："我禁止德国宣传机构过于强调莫斯科的重要性。我们必须保持警醒，不能将注意力全部集中在莫斯科这一令人着迷的目标上。"[42]

恩格尔在日记里指出，赫尔曼·戈林曾试图让希特勒相信"仅凭德国空军"就能摧毁莫斯科。但这位元首的副官同样指出，希特勒"有点怀疑"戈林的说法，因为后者一年前未能兑现轰炸集结在敦刻尔克的盟军的承诺。[43]戈林此前曾向希特勒保证，不需要派地面部队进入法国港口，因为他的飞机可以更有效地打击敌人。古德里安本打算用坦克攻击敦刻尔克，但希特勒的命令阻止了他的行动，结果敦刻尔克的英法军队成功撤退。古德里安对希特勒的决定感到愤怒，认为他错过了一个重创英国军事力量的良机；现在希特勒又开始重新斟酌夺取莫斯科的计划，这同样令古德里安生气不已。

中央集团军群司令博克和古德里安看法相似。7 月 13 日，博克在日记里写道："在东线只有从一个方向才能真正打击敌人——中央集团军群的正对面……现在的关键是彻底粉碎敌人，使其无力为莫斯科构筑新的防线。"[44]

但希特勒突然变得优柔寡断起来，没有展现出战争初期捷报传来时的那种大胆。7 月 28 日，希特勒的副官施蒙特拜访了博克，向他通报了希特勒的取舍。明显非常愤怒的博克在日记里总结了希特勒的观点："主要任务是夺取列宁格勒地区，然后是乌克兰顿涅茨盆地（Donets Basin）的原材料产区。元首丝毫不在乎莫斯科。"[45]两天后，希特勒的第 34 号指令宣布："中央集团军群将转入防御态势，并适当利用地形。"[46]换句话说，希特勒命令部队推迟进攻莫斯科的所有计划。

博克和古德里安的部队里此时已经贴出"向莫斯科前进"[47]的指示，因此，他们对希特勒的新命令感到愤怒。古德里安飞抵集团军群指挥部后，奉命派坦克和士兵去斯摩棱斯克西南方向的戈梅尔（Gomel）周边参加战斗。"这意味着，又往西朝德国的方向打回去了。"古德里安指出。古德里安见到施蒙特后，同样敦促他说服希特勒重新考虑，选择"直接发动攻势夺取苏联的心脏——莫斯科"。

8月12日希特勒指挥部发出一道新指令，它似乎与施蒙特认为德国领袖不再关注苏联首都的判断相左。该指令指出德国的目标仍是"在冬季到来之前削弱敌人，打击其政府，破坏其装备及莫斯科周围的交通线，防止溃败的苏军重整旗鼓以及恢复有序的政府管制"。不过关键之处在于，指令要求推迟采取达成该目标的行动。"在开始进攻莫斯科之前，必须结束针对列宁格勒的军事行动。"指令指出。[48]

8月18日，当陆军总司令瓦尔特·冯·布劳希奇力劝希特勒恢复对莫斯科的攻势时，希特勒答复说陆军的计划"不符合他的意图"。然后他解释了新计划："冬天来临前要实现的最重要目标并非占领莫斯科，而是夺取克里米亚和顿涅茨的工业区及煤矿区，并切断苏联来自高加索地区的石油供给。在北方战线，目标是包围列宁格勒并与芬兰人会师。"

到了8月末，古德里安飞赴"狼堡"，准备做最后的努力，劝说希特勒改变决定，不要先南下进攻基辅，而应东进攻打莫斯科。但此时，布劳希奇不愿再支持古德里安——实际上，他试图阻止古德里安提及此事。"我不许你向元首提及莫斯科的问题，"布劳希奇告诉古德里安，"元首已经下令对南方开展军事行动，现在的问题仅仅是如何实施。再讨论已经毫无意义。"

古德里安并未轻言放弃。在有希特勒和其他高级将领参加的一次会议上，古德里安抓住机会提出了见解。当希特勒问他其部队是否能"再打一场大仗"时，古德里安回答说："如果是要夺取一个重要性对每个士兵不言自明的关键目标的话，当然可以。"

"你肯定是指莫斯科了？"希特勒说。

古德里安回答说"没错"并提出要阐述一下自己的主张。他说莫斯科是苏联重要的通信与交通枢纽，是主要的工业中心，还是牵一发动全身的"政治神经中枢"。古德里安指出，占领莫斯科将对苏联及全世界产生"巨大的心理效果"。反过来，这将使德军更容易在他处赢得胜利，包括在乌克兰。但他警告称如果他的部队和其他部队转而攻击其他目标，"今年就无法对莫斯科给予最后一击"。和大多数军官一样，古德里安敏锐地意识到秋季和冬季的气候条件可能带来的风险，届时采取任何重大军事行动都将变得十分困难。

希特勒没有打断他，但不为所动。希特勒老调重弹地说，最重要的任务是夺取乌克兰的农业及原材料资源。"我的将领们只会打仗，不懂经济。"希特勒如此宣称并不容置疑地表明他不会改变首先进攻基辅的命令。看到屋里所有其他人都点头表示同意时，古德里安感到沮丧。他觉得孤立无援，感到自己被那些此前同样认为莫斯科更为重要的人抛弃了。

结果，古德里安在9月上旬投身于基辅战役。德军使用了此前曾被用于明斯克和比亚韦斯托克（Bialystok）的钳形攻势，给苏联守军造成了重大伤亡，并抓获了数十万俘虏。但这是一场遭遇瓢泼大雨的艰辛战斗，预示着德军不久后将面对更多的苦难。"一个人只有亲身品尝了在被我们称为公路的泥渠里行军打仗的滋味后，才清楚一支军队和他们的装备要面对多大的困难，也才能对前线的局势及这种恶劣条件的影响做出正确的判断。"古德里安写道。[48]

＊　　　＊　　　＊

希特勒不会明白这些。尽管在基辅的胜利让德国付出了代价，但希特勒决心重拾夺取莫斯科的计划。9 月 6 日，他命令中央集团军群的其他部队"通过朝维亚济马（Vyazma，通往莫斯科的关键小城镇和铁路枢纽）方向发动钳形攻势，摧毁斯摩棱斯克以东地区的敌军"。[49] 9 月 16 日，希特勒发布了旨在实施"台风行动"（Operation Typhoon）的指令，计划于 9 月 30 日夺取莫斯科。

希特勒似乎越发相信德军无所不能：不仅能实现他关于乌克兰的目标，而且能紧接着成功夺取苏联首都。

在战后的回忆录里，于"巴巴罗萨行动"实施初期担任第 56 装甲军司令的杰出军事战略家埃里希·冯·曼施坦因记录了希特勒和德军将领们在此关键时刻的紧张关系。这位德国独裁者，曼施坦因指出，"完全不择手段，非常聪明，拥有一种不屈不挠的意志"。希特勒毫不犹豫地反驳哈尔德和其他将领，告诉他们说，他作为在上次大战中上过前线的步兵，比他们这些职业军官拥有更好的军事直觉。虽然曼施坦因欣赏希特勒对军事技术和其他方面的见解，但希特勒远不能令他信服。"总的来说，他欠缺的恰恰就是**基于经验的军事能力**，而这不是他的'直觉'所能够替代的。"曼施坦因写道。[50]

军事指挥官们希望在德军力量最为强大的中部战线集中兵

力，但希特勒认为可以多方投入主力部队。考虑到"作战范围的广阔性，德国没有足够的兵力"来实施如此分散的战略，曼施坦因总结道。

是什么促使希特勒不顾军事指挥官先夺取莫斯科的规劝，如此笃定地认为自己能取得成功呢？部分原因在于他深信自己早期征服欧洲大部分地区的军事胜利，是他大胆的天才之举的结果，而当时也有很多类似的警告说他会失败。更可能的是，希特勒真的认为自己不会犯错。然而，他身边那些与他关系最近的人，比如恩格尔，发现他尽管努力展现出一种完全自信的形象，但有时还是会显得优柔寡断与紧张不安。

希特勒之所以固执己见，罔顾将领们的意见，还有另一个原因。《亢奋战：纳粹嗑药史》（*Blitzed：Drugs in the Third Reich*，该书于 2015 年首次在德国出版，后于 2017 年出版了英文版）的作者诺曼·奥勒（Norman Ohler）指出，希特勒的庸医西奥多·莫雷尔（Theodor Morell）在 1941 年 8 月希特勒于"狼堡"因发烧和腹泻而病倒后，就开始让他服用大剂量的类固醇和其他兴奋剂药物。奥勒指出，随着希特勒越来越依赖莫雷尔开的混合药物，他也越发相信自己不可能犯错，尽管"注射的药物开始让他的身体机能出现紊乱"。[51]

奥勒精心的研究还揭露了德国士兵普遍注射了中枢兴奋药脱氧麻黄碱的事实，尤其是在对波兰、法国及苏联发动闪电战期间。发现此药让人上瘾且对一些士兵来说非常危险后，德国军方很快减少了这些"兴奋剂"的供应。[52]但莫雷尔不顾相关证据，继续给希特勒注射越来越多的药物，这也是对随着战争推进希特勒为何变得越来越古怪的合理解释。

和斯大林一样，希特勒深信自己的才华无人能及。鉴于他们的自大倾向,两位领袖都容易犯错也就不足为奇了。不同之处在于,斯大林早一步犯了大错,忽视了德国人即将进攻的种种迹象,使得苏军在遭遇侵略者时易受攻击、措手不及且装备不足,蒙受了惨重损失。而随着战事在夏末和秋初的持续推进,希特勒的错误将变得越发明显。

第六章 "再加把劲儿"

根据美国武官李将军的回忆，6 月 20 日星期五从美国回到伦敦后，温奈特大使看起来"疲惫不堪、蓬头垢面"。[1]这一点也不奇怪。温奈特短暂的回国之旅带来了很多有关《租借法案》及美英合作的消息，引发了有关英国战况的更广泛的讨论，其中有很多相互矛盾的观点。"温奈特指出英国有必胜的信心。"一家媒体写道。另一家媒体指出："温奈特认为，英国的局势非常严峻，但不是灾难性的。"[2]

尽管还不是正式的交战国，但美国对冲突的介入越来越深了。5 月 21 日，一艘德国 U 型潜艇在南大西洋击沉了美国货船蒸汽船"罗宾·摩尔"号（*SS Robin Moor*）。罗斯福后来告诉国会说"这对美国是一种警告，意味着如果美国想要安全使用公海，就必须征得纳粹的同意"，但美国政府绝对不会屈从于这种压力。[3]温奈特 5 月下旬从里斯本转机回美国时，发现自己被纳粹盯上了。美国使馆违反安全规定，发布了他的行程和计划路线。"德国人得到消息并派出一架飞机拦截我们，"他写道，"但英国人派了一架战斗机护航，击落了德国人的飞机。"[4]

由于德国即将入侵苏联，温奈特在美国停留的时间并不长，德国即将侵苏在丘吉尔和罗斯福的意料之中，但可能出乎斯大林的预料。温奈特指出他急于返回伦敦的心情"导致了一场令他终生难忘的事故"。航班机长由于引擎故障在蒙特利尔（Montreal）降落后，温奈特坚持立即维修并继续飞行，不在当地过夜。结果，机长在降落后并未关闭螺旋桨，一个机械师下机进行检修。夜间一片漆黑，一个站岗的年轻士兵不慎撞到高速旋转的螺旋桨上，瞬间被切成碎片。

这些事无疑让温奈特在回到伦敦后身心俱疲。但勉强走下飞机时，他收到了和丘吉尔、艾登在契克斯庄园共度周末的邀请。据李的观察，大使本打算在周末好好休息，缓解一下旅途的疲劳，但英国领导人"希望尽快搞清华盛顿到底发生了什么"。李补充道，"在苏联危机的紧要关头，任何人都不能浪费时间"。[5]

丘吉尔一周前给罗斯福发了电报，告知他德国即将入侵苏联，确保两人将就这一预料之中的事态做出一致的反应。"如果新的苏德战争爆发，我们当然将遵循打败敌人希特勒的原则，全力支持并帮助俄罗斯人。"丘吉尔写道。抵达契克斯庄园后，温奈特转达了罗斯福的答复：如果德国人不出所料地进攻苏联，罗斯福将公开支持"首相对苏联盟友表示接纳的任何声明"。[6]

周六的晚宴上，丘吉尔和艾登、内阁秘书爱德华·布里奇斯（Edward Bridges）及他们的夫人款待了温奈特。丘吉尔重申德国肯定会进攻苏联，并且他认为希特勒现在希望在此事上赢得英美两国右翼势力的支持。但丘吉尔坚称，德国独裁者打错了算盘，英国应该竭尽所能地帮助苏联。温奈特向他保证，美国将采取和英国同样的立场。[7]

餐后，丘吉尔和科尔维尔在棒球场草坪上散步时，再次谈起此事。首相的私人秘书问他，作为坚定的反共人士，他是否对向克里姆林宫伸出援手感到困扰。"丝毫不会，"丘吉尔回答道，"我只有一个目标，那就是摧毁希特勒。这样一来，我的生活就很简单纯粹了。如果希特勒入侵地狱，那么我也会在下议院为恶魔说几句好话。"

第二天凌晨4点，科尔维尔被电话铃声吵醒，获悉了德国入侵苏联的消息。他挨个前往丘吉尔、艾登和温奈特的卧室，告诉他们这一消息。根据他的回忆，三个人都"满意地笑了"。[8]丘吉尔的管家来到艾登的卧室，递给他一根放在银盘上的大雪茄。"首相表示祝贺，德军入侵苏联了。"管家说道。艾登后来指出，"我们终于松了口气，但当时我根本无暇享用雪茄"。[9]相反，他和丘吉尔立即开始讨论应对之策。

丘吉尔开始准备当晚将通过英国广播公司广播的演讲。英国驻莫斯科大使斯塔福德·克里普斯（Stafford Cripps）爵士周末恰好也在契克斯庄园。根据科尔维尔的日记，午餐期间，丘吉尔打趣克里普斯说"俄罗斯人是野蛮人"。根据科尔维尔的描述，"克里普斯认为丘吉尔的话毫无恶意，被逗乐了"。

艾登可没有克里普斯那么高兴，因为首相在发表演讲二十分钟前才写完稿子，这让艾登来不及给丘吉尔的演讲稿润色。艾登不需要担心，因为这次演讲后来被证明是丘吉尔的又一经典之作。

"我们再次面临战争的关键时刻，"首相宣布，"希特勒是个伤天害理、屠杀掠夺成性的魔鬼。"他表示自己对德国的进攻并不惊讶，并且此前就已提醒斯大林。丘吉尔没有明确指出斯大林忽视了包括英国发出的诸多提醒，但从其演讲中不难领会此意。他说："我只能期望这些警告不是完全白费力气。"

丘吉尔讲话的重头戏是，他解释了在当前苏联受到攻击的情况下为其提供支援的理由。他指出："在过去二十五年中，没有人比我更始终如一地反对共产主义。我不会收回我说过的话。但现在呈现在我们面前的景象已经将那一切都冲散了。"正如他此前告诉科尔维尔和其他人的那样，他只有"一个坚定不移的目标"：摧毁希特勒政权。"无论发生什么都不能让我们背离这一目标。"

接着，丘吉尔使用了他最著名的演说技巧："我们不会被利益蒙心；我们绝对不会与希特勒及其帮凶谈判议和。我们将在陆上和他战斗；我们将在海上和他战斗；我们将在空中和他战斗——直到在主的帮助下，从地球上消除他的魔影，从他的枷锁中解放纳粹统治下的民众。"

承诺英国将帮助"苏联及苏联人民"的同时，丘吉尔还再次肯定了美国的作用。"对美国方面采取何种行动，我无权代为发言，但我要声明一点：如果希特勒以为他进攻苏联，会使那些决心埋葬他的伟大民主国家稍稍转移目标或松懈斗志的话，那他就大错特错了。"[10]

温奈特带来的罗斯福的最新表态，让丘吉尔有底气发表如此气势磅礴的讲话。尽管英美两国政府对能不能阻止德军心里没底，但事实很快就证明了其预言的准确性。

* * *

尽管英国人对德国人把重心放到东线的消息表示欢迎，并至少因此缓了口气，但伦敦和华盛顿的很多高官对苏联红军对战德军的前景明显感到悲观。6月16日，克里普斯告诉战时内阁，身在莫斯科的外交官同行普遍认为，苏联顶多能抵抗三四周。[11]帝国总参谋长约翰·迪尔（John Dill）告诉艾登，他认为苏联应该能撑更久，但他的总体评估，即德国人将像"快刀切黄油一般击垮苏联"[12]很快流传开来。

在华盛顿，战争部部长史汀生与罗斯福分享了他的预测。"德国最快一个月，可能最多三个月就能击败苏联。"史汀生写道。但他仍将"巴巴罗萨行动"视作"一种几乎天赐的机缘"，因为它明显使德国无法再入侵英国，并将影响德国在非洲和中东发起新一轮攻势的能力。它也给罗斯福提供了新的机遇，史汀生指出。"纳粹的野心与背信弃义之举已展现得淋漓尽致，对您来说，现在是赢得北大西洋之战及在南大西洋保护西半球的大好机会。"[13]

在伦敦，苏联大使伊万·麦斯基对这种"严重怀疑红军能力的态度"心知肚明。他还承认，苏联面临着一场公关危机。他指出面对苏联在战争中突然变化的角色，英国民众感到"困惑"。"从心理角度出发，这很容易理解，"麦斯基在日记里写道，"因为直到最近，苏联还被视作德国的秘密盟友，几乎是英国的敌人。突然间，在不到二十四个小时后，它竟变成了朋友！这种转变太突然了，英国人从**心态上**还无法适应这一新的状况。"[14]

不过，麦斯基在许多英国人对苏联国家政策的强烈厌恶上有意避重就轻。"除了苏联政权令人生厌的历史外，"黑斯廷斯·伊斯梅将军写道，"他们在1939年8月和希特勒签订条约的背信弃义之举，也让我们无法轻易释怀，从那以后他们一直想方设法地破坏我们的战争事业。我们怎么能和这样的人做朋友呢？"伊斯梅也考虑到了此前讨论援助英国时，困扰一些美国人的类似问题。如果德国人真的能迅速战胜苏联，他指出，那西方提供的任何援助都会落入敌手。"我们做出巨大牺牲向斯大林提供的援助可能会被白白浪费，我们自身可能会因此陷入更大的危险之中。"[15]

丘吉尔同样没有忘记苏联政府之前的言行，也无法相信斯大林会突然变成一个理想的伙伴。在回忆录里谈到希特勒入侵苏联时，他给出了一针见血的评价："苏联宣传机器通过午夜广播散布的对英美的敌视，与德国人的炮火相比不值一提。坏人并不总是聪明的，独裁者也并不总是正确的。"[16]但即使精明的首相可能也没有意识到，要维护与已经成为盟友的斯大林的关系竟如此艰辛。

麦斯基对丘吉尔在电台演说中承诺援助苏联表示赞许。"多么有力的演说！多么精彩的表现！"麦斯基写道（但也仅在他的日记中表达了这种肯定），"这恰恰是我们目前所急需的。"[17]但斯大林并未做出类似表态。实际上，丘吉尔惊讶地发现，苏联政府对他关于援助苏联的强力宣示无动于衷。"苏方高层的沉默令人焦虑。"丘吉尔指出。为了"打破僵局"，得到苏联的回应，他在7月7日直接给斯大林写信，重申将援助苏联。"我们将尽一切努力帮助贵方，只要天时、地利和我们战争资源的增长允许我们这样做，"丘吉尔宣布，"战争持续得越久，我们提供的帮助就会越多。"

斯大林直到7月18日才写了回信，对丘吉尔援助苏联的保证表示感谢，并将苏英两国描述成"在抵抗希特勒统治下的德国的斗争中并肩作战的盟友"。但这第一封信也提出了苏联政府此后力推的一项要求：在西方开辟打击希特勒的第二战场。换句话说，让英国派兵去欧洲大陆打击德国人。"在法国北部开辟战场不仅能吸引希特勒在东线的兵力，同时也将使希特勒无法入侵英国。"斯大林指出。

丘吉尔很高兴能直接同斯大林通信，但他以一种几乎无法掩饰的愤怒，拒绝了苏联领导人开辟第二战场的要求。"你一定记得我们孤军奋战了一年多，尽管我们的资源在增长，并且今后还将快速增长，但我们在本土和中东面临着来自陆上和空中的巨大压力。"丘吉尔写道，并解释说英国海军在大西洋之战中同样快坚持不住了。[18]

但类似的表态无法阻止苏联不断提出抱怨和要求。正如丘吉尔指出的那样，"我看到了很多指责的言论，友善之词很少见……苏联政府好像觉得，他们在自己的土地上为他们自己的生存而战，是对我们的巨大恩惠"。[19]

在远不具备开辟第二战场的条件之时，英国军方领导人对斯大林反复提及此事尤为火冒三丈。"他可能连月亮都想要"，伊斯梅写道，并刻薄地指出斯大林在 1939 年 "厚颜无耻" 地同希特勒签订了协议，在英国孤军奋战的时刻，为德国提供各种物资。"我们早就听腻了 '第二战场' 的口号。"[20]

流行作家、议会独立议员 A. P. 赫伯特（A. P. Herbert）有感而发，就此创作了一首诗：

> 只望吾友约瑟夫少说空话……
>
> 1940 年，我们独挑重担。
>
> 男儿们，我们本可以开辟第二战场。
>
> 欧洲大陆危如累卵，
>
> 苏联却作壁上观。
>
> 准备不足？也许吧。谁能加以指摘？
>
> 韬光养晦、厚积薄发方为上策。

或许（虽不攸关我等命运）最好，

与你所恨之人缔结新约。

唉！是时候坦诚相待了，

因为希特勒反噬了他最大的朋友。

（我等感到好奇，如若双方相安无事，

今日苏联会否参战？）

尽管民众对苏联存在着可以理解的不满与公开的怨恨，但丘吉尔向英国新盟友提供援助的政策，在国内几乎没有遭到反对。政府官员和普通公民都很清楚，首相的政策可以让英国最大限度地利用兵力对比的迅速变化。增强俄罗斯人抵御德国侵略者的能力将直接让英国受益，并且将首先让美国间接受益。讽刺的是，希特勒进攻苏联的决定，给迅速结成更广泛的反德同盟提供了最令人信服的理由。

* * *

在美国国内，孤立主义者蠢蠢欲动，试图利用欧洲冲突的升级继续让美国置身事外。德国入侵苏联后不久，林德伯格在旧金山"美国优先"运动的一次集会中演说时，对视苏联为盟友的想法进行了冷嘲热讽。"昔日的凶手和强盗，今天竟成了文明世界的英勇守护者。"他宣称。接着，林德伯格再次重复了《租借法案》辩论期间自己提过的观点："我告诉你们，我宁愿一百次看到美国与英国结盟，甚至与过失累累的德国结盟，也不愿美国和残暴、不敬上帝、野蛮的苏联结盟。每一个美国人、每一个基督徒、每一个人道主义者，都应该反对美国与苏联结盟。"[21]

美国还出现了另一种政治现象。此前一直组织"和平"集会，将英国的支持者谴责为战争贩子和帝国主义者的美国共产党活动家突然改变了立场。总统助手罗伯特·舍伍德高兴地指出，"德国入侵苏联的第二天，共产党报纸《每日工人报》（*Daily Worker*）就转而开始支持英国，支持《租借法案》，支持介入战争，并且两年来首次对罗斯福表示支持。"[22]

面对为希特勒开罪的控诉，林德伯格肯定无力反驳。"没有人听到林德伯格说过一句对纳粹血腥行为感到愤怒或反感的话。对那些在几乎所有欧洲国家被纳粹蓄意杀害的无辜男女老幼，他也从未表达过同情。"罗斯福的内政部部长哈罗德·伊克斯（Harold Ickes）指出。[23]与此同时，美国共产党和他们的同情者像欧洲的大多数左派人士一样继续为斯大林辩护，甚至在他与希特勒签订条约之事上帮他开脱。但除了上述观点之争外，还有一场有关华盛顿该如何应对新形势的更严肃的辩论，它涉及美国对苏政策的根本问题。

尽管罗斯福立刻效仿丘吉尔，答应"尽可能援助苏联"，但华盛顿的一些政治人物对此持保留意见。参议员哈里·杜鲁门（Harry Truman）表达了他那几乎毫无可行性的看法，但它反映了很多美国人的矛盾心态。"如果德国即将获胜，那我们就应该帮助苏联；如果苏联要赢了，我们就应该帮助德国。尽量让他们互相残杀吧，尽管任何情况下我都不希望看到希特勒获胜。"[24]

乔治·凯南（George Kennan）在 20 世纪 30 年代作为年轻的外交官先后任职于莫斯科和柏林，并锻炼出了出众的分析能力。他并没有杜鲁门那么激进，但同样对罗斯福有意采取的政策持强烈的保留态度。6 月 24 日，凯南在柏林写了一封信给莫斯科工作期间的同事、现于国务院任职的洛伊·亨德森（Loy Henderson），提醒对方："我们在美国国内不应做任何看起来有效仿丘吉尔之嫌的事，要避免给苏联的抗德事业提供道义方面的支持。"

苏联"没有资格赢得西方的同情"，凯南分析称，因为它明显不是在为和西方国家相同的目标而战斗。"但这并不意味着排除在符合我们自身利益的前提下，为其提供物质援助的可能性，"凯南总结道，"不过，必须阻止任何会在政治或意识形态层面表明我们支持苏联作战的行为。"[25]

上述分歧的根源可以追溯到罗斯福执政早期。作为新总统于 1933 年就职后，罗斯福将与苏联领导人接触视作优先事项，终结了美国与多数西方国家视他们为一个非法且危险的政权的代言人的漫长时期。1933 年 11 月 16 日，华盛顿与莫斯科正式建立外交关系，新和解政策的坚定支持者威廉·布利特被罗斯福委任为首任美国驻苏大使。

但威廉·布利特很快就对斯大林政权大失所望。布利特还提醒华盛顿的上级称，尽管罗斯福希望苏联发展出一种更民主的制度，放弃向他国传播共产主义的思想，但苏联对西方构成了真正的威胁。1936 年 4 月 20 日，在写给国务卿赫尔的一封信中，布利特称和民主党人交朋友"以便最终让他们成为行刑队"[26]是苏联的国策。凯南和使馆里的年轻外交官大多支持大使的看法。

基于对苏联政权性质的现实主义理解，罗斯福无意接纳上述建议，也无意采取更强硬的对苏政策。他让友人约瑟夫·戴维斯〔（Joseph Davies），通用食品的女继承人玛荷丽·梅莉薇德·波斯特（Marjorie Merriweather Post）的丈夫〕接替布利特出任驻苏大使。戴维斯此前没去过苏联，对苏联的宣传大多信以为真。他对斯大林行奉承之举，还在 1938 年 6 月 9 日即将结束驻苏联大使的两年任期之际，在写给女儿的信中称赞斯大林那"狡黠的幽默"与"伟大的人格"。"至少对我来说，他是一个敏锐、精明且极其聪明的人，"戴维斯写道，"如果你要构想一个完全站在狂热的反斯大林主义者的对面的形象，那么你应该就会想到斯大林。"[27]

戴维斯甚至出席了一些臭名昭著的"大清洗"审判，他发回华盛顿的相关报告的内容与苏联官方的说法一致。他在写给赫尔的信中指出："依我之见，就那些政治被告人而言，有充分的证据证明他们违反苏联法律，犯下了诸多罪行，且叛国罪的裁决与量刑也符合苏联刑法。"换句话说，他认为斯大林政府处决"大清洗"受害者的行为是完全正当的。戴维斯解释说，通过处决那些政治对手，苏联领导人巩固了自己的地位。

在后来任职于布鲁塞尔期间及回到美国后，戴维斯继续敦促罗斯福接受自己对克里姆林宫的看法。德国入侵苏联后不久，他出版了回忆录《莫斯科出使记》（*Misson to Moscow*），这本书读起来简直像是一出滑稽剧。苏联领导人"基本上深受利他观念的影响"，戴维斯写道，"苏联政府旨在推广兄弟情谊，改善普通大众的命运……他们致力于和平事业"。他不仅为斯大林针对军队和其他部门的"大清洗"辩护，还为其歌功颂德。"1941年的苏联没有'第五纵队'——苏联已经处决了他们。"戴维斯宣称，"'大清洗'净化了苏联，消灭了叛徒。"

德军的"巴巴罗萨行动"取得初步胜利后，戴维斯写给哈里·霍普金斯的信体现了一种更理性的态度。戴维斯称红军在早期的战斗中"比一般人所预期的更有战斗力",同时也承认德国人的进攻可能会让纳粹获得包括莫斯科在内的苏联大部分欧洲领土。但戴维斯预言称,如果真的发生这种事的话,斯大林和他的政府将在乌拉尔山以东继续开展工作并抵抗占领军。为了鼓舞苏联的抵抗行动,确保斯大林不会和希特勒达成新的妥协,戴维斯敦促罗斯福效仿丘吉尔,承诺美国会全力支持苏联。"应该直接让斯大林知道,我们的态度是'全力'击败希特勒,我们对苏友好的历史政策仍然有效。"他总结道。[28]

以凯南为代表的外交官呼吁采取一种更微妙的方式——把对苏援助与对其政权性质的理性评价结合起来。他们对戴维斯在莫斯科当大使时的表现及他此后替苏联政府辩护的行为,感到震惊。"如果总统想打压并嘲弄我们为发展苏美关系而付出的努力,那么任命戴维斯为驻苏大使就再合适不过了。"凯南评价道,他的话反映了他很多同僚的心声。[29]

但霍普金斯对戴维斯有关苏联的很多预言表示认可,而且在德国入侵苏联后不久就成了制定对苏政策的主力。这意味着新的苏美关系呼之欲出,将给斯大林带去明显的优势。

* * *

7月中旬,罗斯福再次派霍普金斯去英国与丘吉尔和其他英国高级官员就一系列广泛的议题展开讨论,包括即将于8月在海上举行的大西洋会议(Atlantic Conference)的日程安排(在此期间罗斯福和丘吉尔将进行首次战时会晤),《租借法案》援助物资迄今的落实情况,以及对苏德战场上大规模冲突整体情况的评估。正如舍伍德所指出的,"此时有关战局的所有决策,包括美国的军工生产及《租借法案》,都取决于苏联能抵抗多久"。[30]但在美英会晤中，双方都无法给出答案。

在莫斯科，苏联当局在向英国军事代表团提供信息时，展现出了"令人难以置信的缄默"，科尔维尔在日记中指出。"现在，在他们需要帮助的时刻，苏联政府——由上至下，包括莫洛托夫——就像1939年夏天双方进行谈判时那样摆出了疑虑重重、拒不合作的态度。"科尔维尔提到的是斯大林与希特勒签订协议前的那次失败的英苏会谈。[31]

自1939年以来一直任美国驻莫斯科武官的伊万·耶顿（Ivan Yeaton）少校对自己在英国的同僚很有意见，觉得他们只依靠苏联的官方公报获取信息。他对前任武官菲利普·费蒙维尔（Philip Faymonville）上校同样感到不满，其他使馆工作人员认为费蒙维尔和戴维斯大使一样抱有"明显的亲苏偏见"。[32]耶顿鄙视费蒙维尔"对苏联官方宣传材料的依赖"，寻求与自己看法相似的其他国家的使馆武官的帮助。耶顿还在夜间驾车，想要偷偷溜出城，尽量靠近战场，因此违反了苏联的战时出行规定，收到了十多份民兵传唤令。

耶顿对比了自己的看法与其他在苏外国人的观点，也参考了从德军攻势下逃出的难民的叙述，然后就苏联抵抗德国人的前景做出了非常悲观的评估。"我找不到一丁点可以得出乐观结论的证据。"耶顿后来回忆道。他还说他的报告引发了英国官员和以霍普金斯为代表的罗斯福团队成员的反感，因为他们正急于寻找为苏联提供大量援助的理由。[33]

霍普金斯访问英国时，同温奈特一起在美国使馆与麦斯基进行了会晤。根据麦斯基的描述，这次会晤在对苏援助一事上没有取得重大突破。"霍普金斯向我保证，罗斯福准备在苏联抗击希特勒的斗争中，尽量提供支持；但他同时提醒我，不要对美国军事援助的速度和规模抱有任何幻想。"不过，麦斯基对霍普金斯提的一个问题很感兴趣："如何才能让罗斯福和斯大林走得更近？"[34]

麦斯基没有马上搞清霍普金斯的真实意图，但霍普金斯"对苏联的明显同情"令麦斯基印象深刻，他后来还得出一个结论：霍普金斯实际上比丘吉尔"更加同情"苏联的需求。在回忆录里，麦斯基写道："第二次世界大战期间，哈里·霍普金斯是资本主义世界的重要人物中最进步的人之一。"[35]

与霍普金斯首次会面的两天后，麦斯基得知这位总统特使在谈到拉近美苏领导人关系时，心中已经有了具体的目标。在与丘吉尔协商为自己安排一架皇家空军飞机，以便自己从苏格兰飞赴苏联的可能性后，霍普金斯在 7 月 25 日给罗斯福发了一封电报，提议派自己去一趟苏联。去苏联可让霍普金斯亲自了解斯大林关于苏联前路的看法，还能鼓舞斯大林继续抵抗德国侵略者。"我觉得这事关重大，值得我亲自跑一趟，"霍普金斯写道，"这样斯大林就不会再有任何疑虑，就会明白我们打算长期为苏联提供援助。"[36]

罗斯福立刻批准了霍普金斯的提议，同时敦促他即刻启程，以便在定于 8 月初举行的大西洋会议开始前赶回来。温奈特在 7 月 28 日深夜联系了麦斯基，打电话让他来到美国使馆。苏联大使刚到，温奈特就拿出了霍普金斯及其两名助手的护照，说他们要坐火车去苏格兰的因弗戈登（Invergordon），再从那里搭乘飞机去苏联。"过后我再跟你解释，"温奈特告诉麦斯基，"现在你签发签证就好了。"[37]

此刻来不及回苏联使馆走正常程序了，于是麦斯基决定随机应变：他亲自在霍普金斯的护照上写下了赴苏许可，以防万一又加盖了公章。"这样的签证，我觉得，在苏联外交史上应该绝无仅有。"麦斯基在日记里写道。温奈特急忙赶去尤斯顿火车站（Euston Station），此时霍普金斯已经登上了即将出发的专列，温奈特把护照从窗户递给他。"我仍认为他的苏联之行是战争中的关键转折点。"温奈特后来写道，并且为自己起到的支援作用感到自豪。[38]

但讽刺的是，霍普金斯根本不需要任何文书。皇家空军的卡塔琳娜水上飞机带着霍普金斯飞赴苏联（在二十一个小时的飞行中，他差不多一直坐在飞机尾部机枪手的位子上）。一行人到达苏联城市阿尔汉格尔斯克（Archangel）时，一个苏联军事代表团早就做好迎接罗斯福私人代表的准备了，他们根本没有要求查看霍普金斯的护照。他们让客人初次感受到了苏联的热情好客，提供了一顿长达四个小时的"丰盛"大餐，包括以冻鱼和鱼子酱为主的各道菜肴，以及这个国家所特有的伏特加。"伏特加是地位的象征，"霍普金斯后来在报告里写道，"俄罗斯人绝对没有糊弄外行。"接着，仅仅睡了两个小时，霍普金斯就启程前往莫斯科，在那里和接替戴维斯出任驻苏大使的劳伦斯·斯坦哈特进行了交流。[39]

*　　*　　*

罗斯福任命斯坦哈特时，可能觉得这位新大使应该拥有和戴维斯差不多的亲苏态度。斯坦哈特原本是一名富有的纽约律师，曾出任美国驻瑞典大使，他的家庭背景显示他应该是自由派民主党人。他的叔叔萨缪尔·昂特梅尔（Samuel Untermeyer）是民主党竞选活动的重要赞助人，公开对苏联持同情态度。但和戴维斯的前任布利特一样，斯坦哈特很快对苏联的内外政策产生不满，并且对给使馆员工生活带来极大不便的苏方的严密监视、限制和官僚做派感到恼火。

耶顿赞许地指出，大使"准备在必要时对苏联那旨在制造障碍的战术予以反击"。1940 年 12 月，斯坦哈特告诉身在华盛顿的上级赫尔和威尔斯说："我觉得对苏联给我们制造的麻烦，我们应该做到以牙还牙。"[40]苏联政府对此类建议颇感不悦，一些苏联官员用典型的恶意嘲弄作为回应。苏联驻华盛顿大使康斯坦丁·乌曼斯基称斯坦哈特"是一个散发着犹太复国主义恶臭的资产阶级犹太富人"。

在和斯坦哈特的初次交谈中，霍普金斯问他耶顿关于军事局势的电报，其内容是否准确。换句话说，战局进展对俄罗斯人来说，是否像武官所说的那样糟糕？斯坦哈特的回答很微妙。他指出，俄罗斯人的历史表明，他们虽然有时会表现得很无能，但会为保卫国土英勇作战，这表明不可低估他们。但斯坦哈特又补充道，现在很难了解事情的真相，因为苏联政府过分严格的保密措施和对外国人的恐惧导致驻莫斯科的外交官只能搜集到一些零星的消息。霍普金斯答复称，他将此次访问视作一个打破怀疑之墙、全面了解情况的机会。[41]

霍普金斯直接去找斯大林了解情况。斯大林十分欢迎他的到访，在接下来的两个晚上和他面谈了好几个小时。霍普金斯转达了罗斯福和丘吉尔对援助苏联的表态后，斯大林总结了军事局势，并与霍普金斯具体讨论了所需物资。最重要的是，斯大林成功让来访者对自己感到敬畏，而这明显是他的目标。正如霍普金斯告诉麦斯基的那样，他希望拉近斯大林和罗斯福的私人关系，就算是通过代理人来实现也行。但霍普金斯的来访只标志着美国朝此方向迈进了一步，因为它仅仅强化了罗斯福关于能够与斯大林建立一种互惠关系的信念。

斯大林的言谈举止给霍普金斯留下了深刻印象。"他说话从不重复，"霍普金斯后来回忆道，"他的话同他军队的射击一样又稳又准。"他称斯大林是"一个严肃朴实、饱经风霜、意志坚定的人，脚上的靴子擦得像镜子一样闪闪发亮，穿着结实而宽松的裤子和合身的上衣。他没有佩戴任何表明文武官员身份的标志"。在霍普金斯看来，甚至斯大林较矮的身材也彰显了他的力量。"他身材敦实，是橄榄球教练一心向往的那种体形。他身高约五英尺六英寸，体重约一百九十磅。他的手很粗大，就像他的思想一样结实。"[42]

在发给罗斯福的报告中，霍普金斯总结了斯大林此刻对战争的看法。尽管苏军初期受挫，但这位苏联领导人坚称德国人低估了他的军队。"斯大林称他的士兵不认为自己输掉了战斗，因为德国人的机械化部队仅仅在某些地方突破了苏军防线。"霍普金斯写道。侵略者的战线已经拉得太长，斯大林表示，"德国坦克甚至耗尽了燃料"。斯大林还说红军重型坦克的性能优于德国坦克。此外，尽管与苏联空军相比，德国空军在战场上拥有更多的飞机，但很多德国飞机都是二流货。

但斯大林对援助物资的具体要求表明，他做好了打一场持久战的准备。他给出了长长的物资清单，要求获得高射炮、机枪、制造飞机的铝、高辛烷值燃料以及一百多万支步枪。"给我们高射炮和铝，我们就能坚持三到四年。"斯大林告诉霍普金斯。他还指出，德国侵略军后方的抵抗者已经开始让他们疲于奔命了。[43]

根据霍普金斯的总结，斯大林的观点是，"德国的力量十分强大，即便苏联能自保，英国和苏联加起来也很难粉碎德国的战争机器"。为了打败德国，美国需要参战——斯大林确信美国最终必将参战。

在此期间，斯大林敦促霍普金斯转告罗斯福，自己欢迎拥有自主指挥权的美军投身于苏联战场。此番言论令霍普金斯感到震惊。正如霍普金斯在报告中写下的那样，"我告诉斯大林，我怀疑美国政府即使在宣战后，也不希望看到美国军队在苏联打仗，但我会向总统反映此事"。考虑到苏联当局一直拒绝耶顿和其他武官赴前线考察，更别说让他们参与任何军事行动了，斯大林让美军赴苏参战的提议仅仅是为了博眼球。

霍普金斯几乎对斯大林所说的一切都信以为真，包括他关于德国的过于笼统的陈述。霍普金斯说，斯大林曾指出，希特勒的最大弱点"在于被压迫的广大人民憎恨希特勒及其政府的邪恶行径"。斯大林还说"所有国家都必须具备最低道德标准"，指出"现在的德国领导人无视这种最低标准，因此他们代表了当今世界的一种反社会力量"。[44]

因此，当霍普金斯与耶顿两人在使馆吃早餐巧遇时，前者对后者的那些对苏联制度极端不满的情绪及预言苏联失败的连篇累牍的报告不感兴趣，这丝毫不令人惊讶。霍普金斯立即告诉耶顿少校，自己相信苏联将赢得胜利，并且美国将向苏联提供"一切可能的军事和经济援助"。这种援助绝对不会被当作谈判筹码，霍普金斯补充道。

耶顿对此感到沮丧。他后来谈到霍普金斯糟糕的健康状况时写道，"霍普金斯让美国参战的热情及他乐于出于'信任'与斯大林谈判这件事，让我怀疑他的疾病影响了他的思考"。面对霍普金斯的质疑，耶顿还想就自己对军事局势持悲观看法的理由及斯大林政权的性质进行解释。"当我责难斯大林的人品和手段时，霍普金斯再也无法容忍，打断了我，激动地说：'我不想再讨论这个话题了。'"耶顿在报告里写道。

第二天早上，二人吃早餐时又碰面了，耶顿想缓和一下关系。他为自己前一天让霍普金斯生了气而道歉，并"恳求霍普金斯的帮助"。如果美国和苏联即将成为盟友，他解释说，那他非常希望可以自由行动，以便评估军事局势。换句话说，美国应让苏联政府停止限制西方国家武官的行动。根据耶顿的描述，霍普金斯"冷冷地回了一句'不行'"。霍普金斯对自己声明的不把美国援助当筹码的政策十分坚持，即便在这种程序问题上他也不会让步。[45]

在奔赴莫斯科之前，霍普金斯对援助苏联就心意已决。耶顿的前任菲利普·费蒙维尔上校此前因同情斯大林而被战争部冷落，现在又东山再起。7月13日，费蒙维尔被派至专管租借事务的援助汇报处（Division of Aid Reports）。他的任务是帮助启动对苏援助计划。

7月26日，一个苏联军事使团抵达美国。在华盛顿活动期间，苏联代表呼吁美国立即援助苏联，作为苏方陪同人员的费蒙维尔急于让他们安心，给他们看了机密文件。有人因此指责他违反了军事规定，甚至还有人扬言要审判他。但霍普金斯和租借事务管理部门全力支持费蒙维尔，向他保证不会对他采取行动。相反，他很快被赋予了更多职责，以便推动对苏援助计划。[46]

罗斯福对此事的亲自表态显示，他希望对苏援助一事尽快取得进展。8月2日，他给在霍普金斯外访期间负责对苏援助计划的维恩·科伊（Wayne Coy）下达了严厉的指示。[47]罗斯福指出，自己在上次的内阁会议上就已表达过不满，因为美国在德国入侵苏联六周后，在为苏联官员提供急需的物资这件事上"基本毫无作为"。"坦率地说，如果我是一个俄罗斯人，我可能会觉得美国一直在搪塞我。"罗斯福写道。他命令科伊"在我的全权授权下采取强硬措施，让事情有所起色"。罗斯福最后直白地命令道："再加把劲儿！"

$$* \quad * \quad *$$

尽管罗斯福和丘吉尔急于让斯大林相信美英援助苏联的诚意，但这两位领导人敏锐地意识到维护他们二人之间关系的必要性。丘吉尔知道英国人民渴望看到美国尽早与英国并肩战斗的积极迹象。为了让美国尽早参战，丘吉尔继续努力影响美国舆论，知道不能仅指望罗斯福和他的团队。他必须采取灵巧的手段，避免让这种施压策略看上去过于突兀或直接。他必须巧妙地赢得美国民心。

在不列颠空战、德国空袭及美国就《租借法案》展开辩论之际，常驻伦敦或偶尔拜访伦敦进行新闻报道的美国记者常常是丘吉尔事业的最佳盟友。实践证明，这些记者不仅能提供对英国有利的报道，而且会公开为英国争取舆论。丘吉尔与英国政府十分乐于帮助他们，向他们提供了远优于正常媒体渠道的极大的便利与公共平台。

《科利尔周刊》的流动记者昆廷·雷诺兹是丘吉尔面前的红人之一。1941 年春，他有关法国沦陷及不列颠空战的《伤兵不要哭泣》（*The Wounded Don't Cry*）在英国非常畅销，而这种畅销有点出乎雷诺兹的意料。"我好奇的是厌倦了空袭的英国人，怎么会喜欢阅读那些既不新鲜又不愉快的经历。"雷诺兹回忆道。一位伦敦文学评论家告诉他说，他这本书的出版时机很好，因为这是第一本向英国读者提供他们所喜爱的有关战事的第一人称叙事的书。"此外，你让我们知道我们有多么勇敢，"该评论家指出，"来自美国人的称赞让我们觉得很受用。"[48]

信息大臣达夫·库珀向雷诺兹发出了一份不同寻常的邀请。根据雷诺兹的描述，英国广播公司每周日晚时长十五分钟的《九点新闻后记》（*Postscript to the Nine O'Clock News*）节目，通常会邀请丘吉尔或他的一名内阁大臣作为嘉宾，偶尔还会邀请"一位战斗英雄"。库珀邀请雷诺兹上 6 月 29 日的广播节目，分享他作为一名美国记者的观点。

雷诺兹准备用一封写给约瑟夫·戈培尔的公开信作为广播稿。他嘲弄了纳粹宣传部部长的主子，根据希特勒的父姓称呼他为"施克尔格鲁勃先生"（Mr. Schicklgruber）。"这一不幸姓氏的喜剧效果令我印象深刻。"雷诺兹回忆称。尽管英国广播公司的节目负责人对于在周日晚间使用"如此粗鲁"的语言表示不满，但这个美国人不为所动："我尽量利用了声音技巧，来制造一种检察官给杀人凶手做结案陈词的效果。"仿佛是想配合他的宣传，德军轰炸机在他进行广播时出现在了伦敦上空。

接下来的几天里，英国广播公司收到了数千封信，都对雷诺兹的表现称赞不已。"上帝保佑你们，美国人，"一个听众说，"你让整个大象城堡地铁站（Elephant and Castle Underground Station）都沸腾了。你干掉施克尔格鲁勃先生后，漫漫长夜似乎不再难熬。"丘吉尔也写信称赞他"令人钦佩"的广播讲话。"你的话让这座海岛上的很多人感到欢欣鼓舞。"丘吉尔指出。

雷诺兹一直想采访丘吉尔，此刻立即利用对方对自己的认可做足文章。通过在伦敦监管租借事务的艾夫里尔·哈里曼，他再次提出了采访的请求。这次英国方面邀请他于 7 月 25 日陪同丘吉尔和哈里曼观摩美制坦克的演习。在帕丁顿车站登车时，哈里曼向丘吉尔介绍了雷诺兹。"你就是《九点新闻后记》里的那个家伙呀，"丘吉尔说，打量了他一下，"你可真有一套，雷诺兹先生。"

到达举行演习的乡村目的地后，雷诺兹有了足够的时间来欣赏丘吉尔的风采。天气很闷热，但首相在与哈里曼谈论坦克的表现及向部队致意时显得神采飞扬。"不知为何，所有聆听他讲话的人都觉得丘吉尔是专程从伦敦来此看望自己的，"雷诺兹写道，"每个军官和列兵都感受到了他的魅力，这种魅力很有感染力。"坐火车回到伦敦后，丘吉尔邀请雷诺兹第二天来契克斯庄园和自己共进午餐。"我有一位美国客人，我肯定他需要你的帮助。"丘吉尔说。

这位美国客人就是哈里·霍普金斯。雷诺兹这个周末都待在契克斯庄园，此时恰逢霍普金斯向罗斯福提出派自己去莫斯科。丘吉尔让雷诺兹帮霍普金斯准备一份电台讲话稿，向英国公众解释美国援助物资之所以晚到，是因为需要更换工厂设备以生产更多的装备，而非因为华盛顿在对英援助上有所动摇。雷诺兹毫不犹豫，立刻与霍普金斯一起润色他的讲话稿。

雷诺兹对丘吉尔和他一直希望了解的丘吉尔的手下，有了进一步的认识，并且了解了丘吉尔的妻子克莱门汀所扮演的角色。她非常关心霍普金斯的身体。"我敢肯定除了罗斯福夫人的关爱外，哈里这辈子都没得到过这种母亲般的精心照顾。"雷诺兹指出。[49]家宴快结束时，克莱门汀提醒丈夫别喝太多酒。

"别忘了，克莱米（克莱门汀的昵称），我欠酒多，酒欠我少。"丘吉尔回答道。雷诺兹注意到了他语气中的浓浓爱意。

丘吉尔在公开与私下场合都表现得善于言辞、富有魅力，让雷诺兹印象深刻。"我发现，很多伟大的公众人物似乎在非正式的场合中，就不那么形象高大了，"雷诺兹写道，"但丘吉尔不是这样的人。他的力量与自信无处不在，甚至在谈论微不足道的琐事时也是如此。"

丘吉尔当然明白，他在演戏给霍普金斯、哈里曼和雷诺兹这些美国客人看。"啊，希特勒这个家伙！"他告诉雷诺兹，"想想他犯下的罪行！战争结束后，必须要惩罚这个人。如果盟友们同意，我赞成审判并且处死他。"如果赢的是希特勒，丘吉尔继续说，"我肯定他会枪毙我"。接着他狡黠地说："我不喜欢被枪毙，但我不会说我的正义感受到了刺激。"

丘吉尔的欲言又止令雷诺兹更加印象深刻。"值得注意的是，和三个美国人坐在一起时，丘吉尔并未直接提及美国参战的可能性。"雷诺兹指出。相反，丘吉尔宣称："前路漫漫，但在大洋对岸伟大朋友的帮助下，我们能够到达胜利的彼岸。"至于美国最终将以何种形式提供帮助的问题，他把它留给了美国客人。

* * *

同样是在这个周末，多萝西·汤普森也去契克斯庄园拜访了丘吉尔。她热情澎湃的亲英联合专栏报道，已经出现在大约两百家美国报纸上。[50]这位罗斯福讲话稿撰写人舍伍德眼中的"不屈不挠的自由斗士"[51]此次前来英国，是要进行为期一个月的短暂访问。她走访了英国各地，见到了伊丽莎白王后（国王乔治六世的妻子及伊丽莎白二世的母亲）、普通英国士兵和公民，以及身在伦敦的各流亡政府的代表。她继续撰写大量专栏报道，并在英国广播公司发表了大受欢迎的讲话。

定期刊载汤普森专栏文章的伦敦报纸《星期日纪事报》（*Sunday Chronicle*）编辑 J. W. 德劳贝尔（J. W. Drawbell）发挥了作为东道主与汤普森的经理人的作用，保证她享有准贵族的待遇。他在萨伏依酒店给她订了三间套房，来自舰队街（Fleet Street）的助手和秘书团队要处理大量晚餐、午餐以及演讲活动的邀请，并做好她日常行程的复杂后勤保障工作。在汤普森访英期间几乎一直陪伴她左右的德劳贝尔后来承认："她走之后，我感到如释重负。"[52]

对汤普森的热烈追捧很好理解。她坚定地支持《租借法案》，谴责孤立主义者，被视作处境艰难的英国人民的拥护者。她不仅是知名记者，还代表了英国人对美国抱有的希望。在此次访英期间，她于英国广播公司做了广播讲话，讲了听众们想要听到的东西，让他们再次看到了希望。汤普森赞扬了英国人在敦刻尔克大撤退后拒绝屈从于德国强权的"伟大英国精神"，宣称：

"如果你们在那个黑暗时刻放弃的话，我们也会放弃，所有人都会放弃。我们将不得不苟且偷生，或畏缩不前。这个世界上的人将自暴自弃……你们英国人让更多的人不再恐惧。这是你们为世界带来的第一缕解放的曙光。"

在普利茅斯，汤普森来到五月花阶梯及纪念碑（纪念的是为了宗教自由而从此处启程前往新大陆的清教徒）前。她将英国誉为当代的自由堡垒，因为它吸引了那些希望将自己的祖国从德国人的统治下解放出来的人。"驶来英国的船只不仅带来了枪和食物，还带来了丹麦人、波兰人、挪威人和捷克人这些'今日清教徒'的先驱，他们将在这里为那些可能要经过漫长岁月才能获得解放的国家而战斗。"汤普森宣告。

她还通过英国广播公司直接对德国人民喊话。汤普森用她20世纪20年代在柏林生活时学会的德语说："我了解德国，而且我爱德国、相信德国。我厌恶这场疯狂的战争。但我对于这场战争并不持中立态度，我希望英国获胜……我憎恨纳粹政权，将与其斗争，因为我相信如果任其肆虐的话，它将摧毁欧洲和德国，摧毁整个西方文明。"汤普森声称，她有关希特勒野心的所有严重警告都被证明是正确的。"我只在一件事上看走了眼，"她说，"我本以为希特勒此时不会进攻苏联。我觉得他没有这么蠢。"战局的最新进展"将不可避免地让美国主动而非被动地介入战争"。

这意味着"德国人不可能赢得这场战争"，汤普森总结道，因为"最大的能源、资源和智力储备，以及这个星球上四分之三的人口都反对你们"。

汤普森会见丘吉尔时，丘吉尔并未像她那样直言希望美国直接介入战争，但他的言辞比面对霍普金斯、哈里曼及雷诺兹时更进一步。"尘埃落定后，还有很多事情要做，"丘吉尔沉吟道，"是一个美妙的世界，还是一片废墟和一座大监狱，这取决于你们是否伸出援手。只有靠美国人我们才能赢得胜利。你了解这一点，不是吗？我们孤掌难鸣。这一点很清楚，不是吗？"[53]

汤普森回国后，德劳贝尔为了吹捧她，为英国读者写了一本《多萝西·汤普森的英国之行》（*Dorothy Thompson's English Journey*）。德劳贝尔希望该书也能在美国出版，但遭到了汤普森的拒绝。汤普森担心此书会被她的反对者视作她是英国间谍的证据。[54]当然，她根本不是什么英国间谍。不过，和此前哥伦比亚广播公司的默罗一样，她也扮演了一种双重角色，在英国实际上代表了美国，在美国又代表了英国。

* * *

8月1日，霍普金斯离开莫斯科，回到阿尔汉格尔斯克，皇家空军的卡塔琳娜水上飞机在这里等着接他返回苏格兰。由于天气恶劣，机长建议推迟起飞，但霍普金斯坚持即刻出发。"无论遇到何种情况，在经历了过去几天的艰辛后，什么都算不上难事了。"他说。他如此着急的真正原因是，他要按计划马上赶去"威尔士亲王"号（*Prince of Wales*）战列舰与丘吉尔会合，两人将一道横跨大西洋前往纽芬兰（Newfoundland）沿岸，在那里丘吉尔将同罗斯福进行秘密会谈。

由于逆风，返程花了二十四个小时，一点也不轻松。霍普金斯还不小心把自己的药包落在了莫斯科。在斯卡帕湾（Scapa Flow）的海上航道降落时，飞机在海浪冲击下变得十分颠簸，霍普金斯在一个水兵的帮助下才跳上了前来接他的汽艇。一登上"威尔士亲王"号，他就接受了医疗护理并睡了一觉。[55]战列舰启程后，丘吉尔给罗斯福发了一封电报："从苏联回来的霍普金斯被折腾得够呛，但现在状态不错。我们将在途中帮他恢复健康。"[56]

霍普金斯恢复得不错，为丘吉尔介绍了他与斯大林会面的情况，并开始为向罗斯福报告做准备。霍普金斯与丘吉尔还会偶尔放松一下，玩玩双陆棋。霍普金斯后来写道："丘吉尔玩得很认真，经常会双倍或四倍加注。"首相因即将与罗斯福会面而非常激动。"你会觉得温斯顿正被带往天堂去面见上帝！"

霍普金斯后来回忆道。[57]丘吉尔深信是罗斯福的领导确保了美国对英国的支持。

罗斯福同样为纽芬兰之行而感到兴奋，尤其享受这件事的隐秘性。官方公开宣称罗斯福将乘总统游艇"波托马克"号（USS *Potomac*）开展为期十天的垂钓之旅，好好度个假。[58]但实际上，他在康涅狄格州（Connecticut）的新伦敦（New London）登上了美国巡洋舰"奥古斯塔"号（*Augusta*），承认"对于能忙里偷闲，特别是能避开美国媒体，感到兴奋"。8月9日在欢迎登上"奥古斯塔"号的丘吉尔时，罗斯福高兴地告诉对方："我们终于见面了。"

在为期三天的海上会晤中，两位领导人和他们的高层官员评估了欧洲和远东的局势，重点讨论了日本的威胁，并草拟了被称为《大西洋宪章》（The Atlantic Charter）的文件。他们还谈论了如何处理对苏关系。但这次会议不仅有着重要的实质性意义，也有着重要的象征意义。当罗斯福登上"威尔士亲王"号拜访丘吉尔，参加周日早间的礼拜活动时，两人都被眼前的景象感动了。"挤在一起的一排排英美水兵完全打成一片，看着同样的书，兴高采烈地念着唱着大家都熟知的祷告词与圣歌，"丘吉尔回忆道，"这是一个伟大的时刻。唱歌的人中，几乎有一半很快就要牺牲。"

两位领导人起草的《大西洋宪章》保留了很大的模糊性，罗斯福回国透露消息时，坚称他没有做出美国会参战的承诺。对于美国是否"离参战更近"的问题，罗斯福的答复是"没有！"，尽管他又补充说，美国人仍未认识到"他们要打赢一场战争的事实"。他仍在支持英国与直接军事介入之间艰难地"走钢丝"。

丘吉尔对此非常理解。《大西洋宪章》中包含了"在纳粹暴政被最后消灭之后"的表述，对此，丘吉尔指出，"正常情况下这需要采取战争行为"。[59]丘吉尔推断称：现在还不属于正常情况，因为不发生其他剧变的话，罗斯福就无法为宣战赢得足够的支持。实际上，英美领导人峰会结束当天，美国众议院仅以一票的优势通过了延长和平时期征兵法案的提议，这表明孤立主义心态仍很有市场。但罗斯福认为《大西洋宪章》中的一系列普遍原则为他在未来合适的时机宣战，提供了充足的理由。

这些原则类似于伍德罗·威尔逊（Woodrow Wilson）总统在一战进入尾声时的一次演说中提出的"十四点原则"（Fourteen Points），同样着眼于战后世界的宏伟规划。丘吉尔和罗斯福承诺，英美两国不寻求"领土或其他方面的扩张"，不应存在"任何与有关民族自由表达的意志不相符的领土变更"。一旦摧毁纳粹暴政，所有民族都应该能自由"选择他们愿意生活于其下的政府形式"。[60]

斯大林有别的想法。苏联此前通过现已失效的苏德协议取得了领土和政治方面的好处（特别是对波兰东部和波罗的海国家的吞并），斯大林正努力让相关国家接受这个事实。但听取了霍普金斯关于与苏联领导人会谈情况的汇报后，丘吉尔与罗斯福决定当务之急是回应斯大林的援助请求。

8月12日峰会结束后，两人向斯大林发出一份联合声明。"我们将团结一致，最大限度地向你们提供最急需的物资，"他们向斯大林保证，"大量物资已经驶离了我们的海岸，更多的物资很快就会被运出。"[61]但他们不希望斯大林抱有过高期望，指出英美还要将资源投入其他战场。两人还提议派一个高级别英美代表团去莫斯科就对苏援助一事拟定行动计划。

丘吉尔已经意识到与新的盟友苏联合作的困难性，但到目前为止，他和罗斯福相信他们很好地解决了问题。更重要的是，丘吉尔回到英国时，深信自己与罗斯福构建了更紧密关系。正如他在英国广播公司的节目中所说，他感到"精神振奋、决心坚定"。[62]

不过，罗斯福此后否认峰会让美国离参战更近，这让丘吉尔的情绪一下子就低落了。在 8 月 29 日写给霍普金斯的一封信中，他指出罗斯福的消极表态在英国引发了"沮丧情绪"。他还说："如果 1942 年以苏联战败、英国再次孤军奋战的情况开局，那么各种危险将接踵而至。"[63]

丘吉尔的悲观看法不无道理。

第七章 "两场战争"

　　和 6 月 22 日越过边境进入苏联领土的很多德国侵略者一样，曾任德国驻莫斯科外交官的汉斯·冯·赫尔瓦特对军队刚进入苏联村镇便得到当地一些居民"友好欢迎"感到不知所措。官员望风而逃，而大多数其他居民并没有执行莫斯科驱散牲畜、毁坏庄稼和谷物的命令。

　　这样的表态表明，苏联村民和市民对侵略者及他们所代表的制度有多么无知。"在很多人看来，希特勒是拯救可怜的乌克兰人和俄罗斯人，给他们带来更光明的前景的救世主。"赫尔瓦特写道。他们并不热衷于纳粹的意识形态，实际上他们对此一无所知；他们把德国人的到来视作自己从斯大林的统治下获得解放的一个良机。此前的强制集体化、饥荒、大规模处决及流放让他们饱受苦难。一些居民把当地官员的名单交给侵略者，"希望德军对他们采取行动"，赫尔瓦特指出。农民们不耐烦地询问德国人打算如何处置那些令人憎恶的集体农庄。"甚至连最卑微的农民也指望着要回自己的财物，或者能分到一头奶牛。"赫尔瓦特说。

　　"巴巴罗萨行动"初期红军士兵的大批投降及大量苏联民众对侵略者的欢迎（或至少没积极反对），给希特勒提供了一个非比寻常的机会。如果德军能够给予战俘和公民最起码的尊重和善意，哪怕只是在短期内装装样子，他们也能将这一大好局面化为己用。不过，正如赫尔瓦特在战后回忆录里愤愤指出的那样，侵略者马上采取了"镇压与犯罪手段"。结果是："希特勒及其党羽成功让大量苏联民众重回斯大林怀抱。"[1]

实际上，是希特勒给了斯大林喘息的机会，让红军从德军初期的猛攻中缓过劲来，并重新鼓舞了民众的精神。为了维护其统治，希特勒采取的恐怖与大屠杀政策令人发指，即便德军仍频频奏凯，希特勒也已为德国的失败埋下了伏笔。斯大林对这样的厚礼求之不得。

＊　　＊　　＊

苏德战场的战况十分惨烈。战争爆发时，叶夫根尼娅·默丽丝（Yevgeniya Merlis）还是哈尔科夫一家医院的实习护士，当时仅有 18 岁。她回忆起拼命拯救受伤或奄奄一息的红军战士，或是至少减轻他们痛苦的难忘经历。"很难描述这种场面有多么可怕，"她在 2017 年仍心有余悸地说，"每个床位都传来惨烈的尖叫声。"止痛药根本不够；敌机空袭时，也没有足够多的担架将所有伤者抬到防空洞里。"你一走进病房，伤员们就会喊：'护士，救我！护士，救我！'"默丽丝描述道。她和其他医护人员常常无能为力，根本帮不了他们。[2]

令人震惊的是，由于对德军的入侵准备不足及物资的长期短缺，默丽丝所在医院的这种医疗条件是普遍现象。当然，奋战在其他战场上的医护人员也讲述了类似的心寒经历。但即便是就德军战争初期的狂攻而言，苏联军民的惨重死伤还是远超他国。

这种情况绝非偶然。这是希特勒追求一场针对"劣等民族"的灭绝性战争，并据此制订战前计划的必然结果。所有正常的交战规则都不适用于所谓的"劣等民族"。德国国防军最高统帅部（Armed Forces High Command）7 月 23 日颁布的一项指令规定，"'不应通过对犯人的司法处罚'来应对东方占领区的抵抗行为，而是要采取恐怖手段使民众丧失'所有的抵抗意愿'"。[3] 面对早期的游击队活动，德国军方高层指示士兵们，只要有一个德国人被杀，就处决 50 ~ 100 个苏联公民。[4]

但正是处决红军部队中所有政委（无论其是否投降）的"政委令"，最生动地表明了希特勒实际上是在帮助斯大林的事业。这使得红军政委不惜一切代价地让手下的士兵重新振作，因为他们很快意识到，战败就意味着被立即枪毙。战后，陆军元帅冯·曼施坦因也承认了这点。"'政委令'促使红军政委采取了最极端的手段，让苏军战斗到最后一人。"他写道。[5]

实际上，甚至在准备开展"巴巴罗萨行动"之际，一些希特勒的坚定支持者就意识到了这一政策的危险性。陆军总司令冯·布劳希奇就建议"不要大张旗鼓地"[6] 处决政治委员。他提出这样的建议并不是因为感到羞愧，而是出于政治和军事考虑。

但当德军开始遭遇不顾敌我力量悬殊、英勇反击的苏联士兵时，德军将领刻意避免承认这既与苏联守军真正的爱国精神有关，也与他们自己的屠杀行为有关。"俄罗斯人拒不投降的主要原因是，这些拥有一半亚洲血统的愚人完全相信政治委员给他们灌输的一旦被抓就会被枪毙的宣传。"一项发给德军第 4 军的指令指出。

在准备侵略的过程中，德国国防军为即将执行"政委令"的士兵们做了思想鼓动工作，向他们分发了充斥反犹思想的诋毁政治委员的宣传册。"如果我们把这些犹太人称作野兽的话，那简直是在侮辱动物，"一本宣传册写道，"他们代表着对高贵人性的罪恶而疯狂的仇恨。"[7]

从一开始，多数德国侵略者就认识到"政委令"和所有关于"劣等民族"的纳粹宣传绝非戏言。希特勒告诫将领们，不要幻想打一场文明的战争。德军士兵肆意杀戮抢劫，经常在写给家人的信中吹嘘这种事。"有件事我可以向你保证：在我挨饿前，我会看到十个俄罗斯人咽气。"埃里希·派特肖恩（Erich Petschan）如此写道，证明德国确实对苏联实施了"饥饿计划"。另一个名叫赫尔穆特·帕布斯特（Helmut Pabst）的士兵冷漠地指出："不管他们愿不愿意，苏联的粮食养活了我们。"

尽管指挥官多数时候成功鼓舞了士气，但偶尔还是会遭到反对，有时是出其不意的反对。一份党卫军报告警告称："部队的恣意妄为……零星的强奸案，以及军队对待普通平民的方式，即像对待敌人般，已经挫伤了苏联民众对德国人抱有的积极态度。"但普通平民被视同于敌军的做法恰恰是德军有意为之。[8]

一些德军将领在战争初期也对对待红军的方式提出了质疑。6月25日，第47装甲军司令约阿希姆·莱梅森（Joachim Lemelsen）将军谴责了"对战俘和平民的肆意枪杀"。五天后，他抱怨说，"仍存在着枪杀战俘和苏联逃兵的行为，这是一种完全不负责任的、愚蠢的罪行。这简直就是杀戮"。莱梅森还说："德军打仗是为了消灭布尔什维主义，并非针对苏联人民。"

但在当时，上述想法已经不切实际了，莱梅森很快认识到他所持保留态度的严重局限性。他对把所有政治委员和游击队员"拉出去枪毙"的命令表示支持。他认为，为了把苏联人民从"犹太犯罪集团的压迫中"解放出来，这类措施是必要的。[9]

还有一些指挥官，比如第 102 步兵师师长约翰·安萨特（John Ansat）将军，反对用他的部队去执行"政委令"。他宣称，他的士兵"不是刽子手的帮凶"，但他愿意将被抓获的政治委员交给"其他部队"，且显然清楚地知道他们难逃厄运。这样做就能让安萨特说他的部队没有直接参与处决行动；虽然他的士兵一旦调到其他部队，就一样会成为刽子手的帮凶。[10]

*　　*　　*

并非只有红军政委有理由害怕落到德国人手中。被侵略者打败后迅速投降的大批苏军士兵的命运，证明了普通士兵同样无法指望得到宽大处理。德国报纸刊登了战俘的照片，嘲笑他们"具有亚洲特点的蒙古人模样"，以及他们的"素质低下"。换句话说，"事实"证明他们确实是纳粹所宣传的"劣等民族"。[11]

秉持着这种态度，德国国防军自然不把战俘的生命当回事。很多时候，德国士兵会直接将他们杀害。"当前，我们几乎腾不出时间和人手来收容俘虏。"陆军元帅冯·曼施坦因在战争初期写道。他故意没有直言德军是如何处置俘虏的，但这根本不是什么秘密。在一封写给家人的信中，一个德国士兵承认，他枪杀的第一个俄罗斯人是一个刚刚投降的士兵。"从那以后，我杀了好几百人，"他写道，"我感到难以自拔。从那以后，我只收容了一个俘虏，还是一个日耳曼人。"[12]

但战争开始后的几个月里，红军战俘太多，德国人不得不为此建立一系列的战俘集中营。到1941年时，在苏联境内共有81座这样的集中营。德国历史学家克里斯丁·哈特曼指出，看管战俘本应该是"一支正规军的日常工作"，但"巴巴罗萨行动"中的战俘管理工作"几乎都是一种敷衍了事"。[13]很多战俘集中营不过是配有防空洞和营房的一片空地，战俘们挤在一起，生存条件极为恶劣。希特勒和其他纳粹领导人强调，可以让俄罗斯人挨饿，因此苏联战俘首当其冲忍饥挨饿也就不足为奇了。正如一句在德军中非常流行的话所说，"为了我们的生存，俄罗斯人必须去死"。[14]

一份讲述集中营恶劣条件的德国报告指出，送水人的到来在又渴又饿的战俘中引发了混乱。"总是会爆发一场激烈的争吵，最终只能靠开枪平息。用不间断的开枪射击来镇压饥饿引发的暴动，这是一种日常。"去一座战俘营挑选劳工的德军士兵汉斯·贝克尔（Hans Becker），描述了他走进一间牢房时看到的可怕场景："一群步伐不稳的人在黑暗中蹒跚前行，嘴里嘟囔着，互相撕咬与撕扯着。"他们正在攻击一个狱友，"挖出他的双眼，扭断他的胳膊，用指甲撕扯着他身上的肉"，要把他大卸八块。贝克尔厉声喝止，但囚犯们没有理睬他，他也没有开枪。"凶手们已经把肉塞进了嘴里。"贝克尔写道。[15]

在整个苏德战场，对战俘骇人听闻的处置比比皆是。前德国外交官赫尔瓦特回忆起看到成群结队的战俘"手挽手前进，但脚步如同醉汉一般跟跟跄跄"。第二天早上，一个战友告诉他，很多战俘的尸体就在附近。他一下子便意识到了事情的真相。"他们显然好几天没有吃饭，他们的'醉态'纯粹是疲劳导致的。"赫尔瓦特写道。[16]

在其著作《巴巴罗萨行动》（*Operation Barbarossa*）中，历史学家哈特曼将对苏联战俘的迫害称作"德国国防军所犯下的最大罪行"。[17]虽然德国正规军在特别行动队、党卫军和其他人实施的大规模屠杀犹太人的行动中，也发挥了很大作用，但他们直接负责的是管理战俘。遇难者总数充分证明了哈特曼论断的正确性。1941 年，330 万苏军士兵沦为战俘；到 1942 年 2 月时，大约有 200 万人遇害。[18]

除了明显的道德问题外，上述统计数字也表明了希特勒政策的弄巧成拙。随着德军残害战俘的消息传播开来，红军士兵的战斗意志越发坚定。那些成功越狱的人常常渴望加入新的游击队。最终，大量年富力强的红军战俘的死亡，意味着他们无法作为奴隶劳工去弥补第三帝国日益严重的劳动力短缺。

从 1942 年开始，德国人开始更多地利用战俘充当劳动力，而且在某些情况下，战俘的待遇得到了改善，能维持最基本的生存。不过，到战争结束时，570 万苏联战俘中，仍有大约 300 万人死亡。[19]对很多苏军士兵来说，被德国人囚禁仍意味着必死无疑。

*　　*　　*

一些苏联战俘在奥斯维辛集中营度过了生命中的最后时光。这一德占波兰地区的集中营会在不久后成为臭名昭著的犹太人大屠杀实施地。奥斯维辛集中营最早是小城奥斯维辛（Oswiecim，即德语中的 Auschwitz）附近的一座军营，早期被德国人用来关押波兰政治犯。[20]1940 年 6 月，集中营主营地接收了首批囚犯，共 728 人，其中很多人是波兰抵抗组织的成员。由于大规模驱逐犹太人的运动尚未开始，营中当时关押的囚犯大多是天主教徒。关押在奥斯维辛集中营的波兰囚犯共有15万人，其中有约75000人死于狱中。对于人数更少的苏联战俘来说，死亡率还要高得多。

德军抓获大量红军士兵后，党卫军头目海因里希·希姆莱主动承担了管理10万战俘之责，打算将其中的大多数人调遣至奥斯维辛充当奴隶劳工。从1941年9月开始，大约15000个苏军战俘被送往奥斯维辛。他们立刻被送到离奥斯维辛原址两英里的比尔克瑙（Birkenau），开始在那里修建第二座大型营房。

就连饱受磨难的波兰囚犯都对苏联战俘的待遇感到震惊。"他们获得的待遇比其他所有囚犯都差。" 在医务室照顾战俘的护士、波兰人米奇斯瓦夫·扎瓦兹基（Mieczyslaw Zawadzki）指出。苏联战俘们只能吃到萝卜及很少量的定额面包，饱受饥饿、暴晒和毒打的摧残。"他们饿极了，以至于会去停尸房切下尸体的臀部，吃上面的肉，"扎瓦兹基说，"后来我们锁上停尸房，他们就进不去了。"

作为奥斯维辛首批苏联战俘中难得的幸存者，尼古拉·皮萨列夫（Nikolai Pisarev）对集中营有类似的回忆：死在床位上的囚犯早上被人发现臀部已经被切掉了。一个囚犯溜进厨房偷吃食物时，被德国人逮了个正着。"德国人把他放进一口大锅里活活煮死。" 皮萨列夫慢慢说，"我看到……德国人强迫囚犯吃自己的粪便。党卫军会在夜间冲进营房，逼迫我们裸着身体列队站好。如果谁的生殖器较大，德国人就让那个人用手握住它，然后德国人会用短马鞭抽打他的生殖器。"

皮萨列夫是次年不算成功的大规模越狱行动的少数幸存者

之一，在同情苏联战俘遭遇的波兰人的帮助下，他后来作为波兰奴隶劳工队伍中的一员，成功逃出了奥斯维辛。但奥斯维辛的其他苏联战俘几乎都在数周或数月内死去。帕维尔·斯坦金（Pavel Stenkin）是另一个幸存者，他估计苏联战俘的平均存活时间是两周。"到处都是死亡，死亡，死亡，"他回忆道，"夜里有人死去，早上有人死去，下午有人死去。死亡无时不在发生。"[21]

根据奥斯维辛集中营指挥官鲁道夫·霍斯（Rudolf Höss）的供述，一些战俘是由行刑队处决的。但大约600个新囚犯被驱赶到一间毒气室，被齐克隆B这种最初用于灭杀老鼠与昆虫的高毒性杀虫剂杀死。[22]霍斯戴着防毒面具观看了行刑过程。战后，他向波兰当局供述了自己的经历，然后于1947年被处以绞刑。他回忆了囚犯们闻到毒气后如何很快就死去了。"一阵短促、低闷的哭喊声后，一切都结束了"，他写道，并指出他对这种新的行刑手段感到满意——"我本以为中毒致死应该比实际情况更悲惨一些"。[23]但其他看守和囚犯的证词与他对行刑过程避重就轻的描述出入很大，整个过程实际上并没有他所说的那样迅速。

战俘在占地极广的比尔克瑙集中营修建的营房以尽可能多地容纳囚犯为设计目标。最初的计划是每间营房安置550个囚犯，但党卫军管理者将这个数字增加至744人。[24]增加人数所出于的考虑是安置更多苏联战俘。但由于战俘在新占领的苏联领土上很快就死了，其人数从未达到希姆莱最初设想的规模。结果，比尔克瑙很快被挪作他用。

霍斯解释说，希特勒以及他的得力手下希姆莱和阿道夫·艾希曼（Adolf Eichmann），决心利用比尔克瑙来兑现消灭犹太人的承诺，且这种决心越发坚定。谈到对苏联战俘使用齐克隆B时，霍斯写道："我甚至必须承认这种毒气让我感到踏实，因为很快就要大规模处决犹太人了，当时艾希曼和我本来都不确定要怎样实施如此大规模的杀戮。"

* * *

苏联战俘的命运及注定要死在奥斯维辛和其他死亡集中营里的犹太人的命运的交集，表明1941年对种族灭绝狂潮来说是多么的重要。美国大屠杀纪念馆（US Holocaust Memorial Museum）的历史学家丽贝卡·埃贝尔丁（Rebecca Erbelding）指出，"纳粹德国同时在进行两场战争：对反法西斯同盟国的军事战争和对犹太人的种族灭绝战争"。埃贝尔丁说，第一场战争开始于德国入侵波兰的1939年，而"第二场战争发端于1941年，从这一年起，长达十年的种族与宗教迫害升级成了消灭无辜纳粹之敌的计划"。[25]按犹太复国运动领袖、以色列首任总统哈伊姆·魏茨曼（Chaim Weizmann）的话说，"犹太人的灾难与世界的灾难融为一体，并受到世界灾难的影响"。[26]

德国入侵苏联加快了这两种灾难的融合。由于希特勒屡屡将纳粹德国的敌人定义为"犹太布尔什维主义"，因此所有对犹太人的杀戮都可以解释成是为了消灭这类敌人。9月12日，陆军元帅威廉·凯特尔要求"对作为布尔什维主义主要推动者的犹太人，采取残酷、积极、极端的措施"。[27]随着敌后游击活动的增多，德国侵略者将所有抵抗者都视作犹太人，无论他们究竟属于何种民族。德国人称："有犹太人的地方，就有游击队员；有游击队员的地方，就有犹太人。"

从很多德军士兵写给家人的信中可以看出，他们很快就接

1940 年 6 月 28 日，为了庆祝战胜法国，希特勒视察了巴黎。此刻，第三帝国处于辉煌的顶点，德军似乎不可阻挡。希特勒很欣赏巴黎的美丽，但他告诉自己最喜爱的设计师阿尔伯特·施佩尔（左），"柏林必须变得更美"，成为象征纳粹治下的世界新秩序的第三帝国名副其实的首都。（Public domain，Wiki commons）

上图：1941年4月22日，温斯顿·丘吉尔首相视察受到德军轰炸的布里斯托尔，美国大使约翰·温奈特站在他身旁。与前任美国大使约瑟夫·肯尼迪不同，温奈特坚定地支持英国。（©TPG）

下图：战争期间，伦敦是多个被纳粹占领的欧洲国家的流亡政府所在地，其中很多国家的军队来到了英国，在此重整旗鼓。图中，波兰总理瓦迪斯瓦夫·西科尔斯基正和丘吉尔一起视察波兰部队。（Public domain, Wiki commons）

上图：丘吉尔欢迎富兰克林·罗斯福第三次当选总统（图中为罗斯福夫妇在 1941 年 月 20 日的就职典礼上）。但英国首相特意提醒罗斯福说，英国"不知道美国打算 采取何种行动，我们在为自己的生存而战"。（National Archives and Records Administration, ublic domain, Wiki commons）

下图：1939 年 8 月 23 日，在斯大林的注视下，苏联外交人民委员维亚切斯拉夫·莫 洛托夫（坐立者）和德国外长约阿希姆·冯·里宾特洛甫（莫洛托夫身后站立者）签 署了《苏德互不侵犯条约》。（NARA, Public domain, Wiki commons）

1941 年年初，希特勒和他的高级将领（威廉·凯特尔、瓦尔特·冯·布劳希奇和弗兰茨·哈尔德）已经着手准备入侵苏联，尽管"巴巴罗萨计划"要直到 6 月 22 日才真正开始实施。（German Federal Archive, Public domain, Wiki commons）

在东京活动的苏联传奇间谍佐尔格曾屡屡提醒克里姆林宫注意迫在眉睫的德国入侵，斯大林却对他的警告不屑一顾。后来，佐尔格证实了日本决定不顾德国的请求，放弃进攻苏联。这一情报让原本驻扎于远东的苏军在莫斯科保卫战中发挥了关键作用。（German Federal Archive, Public domain, Wiki commons）

罗斯福援助英国的政策，遭到了著名飞行员查尔斯·林德伯格的激烈反对。图中为1941年4月23日，林德伯格在纽约的"美国优先"孤立主义运动的一次集会上发表演讲。林德伯格认为，美国甚至不应阻止希特勒的军队征服英国。（Courtesy of Charles Lindbergh.com）

Deutscher Untersee-Kreuzer.

德国的 U 型潜艇攻击并击沉了很多向英国运送物资的船只。然而，当其开始袭击美国船只时，罗斯福抵抗纳粹侵略的决心反而增强了，孤立主义运动被削弱了。（©TPG）

哥伦比亚广播公司的爱德华·默罗（上图）的广播节目《这里是伦敦》拥有大量拥趸，英国遭受德军空袭后，该节目在美国国内为英国赢得了广泛支持。名记者多萝西·汤普森（下图）也是如此。她为《租借法案》的通过进行了大力游说，还在 1941 年夏访问了英国，表明她支持所有反抗希特勒的人。（Public domain,Wiki commons）

尽管收到了各种警告，斯大林在德军于 1941 年 6 月 22 日实施入侵苏联的"巴巴罗萨计划"时，还是震惊不已。起初，侵略者仅遇到了微弱的抵抗。在一些乌克兰村庄，德军甚至受到了欢迎。（Public domain,Wiki commons）

海因茨·古德里安将军的装甲部队在不到一个月的时间里，向东推进到了斯摩棱斯克。但古德里安认为，希特勒坚持接下来夺取基辅的决定是一个致命的错误，因为这导致德军无法在冬季来临前攻下莫斯科。苏联的秋雨和泥泞，以及接下来初冬的寒冷，很快就会令德军苦不堪言。

上图：斯大林命令格奥尔吉·朱可夫将军保卫莫斯科，还交给他其他一些重要任务。朱可夫在战场上会坚决处决任何想要撤退的人。（Public domain, Wiki commons - Mil.ru）

下图：由于准备不足且常常没有武器，数十万苏军在德军入侵初期选择了投降。然而，关押条件极端恶劣，这导致很多苏联战俘很快就死去了。（Flickr - Nationaal Archief）

德军入侵苏联期间，大屠杀的第一阶段（"子弹浩劫"）也同步展开。特别行动队与特别杀戮小队对新占领领土上的居民进行了大规模处决，系统地枪杀了犹太人、吉卜赛人和其他"敌人"。（Public domain, Wiki commons）

上图：苏联战俘被叫去扩建奥斯维辛集中营，他们修建的比尔克瑙集中营很快成了实施"毒气浩劫"的主要场所。此处和其他集中营的毒气室，让纳粹可利用工业化手段进行大屠杀。（Public domain, Wiki commons - Astrofuzzi）

下图：1941年8月，丘吉尔和罗斯福在纽芬兰海岸进行了会晤，在《大西洋宪章》中最终敲定了一系列共同原则。图中，两人登上了英国战列舰"威尔士亲王"号，与英美水兵一起参加了一次周日早间的宗教活动。"这是一个伟大的时刻，"丘吉尔回忆称，"唱歌的人中，几乎有一半很快就要牺牲。"（Public domain, Wiki commons）

上图：1941 年 8 月，丘吉尔和苏联大使伊万·麦斯基在苏联驻伦敦使馆共进午餐。经验丰富的苏联大使代表斯大林提出的强硬要求，经常让丘吉尔感到恼火。（Public domain, Wiki commons）

下图：莫斯科附近精疲力竭的德国士兵向冬季装备齐全的红军士兵投降，希特勒本打算在严寒来临前迅速取胜，但这成了一次严重的误判。（©TPG）

上图：在 1941 年 12 月 7 日的珍珠港事件中，"亚利桑那"号战列舰被击沉。在跨洋通话中，罗斯福告诉丘吉尔："我们现在在同一条船上了。"丘吉尔回答道，日本人的突袭"让事情变得简单了，愿上帝与你们同在"。（Public domain, Wiki commons）

下图：珍珠港事件的第二天，罗斯福要求国会批准对日宣战，他在签署宣战书时戴了一个黑臂章。不过，至少在官方层面，美国尚未与德国处于交战状态。（Public domain, Wiki commons）

上图：希特勒深信战争的再次扩大将对德国有利。1941 年 12 月 11 日，他在国会发表讲话，正式对美宣战，打消了所有人的疑虑。他声称自己"抱有坚定不移的决心，且一旦开战，就要取得最终的胜利"。(German Federal Archive, Public domain, Wiki commons)

下图：1941 年 12 月 26 日，丘吉尔在美国国会联席会议上发表讲话。他警告称，英国和美国仍面临着漫长、艰巨的战争。但他坚信，他们最终将赢得胜利。1941 年的战局已经让希特勒的第三帝国以及日本踏上了一条不归路。(©TPG)

受了上级的宣传。"和被犹太人煽动的狂热的劣等民族作战，不仅是必要的，而且来得正是时候，"列兵卡尔·富克斯（Karl Fuchs）在 8 月 4 日的信中写道，"我们的元首把欧洲从混乱中拯救了出来。"[28]

德军一进入苏联领土，就开始屠杀犹太人。被称作特别行动队的党卫军机动部队，由经验丰富的冷血老兵（很多人在德占波兰执行过杀害知识分子、神职人员及犹太人的任务）和随正规军一起进入苏联的秘密警察组成。秩序警察第 309 大队（Order Police Battalion 309）于 6 月下旬进入比亚韦斯托克城，一进城就立刻枪杀、殴打当地的犹太人，还强迫很多人在集市和犹太教堂集合。一群绝望的犹太人领袖来到负责当地治安的安全部队总部请求帮助，但负责人置之不理，一个警察还冲着他们小便。[29]

在集市的犹太人后来排着队被枪毙了，而犹太教堂里的则被放火烧死。大火波及了附近有犹太人藏匿的其他房屋。当日的恐怖事件造成了 2000～2200 个犹太人被杀。这并非比亚韦斯托克发生的最后一次屠杀。7 月 12 日，另外两个秩序警察大队将当地犹太男性带入体育场，发布了如下命令："按照戒严法的规定，所有被判定为抢劫犯的 17 岁至 45 岁的犹太男性都要被枪毙。"警察没收了"抢劫犯"的贵重物品，把他们驱赶到市郊的水沟里，然后行刑队的枪杀行动一直持续到傍晚，他们甚至使用了卡车前灯为枪击目标打光。这次有超过 3000 个犹太人被杀。

集中抓捕很快导致了越来越多的类似的屠杀。屠杀对象是任何被抓到的犹太人，包括妇女和儿童，以及一些吉卜赛人和其他被视作"敌对分子"的平民。我们可从杀戮小队简短的报告中，看到每日负责行刑的军事单位和受害者人数，比如"8月25日：南部警察团（Police Regiment South）枪杀了1324个犹太人"，"8月31日：第320大队在明科夫斯基（Minkovtsy）枪杀了2200个犹太人"。[30]

苏联著名战地记者、小说家瓦西里·格罗斯曼（Vasily Grossman）后来借用希伯来语中表示大屠杀的词 Shoah，把对犹太人的战争分为两类："子弹浩劫"（Shoah by bullets）与"毒气浩劫"（Shoah by gas）。[31]德国人入侵苏联时，"毒气浩劫"尚未开始。警察部队尤其是特别行动队系统性地实施了"子弹浩劫"。从"巴巴罗萨行动"开始到1941年年末，德国人以及当地通敌者杀害了大约60万犹太人。[32]

在纽伦堡关于特别行动队的22个指挥官的审判中，27岁的美国陆军首席检察官本亚明·费伦茨（Benjamin Ferencz）起诉被告"蓄意屠杀了超过100万无辜且手无寸铁的男人、女人和儿童……此举并非出于军事需要，而是受到极度扭曲的纳粹种族优越论思想的驱使"。在1947年9月29日的开庭陈述中，费伦茨细化了受害者人数，以表明如此之多的死亡是如何发生的。证据显示，4支规模为500～800人的特别行动队"在两年的时间里，平均每天实施了1350起谋杀。他们一周七天都在杀人，每天杀害1350人，连续杀了100多周，天天如此"。[33]

最臭名昭著的杀戮小队——特别行动队D分队的指挥官奥托·奥伦多夫（Otto Ohlendorf）是被告之一。他有5个孩子，学过法律和经济学，自称是法学博士，可能是历史上受教育程度最高的大屠杀凶手之一。但无论是在审判中，还是此前美国精神病学家利昂·戈尔登松（Leon Goldensohn）对他进行审问时，他都没有表现出一丝悔恨。他不带感情色彩地描述了手下在苏德战争早期是如何处置受害者的。[34]

"警戒线内的犹太人以军事方式遭到枪决，"他告诉戈尔登松，"每支行刑队由 15 人组成，且每个犹太人挨一颗子弹。换句话说，一支 15 人的行刑队每次处决 15 个犹太人。"受害者包括男人、女人和儿童。奥伦多夫在苏联期间，他手下的刽子手共杀害了多少人？"据说是 9 万人。但根据我的计算，只枪毙了 6 万～7 万人。"和其他被告一样，奥伦多夫坚称他只是在执行命令："我能做的只有确保行刑方式尽量人道。"[35]

被判绞刑后不久，奥伦多夫和费伦茨说了几句话。"美国犹太人将为此付出代价。"他告诉费伦茨。费伦茨在 2013 年的一次采访中回忆道："他至死都相信他是正确的，而我是错误的。"[36]

和他们的指挥官一样，多数普通行刑者对自己执行的这些可怕任务很少或根本没有表示悔恨。他们常常会用酒精来麻痹自己仅存的情感，上级屡屡告诫他们不要对此抱有任何的同情。会收到这种指示的不仅仅是直接参与行刑的人，经常扮演帮凶的德国正规军也收到过。陆军元帅瓦尔特·冯·赖歇瑙（Walter von Reichenau）在 1941 年 10 月 10 日发布的命令中宣称："士兵们必须充分理解让犹太劣等民族以严酷而公正的方式进行赎罪的必要性。这样做还能将德国国防军后方的叛乱扼杀在萌芽中，因为经验表明，这些叛乱都是由犹太人策划的。"[37]

负责屠杀行动的军官通常更担心处决这么多人的实际操作难度，不怎么担心手下会对执行这样的任务感到畏缩。党卫军骑兵部队奉命枪杀犹太人，但最初的命令只提到了对男性的处决。命令的另一部分指出："将犹太女人驱赶到沼泽地之中。"严格执行命令的骑兵部队指挥官弗兰茨·马吉尔（Franz Magill）在报告中写道："将妇女和儿童驱赶到沼泽地的效果低于预期，因为沼泽地不深，人根本陷不下去。"[38]

在同艾希曼、希姆莱和其他纳粹高官的谈话中，奥斯维辛集中营指挥官霍斯觉得他们的主要苦恼是大屠杀的场面十分混乱。"据说发生了很多可怕的情况，人们中枪后四散逃走，受伤的人，尤其是妇女和儿童被补枪，"霍斯回忆道，"很多突击队的人因无法忍受这种血腥场面而自杀。一些人甚至因此发疯。大多数人……必须在酒精的帮助下才能完成这些可怕的工作。"[39]霍斯的很多供述并不可信，比如说行刑者根本没有必要自杀。那些不愿继续杀戮的人可以选择退出，根本不是他们后来说的那样别无选择。不愿继续杀戮的极少数人会被安排去做其他工作。[40]

杀戮仍在继续，例如 1941 年 9 月底基辅沦陷后，3.3 万个犹太人在巴比谷（Babi Yar）惨遭屠杀，但纳粹领导人已经开始寻找实施大屠杀的新手段。在他们看来，特别杀戮小队的工作完成得不错，但考虑到潜在受害者的巨大数量，他们干得还不够快速、高效。

* * *

长期以来，纳粹都对犹太人的最终命运含糊其词。1939年 9 月 1 日进攻波兰后，德国人立即开始考虑在主要城镇修建犹太隔都。不到三周后的 9 月 20 日，哈尔德将军在日记中写道："犹太隔都计划只是笼统的构想。相关细节尚未敲定，经济需求是首要考虑因素。"[41]他日记中的后一句话表明，在战争初期，德国上层至少对某些犹太隔都有过经济可行性方面的考虑，而不是只把隔都当作安置犹太人的"垃圾场"。

一些纳粹官员笃信他们可以很好地利用犹太劳动力。不莱梅商人汉斯·比博（Hans Biebow）是罗兹（Lodz，波兰纺织业重镇，其犹太人口数量仅次于华沙）隔都的负责人。他向上级指出，罗兹隔都的工厂几乎所有的产出都服务于第三帝国的军事需要，它们是"国防经济极端重要的组成部分"。但多数纳粹官员无意向隔都居民提供维持其生产力所需的食物和其他必需品，甚至比博的副手亚历山大·帕尔芬格（Alexander Palfinger）也是如此。"对我们来说，犹太人的迅速消亡即便不是我们所乐见的，也不是什么紧要之事。"帕尔芬格宣称。[42]

在 1939 年 12 月 19 日的日记中，波兰总督汉斯·弗兰克谈到了他管辖的德占波兰地区应该保留多少犹太人。"我们无法枪毙 250 万犹太人，也不能把他们全都毒死。"他写道，好像对此颇感遗憾，"不过，我们可以采取某种措施逐步消灭他们，这一点毋庸置疑。"[43]

多数所谓的"解决方案"仍试图进一步驱逐犹太人，而非直接杀害他们。于 1940 年 5 月占领法国后，德国胜利者重提了所谓的"马达加斯加计划"（Madagascar Plan），也就是以每年 100 万人的速度，用船将德占区的 400 万犹太人驱逐至印度洋上的法国殖民地马达加斯加岛。[44]纳粹高官认真讨论了这项完全不切实际的计划，觉得英国会在法国投降不久后向德国屈服。但德国空军未能赢得不列颠之战，德国在空中和海上仍有令人生畏的对手。即便在和平时期，转移如此大量的犹太人的可能性都微乎其微，因此战争打响后，这种计划彻底成了"空中楼阁"。

不过，将犹太人驱逐至某些偏远之地的想法在 1941 年又死灰复燃。被艾希曼派到巴黎处理当地"犹太问题"的党卫军上尉西奥多·丹内克尔（Theodor Dannecker）在 1941 年 1 月 21 日给一些驻法德国部门发了一份备忘录，指出驱逐犹太人是"一项只有做好万无一失的准备，才能确保成功"的"艰巨"任务。而这项被提及的任务是"在对未占领地区采取殖民措施之前，就要谨慎开展彻底驱逐犹太人的行动"。[45]

波兰裔法国犹太抵抗组织成员亚当·拉伊斯基（Adam Rayski）战后指出，丹内克尔的话很容易让人产生不同的理解。拉伊斯基问道，丹内克尔是在说"当时柏林对最终目标尚无明确想法，还是在刻意模糊化目标，以便更好地掩盖德方的真实企图"？拉伊斯基没有给出答案。

希特勒的副官格哈德·恩格尔在 1941 年 2 月 2 日的日记中，总结了希特勒在如何处理犹太人一事上的考虑："一方面，战争会加速问题的解决；另一方面，很多额外的问题也会随之而来。"谈到德占区里的犹太人时，恩格尔指出："如果希特勒知道该把数百万之众的犹太人置于何处就好了——人数太多了，很难说怎么做才合适。"[46]

德国一攻入苏联就立即启动"子弹浩劫"，此事表明至少对新征服领土上的犹太人而言，驱逐已不再是一个选项了。不过，西欧的犹太人仍能被驱逐至东欧。希姆莱在 1941 年 10 月 10 日写道："元首同意逐步将犹太人从西方驱逐至东方。"[47]但在东欧，大屠杀已经成为常态。

两周后在"狼堡"用餐时，希特勒向希姆莱及其得力助手莱因哈德·海德里希提起了他之前做的一个预言：如果爆发新的战争,"犹太人将从欧洲消失"。他补充道:"让传言变为我们的计划是个不错的主意。恐惧是个有益的东西。"[48]

* * *

在寻找高效的杀戮新手段的过程中,针对身心残疾者的秘密实验计划让纳粹领导人获得了不少经验。华盛顿的大屠杀纪念馆指出,早在1939年年初入侵波兰前,纳粹就启动了"最早的大屠杀计划",可将其视作"纳粹德国此后种族灭绝政策的预演"。[49]这一预演包括把毒气作为新型处决方式的实验,此后毒气被用在了苏联战俘、波兰囚犯和其他人身上。

20世纪早期,人们普遍认为所谓的"劣等人"的产生,与遗传和种族密切相关,因此一些国家发起了优生运动。在英国,优生运动的倡导者聚焦于孕育拥有"正面"特性的人;美国则强调通过强制绝育来消除"负面"特性,而这通常意味着牺牲穷人和少数族裔的利益。[50]后来纳粹德国更加残忍的做法让优生运动名誉扫地,但此前已有超过6.4万个美国人接受了强制绝育。

优生运动的德国倡导者在思想层面更为激进,这些人包括著名的学者和医生,他们中的很多人甚至在纳粹掌权前就已投身于这种运动。和对"无时无刻不在玷污自己的同类的那些人"感到恶心的希特勒一样,他们声称国家应该有权杀死任何"没有生存价值的生命"。这与主张按照个人的意愿结束人的生命的安乐死毫无关系,只不过是赤裸裸的谋杀行为。[51]

1939年5月,希特勒的医生卡尔·布兰特(Karl Brant)成立了第三帝国遗传和先天重症科学鉴定委员会(Reich Committee for the Scientific Registering of Serious Hereditary and

Congenital Illnesses）。尽管表述委婉，但这个名称无法掩盖该机构的企图。布兰特和总务长菲利普·布赫勒（Philipp Bouhler）一起领导了鉴别工作，努力找出那些该从肉体上被消灭的人。1939 年 8 月 18 日，内务部命令医生和护士上报所有 3 岁以下的"畸形"儿童的情况。到了 10 月，政府又鼓励父母把他们的残疾儿女送到特别儿科诊所，至少 5000 个儿童在这类诊所中死于毒药注射和故意断食。

"T-4 行动"［Aktion T4，这个名字缘于执行总部的地址是柏林蒂尔加滕街 4 号（Tiergartenstrasse 4）］的组织者顺利招募到了医务人员，很快开始对更多的成人受害者下手。希特勒反常地签了杀戮命令。命令写道，布赫勒和布兰特"负责扩大指定医生的权限，以便他们对那些在接受严格医学检查后被认定患有不治之症的病人实施安乐死"。希特勒的一个秘书在 10 月打印了这份命令供他签字，但上面的签署日期是1939 年 9 月 1 日，这是战争爆发的第一天。

落款日期的提前并非巧合。入侵波兰提供了把这种杀戮推广至第三帝国位于东方的新领土的机会，还可传递出这些行动多少与战争有关的信息。特别行动队和其他安全部队在新征服的领土上杀害了精神病院里的病人。受害者起初大多是波兰人，但很快屠杀者不再区分波兰人与德国人；如果被认定为没有生存价值的生命，德国人也难逃厄运。根据规定，所有犹太病人均属于没有生存价值的生命，无论他们的身心状况如何。

起初，受害者通常在空无一人的医院附近的树林里被枪决。从 1939 年 10 月起，刑事警察（Kripo）和党卫军的化学家开始尝试在临时毒气室和密封货车里使用一氧化碳杀人。很快，德国东部和纳粹统治的其他地方出现了 6 个处决中心，它们都有伪装成淋浴室的毒气室。

在德国境内实施如此大规模的系统性屠杀，不可能完全做到不为人知。很多驻德美国外交官和记者很早就发现了真相。1940 年 10 月，一个德国人向美国驻莱比锡副领事查尔斯·赫利克（Charles Hulick）透露了德国南部的格拉芬埃克（Grafeneck）处决中心的情况，此人的消息源是一位医生。除了转述相关情况，他还建议赫利克去看一看死者家属在当地报纸刊登的讣告。所有讣告的内容都大同小异。[52]

例如，10 月 26 日，《莱比锡新闻报》（Leipziger Neueste Nachrichten）刊登了一名一战老兵的讣告，登记的死亡日期是 9 月 23 日。"经过几周的不安等待，我最终收到了他在符腾堡（Württemberg）格拉芬埃克突然离世及火化的噩耗。"其他讣告都出现了"让人难以置信的噩耗"的表述，不同的只有死亡地点，但每份讣告都提到了一个拥有处决中心的城镇。

赫利克将有关莱比锡的报告，连同 22 份相关讣告递交给柏林的美国大使馆。最近的研究表明，美国最早的驻柏林记者之一、哥伦比亚广播公司的威廉·夏伊勒负责报道此事，他很可能看了赫利克的报告。美国外交官和记者来往密切，经常交换信息。由于广播内容受到纳粹的审查，夏伊勒无法公开报道事情的真相。1940 年 12 月离开柏林回到美国后，他于 1941 年 6 月才在他著名的《柏林日记》中提及此事。[53]

在 1940 年 11 月 25 日的日记中，夏伊勒写道："我终于弄清了'安乐死'的真相。太罪恶了！"他说盖世太保在"有组织地杀害精神上有缺陷的德国人"。接替夏伊勒成为哥伦比亚广播公司驻柏林记者的亨利·弗兰纳里 1940 年 11 月抵达柏林与夏伊勒做了工作交接。弗兰纳里对纳粹声称的英国人故意空袭德国医院感到怀疑。他认为这不过是用来掩盖"纳粹谋杀精神病人、残疾人、绝症患者甚至老年人的罪行"的借口。[54]

夏伊勒指出在德国，受害者亲属只能得到死者的骨灰，并且要严格遵守规定，不能问任何问题或"散播不实的谣言"。但新教和天主教神职人员对此提出了异议。最突出的例子是，明斯特（Münster）天主教主教克莱门斯·奥古斯特·冯·加伦（Clemens August Graf von Galen）伯爵在 1941 年 8 月 3 日的布道中谴责了所谓的"安乐死运动"。他公开描述了患有绝症的病人是如何"按照来自柏林的指示"，被强行从家中或诊所带走，然后他们的亲属很快就收到了他们的死讯。"可以肯定的是，如此大量精神病人的突然死亡并不正常，通常是人为造成的，是有权剥夺没有生存价值的生命这种理念的产物。"加伦伯爵宣称："让犯下如此滔天罪行的人逍遥法外，简直是德国的悲哀！"[55]

从一开始，希特勒就担心德国教会的反应。虽然很多神职人员因散布加伦的布道内容而被捕，一些人甚至还因此丧命，但加伦主教仍享有人身自由，尽管他受到了严密监视。[56] 纳粹领导人可能担心逮捕或处决他会适得其反。加伦勇敢的布道加上其他一些因素，让希特勒于三周后正式叫停了"T－4 行动"。此时已经有大约 7 万人死在处决中心。

但对包括儿童在内的身心残疾之人的迫害行为很快死灰复燃，并且以一种更加分散、更加隐蔽的方式，一直存在到战争结束。德国历史学家尼古拉斯·斯塔加特（Nicholas Stargardt）指出，由于真的不了解真相或"耻于承认家人患有'遗传性疾病'"，恐惧的死者家属很少站出来发声。斯塔加特还补充说，教会人员在第二阶段的屠杀中大多"保持沉默"。[57]一般认为，总共有至少 20 万人在两个不同阶段的"安乐死行动"中被害。

《最终解决方案的起源》（*The Origins of the Final Solution*）的作者、历史学家克里斯托弗·布朗宁（Christopher Browning）指出，"安乐死行动"与此后犹太人的悲惨命运之间有着不容辩驳的联系。"杀害残疾人和犹太人是纳粹实现其'种族乌托邦蓝图'的两个关键步骤。"他写道，"前者是为了清洗日耳曼民族中的'退化'或'有缺陷'的元素，后者是为了摧毁其最终的敌人。它们是同一场讨伐中的两次战役。"[58]而且，最重要的是，"T－4 行动"证明了大屠杀手段的有效性，这种手段在此后对犹太人的大规模"战争"中得到了运用。

＊　　＊　　＊

对斯大林来说，希特勒在种族战争中推崇的恐怖和大屠杀政策，并没有影响他自己采取一贯严厉的手段。相反，克里姆林宫对德国早期取得的胜利产生了新的危机感，并为此发布了新的命令。斯大林一听到士兵向侵略者投降的消息就感到格外愤怒。"让斯大林吃惊的不是德国人的进攻，而是苏军的崩溃。"内务人民委员部负责人拉夫连季·贝利亚的儿子塞尔戈·贝利亚（Sergo Beria）在当时记录道。[59]小贝利亚错误地认为斯大林并不对德国的进攻感到惊讶，但他看到了斯大林发现前线各大部队纪律瓦解时的震惊。

斯大林对此颁布了命令，不仅对临阵逃脱或动摇之人，而且对很多坚守阵地的英勇士兵都要处以死刑。6 月 28 日，他表明了自己对被德国人抓获的士兵的态度。这些"逃到国外的叛徒"（斯大林这样称呼他们）一回国就要接受惩罚，同时，他们的家人也要受罚。

8月16日，斯大林发布了270号命令，具体阐明了他的政策。"我命令：（1）在战斗中丢掉、撕掉徽章并投降的人将被视为逃兵，他们的家人将作为违背誓言者和叛国者的家属被逮捕。（2）陷入敌人包围圈的部队应该战斗到底，努力返回自己的阵地。应采取任何手段除掉选择投降的人，投降者的家人将被剥夺其所享受的国家津贴和救助。"[60]

德军入侵后自愿参军的伊利亚·维尼茨基（Ilya Vinitsky）是莫斯科航空学院（Moscow Aviation Institute）的学生，他很快就目睹了上述命令实际意味着什么。被分到莫斯科第一特别共产主义营（First Special Communist Battalion of Moscow）的维尼茨基和这一新组织中的其他志愿者得知，他们被赋予了一项特殊任务。该组织的官员解释说，在波罗的海地区，很多士兵丢枪弃甲，试图逃跑或向德国人投降。为了终结这种行为，官员们宣布，"中央委员会授予你们采取任何必要措施的权力，甚至是枪决"。

现已耄耋之年的维尼茨基想起这些话时，禁不住要哭出来。对参加过"伟大的卫国战争"的老兵来说，没有什么比回忆苏联士兵的自相残杀更令人痛苦的了。和希特勒一样，斯大林从一开始也同时进行着两场战争。一场是打击德国侵略者的战争，另一场战争的对手是他心目中的叛徒。

"我们当时对接受这项特殊任务感到自豪。"维尼茨基宣称。他声称自己只是收拢了逃兵，让他们回到大部队，并未枪毙任何人。大多逃兵对于有人告诉他们该怎么做感到欣慰，并未反抗；很多时候，他们在长官阵亡或已经逃跑的情况下，还继续坚守阵地。[61]但维尼茨基的一些同志承认，为了维护权威，他们枪决了一些士兵。这个特殊组织总共收拢了大约1.5万个士兵，维尼茨基不知道他们中有多少人被枪毙。

根据内务人民委员部的一份报告，到1941年10月10日时，共有667364个"从前线逃跑"的士兵被找到。其中10201人被枪毙，25878人被逮捕，还有632486人被编入新的部队（很多情况下是被编入通常执行自杀式任务的惩戒营）。战争期间，惩戒营里还包括数十万来自古拉格劳改营的囚犯。[62]

斯大林不希望在执行他命令的问题上存在例外，甚至他的家人也不行。7月，斯大林的长子雅科夫·斯大林（Yakov Stalin）中尉在维捷布斯克（Vitebsk）被德军包围。"我是斯大林的儿子，我不允许我的连撤退。"雅科夫说，试图遵从父亲的指令。但他被俘虏了，这意味着他没有战斗到底。德国人就抓获一个重要战俘大肆吹嘘，斯大林因此十分恼怒。"这个傻瓜——他怎么没有自我了断！"他大声吼道。

内务人民委员部逮捕了雅科夫的妻子、斯大林的儿媳尤利娅（Yulia），将她发配至劳改营两年。德国人后来提议拿雅科夫交换于1943年1月31日在斯大林格勒被俘的著名陆军元帅弗里德里希·保卢斯（Friedrich Paulus）。斯大林表示拒绝。几个月后，雅科夫遂了父亲的心愿。被困于德国的苏联战俘雅科夫据说为了自杀奔向了集中营的电网。[63]

战争初期，德国人建议在双方战俘间建立通邮机制。"不存在苏联战俘，"斯大林回应道，"苏联士兵会战斗至死。如果他选择成为战俘，那他就自动被苏联社会开除了。我们对只为德国人提供服务的邮政并不感兴趣。"[64]

在别无选择只能战斗的情况下，红军士兵在战场上的表现开始改观。希特勒不仅未能赢得苏联人民，而且还为苏联军民遵守命令、不惜一切代价抵抗侵略者提供了足够的动力。

对苏联的犹太人来说，情况更是如此。刚从巴黎归国的作家伊利亚·爱伦堡（Ilya Ehrenburg）在1941年8月的一次演讲中总结了他们的想法。"我在一座苏联城市长大。我是一名苏联作家。现在，和所有苏联人一样，我在保卫自己的国家。"爱伦堡宣布，"但纳粹还提醒了我：我母亲的名字是哈拿*。我是一个犹太人。我以我的血统为傲。希特勒比任何人都要恨我们。我们的抵抗是有价值的。"[65]

爱伦堡是苏联战时最著名的宣传员，完全可以凭一己之力回击纳粹的恶意中伤。"尽情杀戮吧！"他向同胞们喊话道，"如果你今天还没有杀死一个德国人，那你的日子就白白浪费了。"[66]

苏德双方都没有浪费时机。

---

* Hannah，古希伯来人名，著名先知撒母耳的母亲也叫此名。——译者注

第八章 "热心的意大利园丁"

1941 年 8 月 4 日，美国最权威的军事评论家汉森·W. 鲍德温（Hanson W. Baldwin）在《生活》（*Life*）杂志上，谈起了他对当下战局的看法。"未来在很大程度上取决于苏德战场。"他写道，"在两至四个月内战胜苏联（'战胜'指的是消灭红军主力）将大大增强德国的实力。"他的分析听起来和希特勒实施"巴巴罗萨行动"的初衷如出一辙。控制乌克兰和苏联其他地区的资源后，鲍德温指出，德国将"不受封锁"并将"完成对欧洲的征服"。这样一来，"希特勒就可在政治和经济领域放手推行其'新秩序'"。

鲍德温还谈到了另一种可能性，指出"如果德国人在苏联陷入战争泥潭，像当年的拿破仑那样一无所获，那希特勒可能最终会面临失败"。尽管他乐观地给文章起了《胜利的蓝图》的标题，但他高度怀疑自己这一方的胜利能否实现。他认为最好的结果会是，希特勒经过长期作战后战胜苏联，但元气大伤，给英国重整军备提供更多时间。

"但根据过去的经验，也就是我们对红军的有限了解以及第一个月的战况，如果德国再次迅速取得决定性胜利的话，这也并不出人意料。"鲍德温写道。对英国来说，这将是灾难性的。"如果苏联及其资源轻易落入纳粹之手，英国就明显无法取胜了，"鲍德温总结道，"英国所能期望的最好结果就是协商和平了。"

为了防止这种预言成为现实，鲍德温敦促本国国民努力阻止希特勒，表示如果美国人不积极行动的话，就无法实现文章标题所许诺的胜利蓝图。他希望通过对战局的悲观预测来影响美国舆论，让美国向苏联提供大规模援助。

如同斯大林在哈里·霍普金斯访苏时表现的那样，苏联官员既需要强调其需求的紧迫性，也要让西方领导人相信他们最终能赢得胜利。尽管德国侵略者迅速推进，给苏联守军造成了重大损失，但一些战局观察者意识到，双方军力对比状况并不像鲍德温和其他人所说的那样"一边倒"。"从目前来看，苏联人干得不错，应该鼓励他们继续战斗，他们已经表明他们能坚持下去。"美国驻伦敦武官李将军在8月30日的日记里指出。他还写道："苏联人在流血牺牲，但德国人同样损失惨重，而且德国无法在人员、物资、原油及时间上承受损失。"[1]然而，美国驻莫斯科大使馆的武官耶顿少校并不这样认为。

并不仅仅是美国人对苏联能否抵抗德国的问题看法不一。日本驻莫斯科大使馆的两名武官在发回至东京的急件（被内务人民委员部截获）中，也得出了截然相反的结论。[2]还在4月时，预言德国将在夏季进攻苏联的高级武官山冈美治大佐坚信德国人将在年底前取得胜利。德军初期的迅速推进进一步强化了他认为苏联红军无法阻止德军的看法。与山冈美治交往密切的一位日本报纸记者在7月19日的日记里写道，"莫斯科的命运将在一周内决定"。8月11日，该记者又预测："莫斯科应该会在9月初沦陷。"

但在同一天，海军武官山口武田大尉在报告中写道，德国在两个月内取胜的目标并不现实。"如果战争按照当前的计划展开，德军无疑将失败，我们未来可能会面临一种极端危险的局面。"他在写给海军省的报告中指出。后一个月，他又报告说苏联红军"非常成功地"给德国人造成了严重损失，那时德军已经要进攻莫斯科了。

对东京、柏林及莫斯科来说，对苏德战争前景的讨论事关重大。尽管日本外相松冈洋右在4月访问莫斯科时签订了《日苏中立条约》，但斯大林仍担心日本可能从东面进攻苏联，尤其是在德国人似乎即将战胜苏联的时候。根据从德国驻东京大使馆得到的信息，苏联间谍理查德·佐尔格报告说，德国人持续对日本施压，要求其参加对苏作战。[3]7月1日，德国外交部部长里宾特洛甫预测说，"苏军主力即将崩溃，布尔什维克政权也即将倒台"。他补充说，这种情况给日本人占领符拉迪沃斯托克（海参崴）并继续西进，"提供了独一无二的机遇"。"上述行动旨在在冬季到来前，让西进的日军与东进的德军中途会师。"[4]

这完全是一种一厢情愿的想法，因为即便是德军高级将领也无法想象德日两军能实现这样的会师——这种会师要求两军在冬季到来之前，向前推进数千英里。但该提议意在怂恿东京进攻苏联，或至少保留日本参加对苏作战的可能性。只要斯大林无法排除这种可能性，他就不得不在苏联远东地区部署足够多的兵力，以便防范日本的进攻。德国驻东京武官阿尔弗雷德·克雷奇默（Alfred Kretschmer）上校为劝说日军占领符拉迪沃斯托克（海参崴）和西伯利亚，做了大量工作。[5]

用德国使馆新闻记者的身份打掩护的佐尔格冒了很大风险，试图让日本官员相信"巴巴罗萨行动"并没有德国所宣传的那样成功。他提醒日本人注意拿破仑对俄国的灾难性进攻，称希特勒的军队可能同样难逃厄运。他甚至告诉日本人不应该相信他使馆"同事"的宣传，因为他知道苏联在军事上并不像他们所说的那样无能。

但佐尔格的首要任务是回答克里姆林宫最紧迫的问题：日本领导人真的打算同意德国人的请求，参加对苏作战吗？7月下旬访问莫斯科时，哈里·霍普金斯同莫洛托夫讨论了这一问题。得到苏联外交人民委员认为日本应该不会马上进攻苏联的答复后，霍普金斯却在发给罗斯福的报告中写道："莫洛托夫认为当时机到来时，日本会毫不犹豫地进攻苏联。"[6]

莫洛托夫表示，苏联政府希望罗斯福能警告日本，进攻苏联将导致美国对日本宣战。实际上，美日关系的紧张程度已经升级。7月26日，日军开进法属印度支那后，罗斯福冻结了日本在美国的资产，实施了事实上的贸易禁运。[7]但华盛顿此刻无意进一步加大赌注。因此，霍普金斯答复称，美国政府"非常关注"事态的发展，但不想在美日关系中表现出"挑衅性"。

不过，罗斯福和丘吉尔都急于表明，他们准备正面回应苏联的援助请求，尽管斯大林和他的官员有时会让他们十分恼怒。

＊　　＊　　＊

8月29日，丘吉尔给斯大林致信，答应用战斗机援助苏联。他告诉斯大林40架霍克飓风战斗机（Hawker Hurricane）将在9月6日抵达摩尔曼斯克（Murmansk），并承诺尽快运送200架战斧式战斗机（Tomahawk）。丘吉尔还准备再提供200架飓风战斗机，即总共支援440架战斗机，表示"希望你们的飞行员能有效地使用它们"。但丘吉尔特地指出"战斗机是英国本土防卫的基石",在北非战场上也不可或缺。其言外之意是,考虑到英国危险的军事处境,自己这边只能提供这么多援助了。

9月4日,伊万·麦斯基大使转交了斯大林的回信。丘吉尔很生气地指出,这是苏联领导人自7月以来的"第一封私人信函"。斯大林在对丘吉尔答应提供更多飞机的表态表示感谢的同时,淡化了这种援助的重要性,表示"这些飞机明显无法马上投入使用,只能在不同的阶段与不同的编组中使用,不会对东线战场产生重大的影响"。

斯大林强调说,苏军的状况在过去三周"严重恶化","现在,我们丢掉了大半个乌克兰,而且敌人已经兵临列宁格勒城下"。这意味着"一种致命的威胁",且不仅仅是对苏联而言。"德国人认为各个击破敌人是可行的:首先是苏联,然后是英国。"当然,斯大林没有提及希特勒早前的计划并非如此,而是希望首先击败英国。

接着,斯大林提出了要求。为了扭转局势,他指出,英国需要"今年在巴尔干或法国开辟第二战场,成功吸引东线德军的30~40个师",还要在10月初以前向苏联提供3万吨铝,并且**每个月至少援助400架飞机和500辆坦克**。斯大林认为,如果没有这样的大规模援助,"苏联要么将遭受失败,要么将被削弱,以至于在很长一段时间里,它将无法通过实际行动来支持盟国抗击希特勒主义的斗争"。斯大林知道自己的回信会"让首相阁下感到沮丧",但表示:"还能怎么办呢?"

斯大林准确预料到了丘吉尔的反应,麦斯基亲自对斯大林的回信内容进行说明也于事无补。麦斯基抱怨道,苏联遭受德国的攻击已经十一周了，正独自抗击着德方集结的重兵。丘吉尔对苏联的处境表示同情，但麦斯基以"一种暗含威胁意味的口吻"（根据丘吉尔的说法）问道，如果放任苏联被打败，英国如何还能指望赢得战争，这让丘吉尔勃然大怒。

"请记住，仅仅四个月前，我们这座岛上的人还不知道你们是否会和德国人一起进攻我们。"丘吉尔答复道，"实际上，虽然当时我们坚信英国终将赢得胜利，但我们觉得你们很可能会和德国人沆瀣一气。我们无论如何也不会将自己的生存希望寄托于你们的行动。不管发生什么，无论你们怎么做，你们苏联人都无权谴责我们。"

麦斯基让步了。"请冷静些，亲爱的丘吉尔先生。"他恳求道。麦斯基后来回忆称："我开始担心丘吉尔一怒之下会说没有必要像这样援助苏联，让我们今后的交往变得更加困难。"[8]

丘吉尔很快用一种安抚的口吻，给斯大林写了回信，告诉斯大林，英国提供的飞机和坦克将满足一半的要求，希望美国能提供剩下的一半。但丘吉尔对斯大林之前的来信和麦斯基的态度感到担忧，第二天给罗斯福写了一封信。"我们不能排除苏联打算和德国单独媾和的可能性，尽管斯大林的来信无法证实这种推断。"丘吉尔写道，隐隐担心希特勒和斯大林可能像1939年那样再次突然签订协议。

斯大林并不打算罢休，在 9 月 15 日发给丘吉尔的电报中又提出："对我来说，英国在阿尔汉格尔斯克登陆 25 ~ 30 个师并不是什么难事，或者可以从伊朗将他们运到苏联南部。这样的话，苏联和英国的军队在苏联领土上就可以进行军事协作了。"

斯大林的想法让丘吉尔目瞪口呆。"在身边不乏军事专家建言的情形下，苏联的政府首脑竟然有如此荒谬绝伦的想法，太让人不可思议了。"丘吉尔在回忆录里写道，"你根本无法辩驳一个完全不切实际的人的想法。"[9]

*　　　*　　　*

但丘吉尔和罗斯福明白，他们不得不和这位有时几乎不太理智的苏联领导人打交道。他们知道斯大林的言下之意无论听起来多么无礼，大体还是正确的：如果苏联顶不住德军的猛攻，那么希特勒在这场战争中的实力将大大增强。

从政治上看，美英的支持让斯大林相较于被德国入侵的其他欧洲国家的领导人，具备了一种明显的优势，并且这些领导人的长远目标与斯大林的地缘政治野心是相互冲突的。丘吉尔和他的团队曾努力向位于英国的流亡政府和他们的军队承诺，他们都是与英国有共同事业的盟友，英方的最终目标不仅是把他们的祖国从纳粹铁蹄下解放出来，而且要确保他们在战后获得完全独立。波兰和捷克斯洛伐克飞行员在不列颠之战中发挥了重要作用；波兰军队和英军在北非并肩作战；波兰伞兵正在英国接受训练，为未来夺回欧洲大陆做准备。

丘吉尔政府意识到这些流亡者的价值，委派高级官员去充当波兰人、捷克人、法国人等的联络官。波兰总理瓦迪斯瓦夫·西科尔斯基（Wladyslaw Sikorski）及其政府，还有很多波兰士兵在1940年6月从法国逃到英国后，屡次就纳粹德国的危险性提出警告的保守党议员维克多·卡扎勒特担任了波兰人的联络官。卡扎勒特很快和西科尔斯基成了好朋友，和他一起检阅英国各地的波兰部队（"他们表现得很好"，卡扎勒特在一次检阅时写道[10]），还随西科尔斯基去了美国和加拿大，波兰领导人希望能在那里招募新兵。

德国实施"巴巴罗萨行动"后，苏联和波兰理论上应该并肩作战。但波兰人忘不了斯大林是如何与希特勒同流合污瓜分波兰的，也忘不了 200 万波兰人（包括好几个师的兵力）是如何在东部沦为俘虏或干脆失踪的。丘吉尔指出波兰问题是"我们与苏联人早期关系的根本问题"，敦促麦斯基大使和西科尔斯基政府在 1941 年 7 月进行谈判，以修复波苏两国的外交关系，合力抗击德国。[11]

波兰人希望莫斯科做出两点明确承诺：宣布纳粹与苏联对波兰的瓜分是无效的，这意味着战争结束时波兰边界将恢复到 1939 年前的状态；释放所有被驱逐、被囚禁的波兰军民，这样一来苏联国内就会出现一支能够打击德国人的波兰军队。[12]

会谈开始不久后，麦斯基便向波兰人指出，克里姆林宫对恢复主权后的波兰的国境线另有考虑。"我向他们解释说，正如我们之前认为的，未来的波兰国家中应该只有波兰人，其领土应该只包括那些由波兰人定居的土地。"麦斯基宣称。[13]波兰方的谈判者清楚，这一方案意味着苏方企图继续占有 1939 年兼并的大片波兰土地，因为苏联将它们视为乌克兰人和白俄罗斯人的居住地。

尽管西科尔斯基对苏联的立场并不满意，流亡政府内部也有很多人反对，但他还是决心与苏联人达成协议。"波兰人一直觉得他们让步得太多了。"苏波双方就协议条款争执不下时，卡扎勒特在日记中写道，"西科尔斯基身边的官员们都密谋反对他。"[14]

在 7 月 1 日的备忘录中，波兰流亡政府驻英大使爱德华·

拉琴斯基（Edward Raczynski）伯爵指出，西科尔斯基不应过于在意与麦斯基达成协议的具体条款。拉琴斯基预言称，考虑到德国侵略行动的迅速推进，苏联"要么将被彻底击败，分裂成若干较小的政治实体，要么会被迫退守至远离1939年苏波边界的地方"，这意味着"我们的东部边界并不取决于苏联"；相反，"我们的边界最终将由战胜国决定，首先是英国和美国"。[15]

但持这种看法的人只占少数。其他波兰代表意识到，尽管苏联此时还在为生存而战，但斯大林已经决意单方面决定未来和平条款的内容了。7月30日，西科尔斯基签订波苏条约后，3名流亡政府部长辞职表示抗议。[16]甚至他最坚定的一些支持者都感觉西科尔斯基让他们失望了。2016年接受我的采访时，103岁高龄的华伦天娜·詹塔－波尔钦斯卡（Walentyna Janta-Polczynska）仍很健康，她在二战期间是西科尔斯基的秘书，觉得自己崇拜的这位波兰领导人缺乏"和苏联人打交道的气魄"。[17]

西科尔斯基自知除了和波兰的宿敌达成协议外，别无选择。正如战时波兰驻华盛顿大使让·切哈努夫斯基（Jan Ciechanowski）所指出的，"英国政府逼西科尔斯基将军加紧与苏联人谈判，而不是迫使苏联人接受有关波兰问题的公正条款"。[18]丘吉尔在回忆录中承认了这一点。尽管英国最初因波兰问题卷入战争，但丘吉尔现在致力于让新盟友苏联不惜一切代价地对德作战，特别是考虑到斯大林再次与德国达成妥协的可能性并不能完全排除。

丘吉尔表示，他不打算逼迫苏联"放弃在其几代人眼中对其安全至关重要的边界领土，哪怕只是纸面上的放弃"。结果，英国首相补充道："我们必须费力不讨好地建议西科尔斯基将军相信苏联，相信苏方对未来波苏关系的善意，说服波兰人此刻不要执着于任何对未来的纸面保证。"[19]

除了修复双边外交关系外，波苏条约中还有在苏联领土组建波兰军队及释放被苏联关押的波兰人的条款。虽然纳粹与苏联 1939 年签订的协议宣告失效，但领土问题仍悬而未决。在华盛顿，副国务卿萨姆纳·威尔斯表示，双方的协议"与美国不承认强占领土的政策是一致的"。在英国下院，安东尼·艾登声称英国政府不承认 1939 年的领土变更，但他还说"这并不代表英国政府对苏波边界做出了任何承诺"。英美的表态恰恰就是麦斯基所乐见的。

对波兰人而言，正如切哈努夫斯基所说，这是"英国的新绥靖政策让波兰人吞下的第一枚苦果"。[20]

*　　*　　*

在是否援助陷入困境的苏联这个问题上，美国国内舆论呈两极分化之势。1941 年 7 月的一项盖洛普民意调查显示，54％的美国人反对援助苏联。到了 9 月，这一比例下降到44％。不过，即便德军已经深入苏联腹地，美国在援助苏联一事上仍分歧严重。"美国人民不会轻易接受援助苏联。"霍普金斯在写给英国信息大臣布兰登·布兰肯的信中指出。[21]

不过，和丘吉尔一样，罗斯福致力于尽可能援助苏联，而且他愿意不遗余力地去说服美国人放下对苏联政权的恐惧，专注于打击希特勒。9 月 11 日，罗斯福接见了苏联驻华盛顿大使康斯坦丁·乌曼斯基，建议苏联人通过宣传其所谓的宗教自由政策，来促成美国援助苏联，因为此举"可能会在下一份

《租借法案》提交国会前,产生极佳的教育效果"。[22]与丘吉尔不同,罗斯福鼓励粉饰斯大林不光彩历史的做法,以产生一种"教育效果"。

罗斯福鼓励乌曼斯基提供明显虚假的保证的一个原因是,十天前,他在劳动节讲话中强调称要捍卫所有美国人的自由,包括宗教自由。至少在口头上,罗斯福让美国显得越来越像与英国一起打过仗的亲历者,而非置身事外的支持者。

"击败希特勒可能会是漫长而艰巨的过程,"罗斯福宣称,"少数绥靖分子和纳粹同情者表示我们做不到这一点。他们甚至让我和希特勒谈判,向他摇尾乞怜,以求分得一杯羹。他们实际上是让我成为当代的本尼迪克特·阿诺德(Benedict Arnold)*,背叛所有我珍视的东西,背叛我对自由、宗教及国家的信仰。我屡次表示拒绝。"之后罗斯福总统以前所未有的有力的口吻宣誓:"我们不会妥协,我代表美国人民的良知与决心宣布,我们将竭尽所能,摧毁希特勒和他的纳粹势力。"[23]

如果罗斯福真的想找一个开战借口,那他本可利用9月4日在北大西洋发生的一场小规模冲突。一艘德国U型潜艇向美国"基尔"号(Greer)驱逐舰发射了鱼雷,但并未击中目标。[24]一架英国飞机于稍早时发现了这艘U型潜艇并投下了深水炸弹,德国艇员可能以为是追踪他们的"基尔"号投放了炸弹。避开德国潜艇发射的鱼雷后,"基尔"号也投放了深水炸弹,但双方都毫发无损。

几天前的8月31日,伦敦的《泰晤士报》对美国三心二意应对战争的做法表达了懊恼。"洪水滔天,我们挺身而出,

* 美国独立战争期间向英军投降的叛徒。——译者注

拯救正承受灭顶之灾的文明世界。"这家报纸指出，"美国伸出援手，在我们上岸后给我们递上晾干的衣服……我们之所以这样说，是因为我们真的对美国为战争所做的贡献感到失望。"

罗斯福在伦敦的代表也抱有类似的看法。"基尔"号遭受攻击的当天，温奈特大使和李将军在晚餐时交换了意见。据李的回忆，温奈特宣称如果没有美国的全力支持，英国"毫无取胜的机会"。9月8日，李同刚抵达伦敦的《华盛顿邮报》出版商尤金·迈耶（Eugene Meyer）共进晚餐。"迈耶说罗斯福在施政中变得缩手缩脚，像是被不让美国参战的承诺束缚住了。"李在日记里写道。[25]

但在与英国报社编辑共进午餐时，迈耶为总统辩护说，尽管林德伯格最近谴责"英国人、犹太人和罗斯福当局"是战争贩子，但总统还是采取了行动。"我指出罗斯福先生正在进行一场秘而不宣的战争，他所做之事已经等同于宣战。他通过比等待国会批准更高效的方式采取了行动。"迈耶回忆称。[26]

李并不这样看。9月9日，他在日记里写道："战争已经逼近，但美国对此还浑然不觉。我不禁怀疑美国民众是否拥有理智，因为在近期发生的很多事情中，民众并未表现出理智的一面。"

由于9月7日母亲去世，罗斯福对"基尔"号遭袭没有马上做出反应。但在9月11日的"炉边谈话"中，他急于让那些质疑他决心的人哑口无言。尽管引发冲突的真正原因尚待调查，但罗斯福坚称德国U型潜艇发射了鱼雷，无端攻击了美舰。"这不是两国斗争中的普通插曲，"罗斯福说，"这是建立基于暴力、恐怖及屠杀的永久性世界体系的决定性步骤。"

为了阻止希特勒控制海洋的步伐，罗斯福继续说，美国将实行"积极防御"政策。美国政府"不寻求与希特勒开战"，他补充道，"但当你看到一条响尾蛇准备咬人时，你不能等到它真的咬人了再消灭它……从现在起，如果德国人或意大利人的军舰进入美国必须保卫的水域，那他们就要自己承担风险"。换句话说，美国军舰，尤其是那些给英国护航的军舰，只要感觉受到威胁就能开火。[27]

丘吉尔对这些充满斗志的言辞感到高兴。"罗斯福今天早上干得不错，"丘吉尔在同一天给加拿大总督阿斯隆伯爵（Earl of Athlone）的信中写道，"正如我们在桑德赫斯特皇家军事学院（Royal Military Academy Sandhurst）中唱的那样：'现在我们不用等太久了！'"[28]

首相对给"英国捉襟见肘的舰队送来及时雨"的美国新政策表示感激。在9月14日写给陆军元帅扬·史末资（Jan Smuts）的信中，丘吉尔解释了罗斯福讲话的深远影响。"希特勒将不得不在输掉大西洋之战和频繁与美国商船及军舰发生摩擦之间做出选择。"他十分得意地写道。正如他此前在写给阿斯隆伯爵的信中引用桑德赫斯特学院之歌这件事显示的那样，丘吉尔越来越有信心，相信罗斯福正在让美国更接近直接介入战争。"美国公众接受了'见到就开火'原则，却不知道该原则将适用于一片辽阔的水域，"丘吉尔写道，"我认为，这让总统能更充分、更全面地运用这一原则，而战争随时可能到来。"

丘吉尔清楚他无法公开宣扬这种想法。"对我所说的一切，你一定要保密。"他提醒史末资。[29]

*　　*　　*

不过迅速发展的英美关系中也存在摩擦，即便是在援助苏联这一共同目标上。丘吉尔和罗斯福在此前的海上会晤中已经讨论过，两国打算向莫斯科派遣一个联合援助团。该计划旨在评估苏联的需求并向斯大林保证英美两国将竭尽所能地帮助苏联。罗斯福把已经在英国负责租借事务的艾夫里尔·哈里曼任命为美国代表团团长，因为哈里·霍普金斯的身体状况不允许他再次不顾艰辛地前往莫斯科了。拥有英国和加拿大双重国籍的报业大亨比弗布鲁克勋爵此前是飞机生产大臣，现在在丘吉尔战时内阁中担任供应大臣的他将率领英国代表团赴苏。

英美代表在伦敦碰头。商讨援苏战略时，他们在一个关键问题上很快发生了分歧。9 月 15 日，比弗布鲁克召集会议，建议美国通过英国供应部输送所有援苏物资，以便统一调度。"美国代表们大吃一惊，"李指出，"该提议是彻头彻尾的政治手段。"比弗布鲁克坚称这是解决问题的最佳方案，但哈里曼拒绝接受。"如果你们是这种态度，那我们可以打道回府了。"哈里曼告诉比弗布鲁克。之后，根据李的回忆，比弗布鲁克妥协了，但房间里的美国人还是很生气。[30]

当双方讨论可以给苏联提供哪些物资时，又发生了分歧。比弗布鲁克的团队马上意识到，美国慷慨援助苏联将导致援英物资，包括英苏双方都急需的坦克和飞机被削减。罗斯福通过亲自介入解决了这一问题。[31]总统下令将美国的坦克产量提升至原定的两倍，使英国不必担心受援份额的减少。他还同意了英国不向苏联提供重型轰炸机的请求，但作为对苏联的补偿，英国要提供更多别的飞机。

9 月 19 日，丘吉尔邀请了英美赴苏代表团的大部分成员来唐宁街 10 号共进午餐。李将留在英国，但他因曾在对苏援助上出谋划策，也受邀出席了午宴。根据李的描述，用餐结束后，丘吉尔起身发表了"一次非常感人的演说"，实际上是对那些即将启程赴苏的人发表了动员讲话。"这番讲话的大意是，在人类文明的未来危若累卵的这个感人而庄严的时刻，英美代表团如同一艘救生艇，给正在抗击世所罕见的非人暴行的苏联人送去援助。"

李坐在丘吉尔的军事顾问黑斯廷斯·伊斯梅将军旁边，伊斯梅对援苏一事有更加冷静务实的看法。"他说不宜对苏联抱有过多幻想，"李指出，"这不过是与斯大林开诚布公的一次交易，而斯大林不过是一个碰巧正与希特勒作战的狡诈东方人。"[32]

援苏代表团成员很快发现，与斯大林打交道时根本无法做到开诚布公。尽管偶尔会有分歧，但联合代表团中的英国人和美国人越发坚定地帮助苏联抵抗德国侵略者。就此而言，希特勒近期的侵略行径让他自食恶果，因为它反而强化了伦敦与华盛顿之间的合作。

* * *

比弗布鲁克、哈里曼和其他赴苏高官搭乘了英国皇家海军的"伦敦"号（*London*）巡洋舰。抵达德维纳河（Dvina River）河口后，他们转乘了一艘苏联驱逐舰，它把他们送到了 20 英里外的阿尔汉格尔斯克。在阿尔汉格尔斯克，四架由战斗机护航的苏联飞机于 9 月 28 日将他们送至莫斯科。[33] 几天前，美国代表团的初级成员为转移视线，确保代表团领导人海上秘密航行的安全，已经乘坐两架 B-24 轰炸机直接飞抵莫斯科。

乘坐轰炸机直接抵苏的人中就有《科利尔周刊》记者昆廷·雷诺兹，他曾申请签证，希望作为战地记者赴苏，但未获成功。这次，他找上了哈里曼，让他安排自己担任代表团的新闻官，报社老板也同意了借调。途中，雷诺兹在寒冷的机舱里坐在前任美国驻莫斯科武官菲利普·费蒙维尔上校旁边，费蒙维尔曾参与过对苏援助计划。"他是我见过的为数不多的怀疑德国人能征服苏联的美国人之一。"雷诺兹回忆道。[34] 即便已经准备援助苏联，英美代表团成员仍因苏德战争的前景而争论不休。

在满足斯大林的援助需求与维护西方利益上，也存在着根本性的分歧。丘吉尔告诫比弗布鲁克不要因自己当前的任务而忘乎所以。"你的职责不仅是制订对苏援助计划，而且要保证在这一过程中我们的利益不会被榨干，"丘吉尔吩咐道，"就算你被苏联的环境左右了，我也会公事公办。"和丘吉尔一样，哈里曼认为比弗布鲁克可能会对苏联过于慷慨，甚至慷慨到"不考虑其他因素的地步"。[35]

代表团成员急于了解战时莫斯科的情况。提早到达的雷诺兹获得了前往这座"破败的"城市看一看的机会，他注意到每间食品店前都排着长队。他在等候的队伍中及其他各处，都没有发现身强力壮的男性，表明他们全都应召入伍，加入了阻止德国人夺取莫斯科的"最后防线"。"此刻，纳粹已经占领了 6 万平方英里的苏联领土，离莫斯科只有 200 多英里，"雷诺兹写道，"外国记者只知道这些情况，因为他们无法靠近战场。"

不过，雷诺兹注意到新兵每天都在红场训练，他在街上看到的衣衫褴褛的百姓"看起来一点也不害怕"。尽管没有"合理的理由"去相信苏联人能阻止德国人夺取莫斯科，但雷诺兹表示："我至少和莫斯科人一样充满信心。"

哈里曼、比弗布鲁克和其他代表团成员乘坐的飞机靠近莫斯科准备降落时，不得不低空俯冲，与此同时苏军高射炮会开火驱赶可能跟踪的德国飞机。哈里曼下榻于美国大使劳伦斯·斯坦哈特居住的美国大使馆，之前的空袭炸坏了此处的一些窗户。但对哈里曼这些在伦敦经历过德军空袭的人来说，莫斯科迄今为止遭受的破坏还不算太严重。哈里曼知道如果苏联的防御失败，他们至少仍有机会匆忙撤离这座城市。"你感觉自己进入了战区，"哈里曼后来回忆道，"夜里我们能看见苏联高射炮的火光。"[36]

比弗布鲁克和哈里曼连续 3 个晚上与斯大林进行了会晤，每次时长大约 3 个小时。其间，代表团的其他成员同苏联官员举行了小组会议，讨论军事援助事宜。"讨论令人沮丧，我们几乎一无所获。"伊斯梅将军抱怨道。[37]苏联官员没有得到来自斯大林的指示，基本上在拖时间。

理论上斯大林是恳求帮助者，但从双方的表现上看不出这一点。比弗布鲁克和哈里曼努力安抚斯大林。他们决定不让斯坦哈特和英国大使斯塔福德·克里普斯与会，这让这两人倍感懊恼。"我们知道斯大林对这两人评价不高，因此让他们参加会议没有任何好处。"哈里曼解释道。不顾惯例，他们也没有带上本国使馆的译员与会，而是依靠苏联外交部前部长马克西姆·李维诺夫（Maxim Litvinov）与斯大林交流。[38]

上述做法引发了美英使馆工作人员的担忧，他们担心代表团会像美国使馆的查尔斯·塞耶（Charles Thayer）说的那样，"给了过多承诺却没有提出足够的附加条件"。不管会谈结果为何，代表团过于主动地讨好斯大林，是因为他们误判斯大林会对此表示感激——他们没有想到他会更固执地提出更多要求。

比弗布鲁克和哈里曼在报告里指出，他们和斯大林第一次会谈时的"氛围非常融洽"。[39]这可能有些言过其实，但苏联领导人评估了军事局势并列举了他希望得到的物资——坦克、反坦克炮、飞机、高射炮，甚至还有带刺铁丝网。他并没有批评在座的客人。尽管苏联外交人民委员莫洛托夫也在场，但斯大林说个不停。令哈里曼吃惊的是，有几次莫洛托夫努力加入讨论，但斯大林唐突地打断了他的讲话。

哈里曼认为，苏联领导人对苏联面临的危局直言不讳。斯大林谈到德国与苏联的坦克数量对比严重失衡（德军是苏军的三倍甚至四倍），强调了"不惜一切代价保卫莫斯科的极端重要性"。如果莫斯科失守，斯大林发誓苏军将继续在乌拉尔山以东进行防御作战，但这意味着"苏军所有行动将失去神经中枢"，苏联向德国人发起反击的能力因而会受到严重影响。

斯大林的判断与敦促希特勒集中力量夺取莫斯科的海因茨·古德里安及其他德军将领基本一致，这并非偶然。根据哈里曼的说法，斯大林指出希特勒"错误地"在三条战线同时发动攻势。"如果他集中兵力进攻莫斯科，莫斯科早就守不住了。"斯大林坦言道。

会谈中也有一些尴尬时刻。斯大林再次提起了让英军在乌克兰与苏军共同作战一事。和丘吉尔一样，比弗布鲁克对此没有积极回应。根据罗斯福的暗示，哈里曼谈到了宗教自由问题，指出美国舆论很关心这一问题，但斯大林根本不予理会。不过，比弗布鲁克和哈里曼对首轮会晤"非常满意"，对苏联领导人决意全力阻止德国人夺取莫斯科也更有信心了。同时，斯大林务实严肃的态度也表明，他不希望引起新盟友不必要的反感。

斯大林对技术细节的了解也给客人们留下了深刻印象。当比弗布鲁克提到英国飓风战斗机的发动机有 1350 匹马力时，斯大林笑着纠正说："不，它的马力只有 1200 匹。"[40]比弗布鲁克向雷诺兹讲述了这件事，并补充道："斯大林说得没错。"如此看来，斯大林也喜欢炫耀自己几乎在所有领域的超凡见识。

＊　　＊　　＊

访问莫斯科期间，比弗布鲁克让英国使馆的一名初级外交官去买 25 磅鱼子酱。他打算在乘坐英国巡洋舰返回国内时，和哈里曼及代表团的其他成员分享这一美食，还准备回到伦敦后分给朋友们一些。比弗布鲁克也打算给丘吉尔一些鱼子酱，尽管没有迹象表明首相知道此事。这名初级外交官犯了错误，把买鱼子酱的事告诉给了伦敦《新闻纪事报》（*News Chronicle*）派驻莫斯科的记者菲利普·乔丹（Philip Jordan），乔丹就此事做了一番文章。

根据乔丹的说法（其他各大媒体也对此进行了广泛报道），所有的鱼子酱都将作为礼物被专门送给丘吉尔。愤怒的首相马上给比弗布鲁克发了一封电报，批评他的做法令自己难堪，会让别人觉得自己在战时还热衷于这样的奢侈品。比弗布鲁克后来批评了泄露此事的初级外交官。但大家都有更重要的事要担心，此事造成的涟漪很快便消失了。[41]

比弗布鲁克和哈里曼第二天晚上再次与苏联领导人会谈时，大戏才真正上演。"斯大林非常不安，在屋里来回踱步，不停地抽烟，我们两人都觉得他承受着巨大的压力。"比弗布鲁克说。在报告中，哈里曼称当晚"非常难熬"。他写道："斯大林显得很失礼，经常心不在焉，让我们很难堪。"两人对斯大林的态度变化及对他们的不屑一顾十分吃惊。斯大林当着他们的面打了三通电话。比弗布鲁克将丘吉尔的一封信交给斯大林时，他看都没看一眼就把它放在了桌子上，故意不予理睬。

在援助问题上，斯大林没有表示感激，反而态度强硬。"为何美国这样一个钢产量超过5000万吨的国家，只能提供1000吨制造坦克的装甲钢板？"他向哈里曼质问道。当哈里曼解释说需要时间来增加这种钢材的产量时，斯大林反驳称："只要添加合金就可以了。"斯大林似乎一度完全忽视了英美援助苏联的努力。"你们数量贫乏的援助物资表明，你们希望看到苏联被打败。"斯大林说。哈里曼答应给苏联提供5000辆美国吉普车后，斯大林才露出赞赏的表情，但立即又问美方是否还能再多给一些。

事后，比弗布鲁克和哈里曼觉得斯大林当时肯定被德国人即将夺取莫斯科的坏消息占据了心神。不过，他们当时并没有听到那些令人越发不安的消息，而是郁郁寡欢地回到了各自的使馆。哈里曼后来回忆了比弗布鲁克的"惊慌失措"，以及对比弗布鲁克个人而言任务搞砸意味着什么。"比弗布鲁克十分在乎他在英国政府同僚心目中的形象。"哈里曼指出。因此，比弗布鲁克建议哈里曼在下一次也是最后一次会晤中带头发言，拿出英美两国可以提供的物资的清单。"这样的话，如果事情进展不顺利，斯大林就会把火发在我身上。"哈里曼总结道。[42]

第二天，德国人宣称苏联与美英的谈判以失败告终。纳粹宣传部部长戈培尔得意地说，英国人和美国人不可能与"布尔什维克"达成协议。[43]但当垂头丧气的比弗布鲁克和哈里曼二人前往克里姆林宫进行最后一轮会谈时，斯大林突然态度大变。"现在我们三个人必须要证明戈培尔就是个骗子。"斯大林称。

比弗布鲁克尽管此前曾建议哈里曼带头发言，但作为对斯大林的回应，他从头到尾地过了一遍苏方给出的物资清单，然后点明了哪些是英国和美国可以迅速提供的物资，并提了一些建议。虽然他也表示一些物资难以马上落实，但斯大林明显很满意。充当翻译的李维诺夫跳起来欢呼道："现在我们能打赢这场战争了！"

根据哈里曼的回忆，"会谈在十分友好的氛围中结束。斯大林的热情十分真挚。我觉得他对英国和美国能真心援助苏联十分满意"。

代表团离开莫斯科前，苏方在克里姆林宫为他们举行了一场告别宴会。和所有优秀记者一样，雷诺兹注意到了这场"有着23道菜的盛宴"中的一些细节，包括大碗鱼子酱、酸奶油烤蘑菇、香槟腌鲟鱼以及鹌鹑饭。除此之外，宴上自然也少不了装满各类伏特加的酒杯间的碰撞。

"享受着盛宴的同时，我几乎忘了德国人就在离莫斯科不足100英里的地方，也不记得饥饿的民众现在肯定还在食品店门口排长队。"雷诺兹写道。[44]哈里曼为会谈结果感到高兴的同时，也对克里姆林宫晚宴上近乎虚幻的景象感到震惊，他做出了与雷诺兹类似的评价。[45]

在这种场合下，斯大林不禁重提旧话。他又问比弗布鲁克为何英国人不愿在欧洲大陆开辟第二战场。"如果不打仗的话，一支军队还能做些什么呢？"他说，"一支不打仗的军队是会失去斗志的。"伊斯梅将军指出，英军正在中东打仗——他甚至可以告诉斯大林，在斯大林仍在履行与希特勒签订的协议时，英军曾在法国作战。但没有什么能阻止斯大林一而再再而三地提及第二战场。

＊　　＊　　＊

通过莫斯科之行，美英代表团成员对苏联领导人有了了解。斯大林留给他们的第一印象通常是幼稚的，甚至肤浅到了滑稽的地步。还好代表团的人早就对斯大林的表里不一有所防范，没有落入他设下的圈套。

雷诺兹在克里姆林宫的晚宴上第一次见到了斯大林，根据他的描述，这个上前迎接比弗布鲁克和哈里曼的人让他感到好笑。根据照片和无处不在的宣传画，雷诺兹本以为斯大林是"身材高大、威严、脾气暴躁的人"。然而，"这个有点罗圈腿、个子不高的男人向我们走来，看到比弗布鲁克和哈里曼后咧嘴大笑，与公众心目中的形象大相径庭。我猜测他穿了增高鞋"。雷诺兹引用了一位英国记者的表述，"他看起来就像你每周都会碰见两次的热心的意大利园丁"。他还补充道："这一形容再贴切不过了。"

这类观察所基于的都是斯大林的外在形象，并不一定反映了政治上的判断。但比弗布鲁克和哈里曼在三次会晤中与斯大林共度了九个小时，很自然地从他的外在表现中看出了更多东西。比弗布鲁克仔细观察了斯大林，甚至注意到在李维诺夫进行翻译时，斯大林往往会随手乱画，会"在纸上画很多只狼，并用红色铅笔在空白处涂写"。[46]比弗布鲁克认为这没什么不好，说自己和哈里曼对斯大林印象不错。"我们慢慢喜欢上他；他是一个和蔼的人，一激动就会背着手在屋里走来走去，"比弗布鲁克说，"他烟瘾很大，从没表现出不耐烦的样子。"[47]

哈里曼对斯大林的印象与比弗布鲁克的大同小异。"我觉得他对我们很坦诚，而且只要我们能兑现承诺，维持同斯大林的私人关系，苏联政府与美英两国政府之间的信任问题应该就能迎刃而解。"哈里曼写道。他和比弗布鲁克看起来对斯大林在最后一次会谈和晚宴中的诚恳感到欣慰，因而忘了斯大林此前的粗鲁之举。

不过代表团里有一些人并不想只关注他们所乐见的事。伊斯梅观察发现，在晚宴上，斯大林是"穿着最考究的人"，一身便服的斯大林"穿着一双优质长皮靴、一条宽松的裤子，以及一件剪裁得体的灰色上衣，其布料一看就很贵"。伊斯梅对斯大林"矮小"的身材也感到吃惊，但对他的本性仍保持警惕。

"他像寻找猎物的野兽般潜行，目光敏锐，闪烁着狡诈的光芒。"伊斯梅指出，"他从不与你直视，但显得非常威严、极具气势。斯大林一进屋，所有苏联人都立刻安静下来，将领们的眼神表明他们无时无刻不生活在对他的畏惧之中。"

伊斯梅还想到斯大林曾"粗鲁地"对待比弗布鲁克和哈里曼，尤其是在第二次晚间会谈中。"我后来一直在想，我们是否应该真的在整个战争期间对这种事忍气吞声。"伊斯梅在回忆录里写道。尽管他对帮助苏联抗击德国侵略者的政策表示赞同，但认为"放任苏联人这样欺负我们完全没有必要，甚至是不明智的"。毕竟，斯大林迫切需要西方国家的援助。一些人认为伦敦和华盛顿的强硬姿态可能会让斯大林再次与希特勒沆瀣一气，但伊斯梅指出，这种想法是错误的。"斯大林是个现实主义者，非常清楚苏联只有两条路可走：要么继续为生存而战，要么沦为希特勒的奴隶。"伊斯梅总结道。

英美代表团即将离开莫斯科之际发生的一件事，进一步坚定了伊斯梅对英国新盟友采取强硬立场的决心。一个叫作詹姆斯·艾伦（James Allan）的瘦弱英国士兵来到了英国使馆。当天早上才从由内务人民委员部管理的卢比扬卡监狱（Lubyanka）获释的艾伦，"给我们讲了一个令人震惊的故事"，伊斯梅回忆道。艾伦 1940 年在法国服役时，被德国人抓住并送入了德国境内的一座战俘集中营。他后来成功逃到了波兰，"善良的波兰人"把他藏了起来。但他决心回到英国，因此在苏德战争爆发前越过边境进入了苏联。苏联人立即把他当成间谍关了起来，每天拷打他，差点把他饿死。英国代表团到来后，苏联方面决定将他释放。

代表团带着艾伦一起回了英国，艾伦后来被授予了杰出战斗勋章（Dintinguished Combat Medal），但官方没有公开提及他获此殊荣的原因。对此，伊斯梅苦涩地说："一名英国士兵勇敢地面对英国盟友所施加的恶行，这种事在当时是不能公开的。"[48]

* * *

从莫斯科回到英国后，比弗布鲁克和哈里曼与丘吉尔和艾登在契克斯庄园共进晚餐，进一步汇报代表团访苏的情况。由于两位代表团团长此前已经递交了详细的报告，因此没有再过多陈述细节。还在因鱼子酱的事而懊恼的比弗布鲁克愤怒地对首相说自己没有从苏联"非法进口鱼子酱"。为了平息比弗布鲁克的怒火,丘吉尔说他根本没有说过这样的话,接着就转移了话题。根据哈里曼所说,英国领导人"听到我们关于斯大林决心继续抵抗的报告后,感到非常踏实",晚餐结束时,每个人心情都不错。

　　四人起身准备离开餐厅时,丘吉尔问比弗布鲁克:"好吧,所以那些鱼子酱在哪儿?"[49]

第九章 "我们很快就会打败他们"

1941 年 9 月中旬，希特勒最终命令将领准备实施再三推迟的夺取莫斯科的"台风行动"，党卫军军官奥托·京舍（Otto Günsche）此时前往东普鲁士的"狼堡"见了希特勒一面。[1] 京舍之前在东线服役，此番回巴伐利亚是为了在党卫军军官学校接受深造。苏德战争爆发前他是希特勒的保镖，不久后还成了德国元首的私人副官。因此，他与很多仍在希特勒指挥部任职的人关系很好，他们见到他都热情地打了招呼。

京舍对"狼堡"之大感到惊讶，相较之下，此前在波恩南部修建的西欧战役指挥部"岩巢"（Felsennest）就小多了。[2] 当京舍问驻守于此的一些军官，希特勒是否打算在此过冬时，他们笑了起来，觉得京舍的想法很荒谬。"过冬？你在想什么？"其中一人回答道，"我们跟苏联打的是闪电战。我们肯定会像往年一样，在上萨尔兹堡山过圣诞节。"上萨尔兹堡山指的是希特勒位于阿尔卑斯山的一处度假山庄。

得知京舍到来后，希特勒把他叫到了地堡中的会议室，想听听他对东线战场的看法。元首用轻声吹口哨的方式和他打招呼，由此可以看出此时希特勒希望听到好消息。尽管京舍承认苏联在英勇抵抗，但他没有让希特勒失望——他报告说党卫军士气高昂，渴望战斗。

希特勒此时的预言反映了他的高昂情绪。"我们很快就会打败他们，这只是一个时间问题。"他说，"我已经命令拥有两千多辆坦克的装甲部队在莫斯科附近集结。莫斯科将遭受猛攻并最终沦陷，之后我们将赢得战争。"

希特勒接着说，击败守卫莫斯科的苏军后，德军将继续推进至乌拉尔山，最终在那里停止进攻。此后，德国空军将负责轰炸在更远的东边重组的苏军，而未被德国占领的苏联领土上的苏联人将自生自灭。在回敬法西斯礼并送走京舍前，希特勒发誓："作为欧洲的改革家，我将确保按照我的法则，在这片土地上建立新秩序！"

接下来的几周中，希特勒在"狼堡"用餐时就德国与苏联这一热门话题又讲了很多。"一个优秀的民族痛苦地挤在一个过于狭小的区域中，而对文明毫无贡献的乌合之众却占据了世界上最富饶的、广袤无垠的土地，这太不合常理了。"希特勒宣称，"我们必须创造有利于我们民族繁衍的条件，同时还要修建一座防范苏联洪水的堤坝"。希特勒还说，他的征服野心不过是反映了自然法则。"你今天伤害俄罗斯人，是为了不给他们伤害我们的机会。上帝不会厚此薄彼。"

希特勒在构想新秩序时可谓事无巨细。一旦苏联被征服，他指出，所有坐火车出行的日耳曼人都会坐在"头等车厢或二等车厢，以区别于当地人"。他还说，头等车厢和二等车厢的区别在于，每节头等车厢有三个座位，而二等车厢是四个座位。他懒得解释塞满"当地人"的车厢会是什么样子的。

希特勒狂热地认为，苏联是"劣等人"的发源地，无论是苏联欧洲领土上的居民还是生活在其亚洲领土上的人，都属于"劣等人"。"亚洲人是多么令人不安的一群人啊！"他沉吟道，"只有把亚洲人赶回到乌拉尔山以东，才能确保欧洲的安全。在乌拉尔山以西不得存在有组织的俄罗斯人的国家。"他担心"亚洲人的大量拥入"会压垮自满的欧洲。由于无法修建真正的壁垒来阻止亚洲人，日耳曼人有义务"打造一堵动态的墙"。希特勒声称他乐于接受这种挑战。"在东线维持一种永恒的战争状态有助于一个健全族群的形成，还能防止我们的欧洲沦落到一种自食苦果的软弱状态中。"希特勒辩称。

与此同时，希特勒指出，征服苏联还能确保日耳曼民族的繁荣，打造一个"对全球具有巨大影响力的帝国"。希特勒预言道，在德国的监管下，乌克兰沃土的产粮量将"数倍于"苏联时期，而且黑海将成为"一个对我们来说有着无尽资源的水域"。可以预见，"不出二十年，欧洲移民将不再向往美国，而是会向往东方，向往这片充满机遇的新土地"。不过，这块土地上目前的居民无法享有这些好处，因为"除了维持生存的绝对必需品外，他们不会获得任何其他生产资料"。

希特勒承认，有人可能会问他怎么能把这么多人置于悲惨的境地，或者"元首怎么能去摧毁圣彼得堡这样的城市"。对此，希特勒的答复是：他早就发现生活是一场"残酷的斗争"，而且"我生来就属于另一类人"。他声称，他不愿看到任何人受苦，"但我意识到我们的民族正面临危险，于是对我而言，情感只能让位于最冰冷的理性"。

话题一转，希特勒谈起了自己的人生轨迹，尤其是让他学会这种思考方式的早期经历。"谁知道呢？如果我的父母足够富裕，能送我上美术学院，我应该不会饱尝贫穷的滋味，"他在用餐时告诉同伴，"家境不错的人是不会真正理解这种滋味的。"[3]

希特勒有意忽略了他没有考上维也纳美术学院和他的经济状况无关的事实。1907 年，他获得了参加入学考试的资格，自信地觉得自己能轻松过关。不过，几句简短的评语将他拒之门外："试画成绩不够满意。人头太少。"希特勒承认，这对他"犹如晴天霹雳一般"。[4]

不管实际情形如何，希特勒自有一套逻辑，会据此重述自己的人生经历。在他的故事中，他传递的信息是，命运赋予了他救世主般的使命。但他对赢得对苏战争的信心，很快就和他过去对自己能去维也纳学习美术的信心一样，成了竹篮打水一场空。

*   *   *

"台风行动"于 9 月 30 日开始，正值比弗布鲁克和哈里曼与斯大林在克里姆林宫举行会谈之际。此前力劝希特勒进攻莫斯科无果的坦克部队司令古德里安奉命从南边发动攻势，他的人此前成功夺取了基辅，给苏军造成了重大伤亡，抓获了66.5 万个俘虏。[5]

但此时此刻，德国国防军已经错失了好几周的宝贵时间，古德里安也不再像之前那样对成功夺取莫斯科充满信心。"基辅战役在战术上无疑是一次巨大的胜利，"古德里安指出，"但这一战术上的成功是否能带来巨大的战略优势，仍是未知之数，完全取决于德军能否在冬季到来前——实际上是在多雨泥泞的秋季到来前——取得决定性的战果。"早在基辅战役期间，大雨就不时会把当地的土路冲成泥渠；随着天气状况不可避免地变糟，古德里安的装甲部队将面临越来越多的困难。

不过，古德里安还是迅速执行命令，挥师北上直指莫斯科，准备首先夺取奥廖尔（Orel）。[6]10 月 2 日，国防军总参谋长弗兰茨·哈尔德收到了古德里安的报告：古德里安的部队已经突破了敌军防线，正在逼近奥廖尔。"'台风行动'开局势如破竹，进展得十分顺利。"哈尔德在日记里写道。[7]古德里安的坦克一天后开进奥廖尔时，当地政府完全没有准备，甚至有轨电车还在一如往常地运行。街道上摆满了木箱，里面装有从当地工厂拆走的机器和工具，这表明奥廖尔当局未能及时执行向东部疏散设备的命令。

为苏军《红星报》（*Krasnaya Zvezda*）供稿的著名战地记者瓦西里·格罗斯曼回忆了自己和报社编辑间的一次令人记忆深刻的对话，它发生在他跟踪报道完德军从南部进攻的情况并回到莫斯科后。"你干吗不写些与英勇守卫奥廖尔相关的报道呢？"编辑问他。格罗斯曼答复道："因为压根就没有抵抗。"[8]

但在夺取奥廖尔后的第三天，古德里安的部队遭受了出乎意料的打击。德军受到苏军 T-34 坦克攻击，损失惨重。"苏联 T-34 坦克对战德国坦克时的巨大优势，第一次体现得淋漓尽致。"古德里安不得不承认。他之前怀疑苏联人可能研发了比德军四号中型坦克更好的坦克，此事也证明了这一点。为了有效对抗苏军的新型坦克，驾驶员不得不把四号中型坦克开到 T-34 坦克的后面，对其发动机上方的格栅进行极为精准的射击，从而让其丧失战斗力。如果从其他角度实施打击，德国人虽然能对 T-34 坦克造成损伤，却无法使其丧失作战能力。[9]

轰炸莫斯科的德国飞行员也发现，莫斯科为应对德军进攻做好了准备——苏联空军也从初期的严重损失中渐渐恢复过来了。驾驶臭名昭著的容克 Ju-87 斯图卡俯冲轰炸机（Junkers Ju-87 Stuka）的飞行员理查德·韦尼克（Richard Wernicke）

中尉回忆了他和他的飞行员同伴向目标俯冲时，密集的防空火力带给他们的震惊。"太恐怖了，天空中弹雨密布，苏联人的炮火打得很准，"韦尼克说，"我们此前从未见过这样的景象。"以雅科福列夫的雅克－7（Yakovlev Yak-7）为代表的苏联新式战斗机也出现在天空中，韦尼克补充道，"这些飞机非常危险。它们甚至从我们后方俯冲过来"。[10]

对古德里安来说，令人不安的事实还包括在乌克兰及苏联腹地的连续战斗，不仅造成了高于预期的伤亡及部队的极度疲劳，而且导致补给线过长。尽管装甲部队已会偶尔经历食物短缺，但古德里安尤其担心天气的变化及士兵御寒衣物的匮乏。他一再要求后勤部门配发冬衣，却只得到了"到时候"士兵就会获得所需物品的答复，还被告诫不要再提出类似的"不必要的要求"。他要求给车辆发动机配发防冻剂的请求，同样遭到拒绝。"我们部队的冬衣和防冻剂都少得可怜，"古德里安苦涩地指出，"在即将到来的艰难时日里，缺乏御寒衣物将成为最严重的问题，并将给我们的士兵带来极大的痛苦，而这本应是所有难题中最容易避开的。"

随着古德里安部和其他德军部队开始遭遇大量降雨和提前降临的冬季（即便按照当地标准来看也来得太早了）的第一丝寒意，战事的推进越来越不顺利。"'泥将军'和'冷将军'在帮助俄罗斯人。"苏联战地记者格罗斯曼写道。[11]问题在于希特勒和很多德军将领自欺欺人地认为，他们能在极端天气到来之前击败苏联，这意味着他们根本没有做好在冬天打仗的准备。希特勒早前的误判造成了越来越多的损失，他应为此负责，而德军已开始付出代价。

向莫斯科推进的德军仍然势如破竹、令人生畏，但他们的攻势已不像第一阶段那样不可阻挡。迅速地推进和深入苏联腹地让他们感受到了压力，而且古德里安的部队还要突然变更进军路线和攻击目标。他们即将面临到那时为止最大的挑战，对于能否化解危机感到越发不安。

* * *

对从西面向莫斯科挺进的德军来说，距莫斯科 140 英里、前往莫斯科时必经的维亚济马，是其要夺取的第一个重要目标。10 月初，德军将该城镇及其周边纳入"包围圈"：驻守于此的苏军发现他们几乎无路可逃，陷入了死亡与毁灭的地狱。苏联官员没有想到德军能如此迅速地包围苏军。在不到两周的时间里，中央集团军群声称战胜了多达百万人的苏军——消灭了 40 万人，抓获了 60 万俘虏。德国人的数字肯定有夸大的成分，但并不十分离谱。苏军的损失高达几十万人。[12]

多数苏联战史很少提及维亚济马之战。"在我们的文字记录中，你几乎找不到任何有关这场战役的信息，"此战为数不多的幸存者之一鲍里斯·奥列什金（Boris Oreshkin）指出，"这很正常：谁愿意谈论失败呢？"他关于此事的叙述在 1991 年苏联解体之际出版，生动描述了当时在场的红军将士是如何在指挥通信一片混乱的情况下牺牲性命的。

奥列什金和另外三个士兵在一座较高的山丘上设立了观察哨，看见一队队的飞机从头顶呼啸而过，接着就是远处的爆炸和上升的浓烟。他们想向上级报告这一情况，但只联系上了一个在附近机场执行警戒任务的士兵，他根本不把他们的警告当回事。"我觉得只有我们——四个普通士兵——清楚地看到了真实情况。"奥列什金指出。

很快炸弹落得更近了，奥列什金发现身边全是想拼命突破敌军阵地的士兵。"大家扔掉了防毒面具、头盔和背包，"他回忆道，"所有人都只有一个想法：尽量逃离包围圈。"奥列什金发现他不用跑很远就能逃离德军，甚至扔掉了食物包——不到万不得已时，惊恐的士兵是不会丢下食物的。

奥列什金和其他士兵当夜在树林里四处乱窜，试图躲避德军的机关枪扫射和不断的炮火。有一次，他看见了一道刺眼的光芒，一声爆炸将他震倒在地。睁开眼后，他看见一名战友倒在身旁，肩胛骨裂开了一道伤口。"帮我包扎一下伤口。"战友恳求道。奥列什金想帮他，但根本做不到，因为另一轮炮火很快再次把他震倒在地。

第二天早上，奥列什金感到精疲力竭、无精打采。"死亡甚至都成了一种解脱。"他回忆道。但后来他看到一群德军士兵走了过来，苏联士兵勉强站起身来，几乎连举手投降的力气都没有了。奥列什金效仿一名初级军官的做法，把枪和文件都扔进了池塘，和大约二十个士兵一起投降了。追捕者对苏联战俘的蔑视态度让他震惊。"我们被一个德军士兵押送至一个村庄，"奥列什金指出，"他走在我们前面，甚至认为没有必要握紧手中的枪。他确信我们不敢反抗，这一点最终让我崩溃，让我感觉受到了羞辱，也让我看清了我们面临的绝望局面。"[13]

奥列什金奇迹般地幸存了下来，继续参加了战斗。1944年他抓获的德军士兵肯定和他当时在维亚济马一样备感羞辱和挫败。但在维亚济马被困的绝大多数人没有奥列什金这样幸运。战斗结束后，15岁女孩玛利亚·丹妮索娃（Maria Denisova）的村庄毁于战火，躲藏在家中地下室的她爬出来后看到的是一幅恐怖的画面。"到处都是死尸，"她回忆道，"我们仿佛走在一条由尸体铺成的路上。他们挤在一起、彼此重叠，其中一些还残缺不全。我们不得不踩在尸体上，因为没有其他路可走……太不堪回首了！鲜血染红了河流，河里似乎流淌的全是鲜血。"[14]

2005 年，我随一个"搜寻者"小组（小组成员多数是定期重访二战战场的俄罗斯年轻退伍军人）在维亚济马附近的密林参加了一次野营活动。他们仔细搜索这个区域，仍然能发现当年士兵的遗体、装备和武器。他们将这种搜寻当作一项使命，意在不让牺牲者死得悄无声息。自 1990 年以来，该小组已经发现了大约 1000 具士兵的遗体，并把他们安葬在一处小型墓地中。类似的小组还有不少，到 2005 年时，该墓地已经容纳了共计 3 万具遗体，全都是在 1990 年后发现的。正如我所在小组的成员叶戈尔·切格里涅茨（Yegor Chegrinets）所指出的："你无法摆脱这里的战争。它总会从地里长出来。"[15]

1941 年 10 月 7 日，维亚济马战役尚未完全结束时，哈尔德将军就在日记里称这场战役"大获全胜"。[16]两天后，希特勒的新闻主任奥托·迪特里希（Otto Dietrich）宣布，在维亚济马赢得的胜利意味着德军和莫斯科之间现在只有"真空地带"，[17]似乎在暗示莫斯科在劫难逃。纳粹党日报《人民观察家报》的社评指出，"布尔什维克军事上的终结"已近在眼前。

但参与了维亚济马战役的一些德军士兵意识到，现在庆祝还为时过早。德军前线观察员约阿希姆·普施（Joachim Pusch）的工作是查明并报告苏军迫击炮的位置，以便炮兵可以瞄准并施以打击。"让我不太高兴的是，当我给出坐标后，突然间每门炮只能分到三发炮弹，"普施回忆称，"这真的让我很失望。"普施指出，与"巴巴罗萨行动"初期不同，供给问题已导致弹药定量配给，这意味着"推进节奏开始放缓"。[18]

战后，格哈德·格拉斯曼（Gerhard Grassmann）将军讲述的其炮兵部队向莫斯科推进时的遭遇，证明德军部队普遍存在弹药短缺的问题。"根本没有足够多的弹药为步兵提供直接火力支援或打击敌方集结的重兵。"格拉斯曼指出，在战斗的关键时刻，他的士兵只能发射原计划中榴弹炮炮弹数量的大约三分之一。[19]

德军评估认为，为了对莫斯科展开攻势，其每天大约需要三十节车厢的补给物资，尤其是弹药和燃油。但实际上，进攻莫斯科的德军每天只得到了大约二十节车厢的补给。[20]

这并未阻止德国媒体用越发肯定的表述来为胜利欢呼。"东线战局已定！伟大时刻已经来临！"各大报纸的大字标题惊呼道。[21]

* * *

尽管斯大林向比弗布鲁克和哈里曼保证苏军最终将赢得胜利，但他对守住莫斯科远称不上有把握。英美代表团刚走，斯大林就急忙开始挽救危局。10月6日，他给朱可夫将军（此前斯大林让朱可夫负责保卫列宁格勒）打了电话，命令他立即飞回莫斯科。第二天抵达莫斯科后，朱可夫直接去了斯大林在克里姆林宫的住所。斯大林前几天得了流感，刚刚痊愈。[22]

斯大林指向一幅地图。"看看吧，我们的西方面军遇到了大麻烦，但我还不知道详细情况。"他抱怨道。斯大林告诉朱可夫，其任务是立即前往西部前线，向自己报告发生了什么。但朱可夫明白斯大林心里有一个更大的目标：他想阻止德国人占领莫斯科，宣布苏军获胜。

尽管斯大林和希特勒都会随意否决将领的意见，而且斯大林在 1937 年还对武装部队的高级军官进行了清洗，但随着苏德两军展开厮杀，两人间的一个关键区别开始显现出来。希特勒仍然认为自己在战略和战术上，比他手下的将领更有资格做出决断，从不相信将领们的判断。相反，斯大林慢慢懂得了应尊重朱可夫的判断和能力。朱可夫也似乎比其他苏军将领更加自信，不太害怕在斯大林面前直言。谢苗·铁木辛哥元帅后来指出，朱可夫是"唯一一个无所畏惧的人。他不怕斯大林"。[23]

此话有些夸张。朱可夫清楚自己侥幸躲过了波及众多同僚的"大清洗"。正如他自己承认的那样，他幸免于难的原因之一是他没有受到过快的提拔，在当时并不太引人注目，但他并没有感到很安全。根据朱可夫女儿埃拉（Ella）的说法，她父亲总是会准备一个棕色的小手提箱，里面装有两件换洗内衣和一套洗漱用品，以防内务人民委员部的人随时敲门把他带走。埃拉还记得手提箱就放在父亲床边，母亲经常会把干净衣服放进去。即便还是一个孩子，她也能感受到无处不在的恐惧。"我们在家里从不公开谈论这些事。"埃拉表示。[24]

对军队的"大清洗"基本结束后，朱可夫靠 1939 年在蒙古对苏军的出色指挥，引起了斯大林的注意。日军当时攻击了驻蒙苏军，朱可夫击退了日军。尽管苏军遭受了重大伤亡，但他取得了一场决定性胜利，逼迫日本与苏联和蒙古签署协议，结束了日苏间的敌对状态。日本军方领导人还从此战中吸取了教训，认为不能低估苏联的实力，以至于 1941 年德国怂恿日本一起进攻苏联时，日本始终有所忌惮，不敢妄动。

斯大林对朱可夫在战场上完全不怕士兵牺牲的做法尤为欣赏。1941 年 9 月，斯大林派他去列宁格勒应付当地"几乎令人绝望"的局面。朱可夫一到任就罢免了他认为不称职的将领。无论条件多么不利，他都命令士兵不许撤退，而是发动新的进攻，胆敢违令之人都会被枪毙。和斯大林一样，朱可夫对下属十分粗暴。他是出了名的讲话粗鄙之人。"你们不是什么将军，就是一坨屎！"他会这样辱骂下属。[25]

到了 9 月底，德方的攻势陷入僵局，至此德军开始了对列宁格勒长达 900 天的围困，试图饿死城内居民。根据苏联的官方统计，围城期间共有 632253 人死亡，但德国人从始至终都未能占领列宁格勒。[26]

10 月 6 日和斯大林谈完之后，朱可夫去了西方面军指挥部，研究如何阻挡德军对莫斯科的攻势。凌晨两点半，他在指挥部给斯大林打了电话。"首要的问题是通往莫斯科的道路完全没有设防。"他报告称。在维亚济马等地的战斗摧毁了所有稳固的防线，而且用来填补缺口的预备队也所剩无几了。朱可夫建议集中所有剩下的力量，在莫斯科以西 60 英里的莫扎伊斯克（Mozhaisk）设置一道从北至南长达 135 英里的防线。

朱可夫不遗余力地争取时间来构筑防线。大约 4000 名来自波多利斯克（Podolsk）的军校学员，奉命防守德军进军途中的一处要道。毫无经验的学员在火力上完全处于劣势，根据官方记载，仅仅几天的战斗后，这些学员的伤亡率就高达 80%。

此战的幸存者、后来成为军事历史学家的鲍里斯·维登斯基（Boris Vidensky）回忆称，学员们除了敌人外，还面临着其他的威胁。"我第一次看到了内务人民委员部封锁队，"他说的是负责枪毙试图撤退的士兵的部队，"他们就在我们身后。"尽管当时自己要面对这种恐怖手段，但60多年后回首往事时，他还是表达了肯定之意。"这是为了不惜一切代价阻止德国人，"他说，"这种强硬的做法给我们带来了胜利。"[27]

这凸显了斯大林与希特勒的另一点不同。德国元首的恐怖手段主要针对征服领土上的所谓的外国敌人，军人和平民都难以幸免，多数情况下，此举只能加剧他们对纳粹统治的憎恨。然而，斯大林惯于对己方士兵采取强硬手段。战争期间，估计有15.8万苏联士兵被判处死刑。相反，因临阵脱逃被德国军事法庭判处死刑的士兵只有2.2万人，而且这一数字是东线战场和各个其他战场的总和。[28]

朱可夫估计他只有约9万人的兵力去阻止德军夺取莫斯科。他派士兵去守卫要地，莫斯科城内的人则抓紧时间挖掘战壕，并在通往莫斯科的道路上构筑反坦克路障。但德军仍在前进，苏联必须要做最坏的打算了。10月13日，斯大林命令党政军要员撤离至莫斯科以东600英里的伏尔加河河畔的古比雪夫（Kuibyshev），一旦莫斯科陷落，古比雪夫就将成为临时首都。

10月16日早上，一份官方公报带来了更糟的消息。"10月14日至15日夜间，西部战场的局势恶化了，"公报称，"拥有大量坦克和摩托化步兵的德国法西斯向我军展开猛攻，突破了我军的一道防线。"

尽管莫斯科城里的共产党组织呼吁"实行钢铁般的纪律，与所有恐慌者及懦夫、逃兵和散布谣言者进行无情的斗争"，但市民的恐惧与日俱增，德国人就要进城的谣言满天飞。民众对斯大林或朱可夫能够力挽狂澜的信心开始动摇。[29]

＊　　＊　　＊

莫斯科城内的美英外交官也越发悲观。将妻子安全送到瑞典后，10月15日，美国大使斯坦哈特在美国使馆召集那里的工作人员讨论撤离事宜。武官耶顿少校前一晚在11英里外的位于斯摩棱斯克公路边的别墅休息，一大早就被炮声吵醒。他看了看窗外，发现红军士兵开始在前院架设机关枪。他觉得大势已去。"我知道我再也看不到这个地方了。"耶顿回忆称。在美国使馆的会议上，他告诉同事说，莫斯科只能再坚持三十六个小时。

耶顿的老对头、作为哈里曼代表团成员重返莫斯科的前任武官菲利普·费蒙维尔上校也出席了会议。此前，哈里·霍普金斯让他留下来，以便在代表团其他成员离开后协调对苏援助事宜。但即便是此前相信苏联宣传、认为苏军可以击退侵略者的费蒙维尔，"现在也彻底失去信心，让他们在德国人到来前的五个小时里赶紧准备撤离"。使馆工作人员查尔斯·塞耶指出。

会议进行时，莫洛托夫把斯坦哈特和英国大使克里普斯叫到了克里姆林宫。莫洛托夫让两位大使立即带所有使馆人员撤往古比雪夫。"莫斯科保卫战还会继续打下去，打败希特勒的战斗会变得更加艰难。"莫洛托夫告诉他们。两位大使表示只要他和斯大林还没走，他们也要留在莫斯科。但莫洛托夫拒绝了他们的好意，说自己和斯大林一两天后也会撤到古比雪夫。他的言外之意是，莫斯科保卫战将在莫斯科之外的地方继续。

斯坦哈特回到使馆告诉工作人员，他们当晚必须在喀山站集合登车。他向包括雷诺兹在内的美国记者转达了莫洛托夫的话。和费蒙维尔一样，雷诺兹也在英美代表团的其他成员离开后留了下来，再次作为《科利尔周刊》的记者从事日常报道工作。斯坦哈特告诉雷诺兹："在这件事上你根本无能为力。"

尽管雷诺兹也认为种种迹象都表明莫斯科即将失守，但他的俄罗斯秘书兼翻译蒂娜·索菲亚诺（Tina Sofiano）并不感到悲观。"你们西方人不了解我们的国家，"她告诉雷诺兹，"在《战争与和平》中，托尔斯泰在描述拿破仑侵俄战争时指出，'蛆虫可能会啃噬卷心菜，但在吃光卷心菜之前，蛆虫就会死去'。这句话也适用于现在。"

当那年的第一场雪很快化作雪泥时，集结于喀山站的驻莫斯科外交官和外国记者足足等了好几个钟头才获准登车。他们带了能拿走的所有个人物品，以及为旅途准备的食物和饮料。"多亏索菲亚诺，我有一只烤鸡、一些萝卜和两瓶伏特加。"雷诺兹带着明显的满意之情写道。

火车有三十三节车厢和"看似会故障频发"的车头，雷诺兹指出。外交官坐在软座车厢，记者坐在硬座车厢，但对所有人来说，历时五天的漫长旅途并不舒服。暖气和饮用水非常紧缺，而且火车经常停下为迎面驶来的前往莫斯科的运兵列车让行。有一次，他们等了七个钟头，"郁闷地看到了在另一条轨道上跑动的火车，它被炸弹和机关枪弄得遍体鳞伤"。

当筋疲力尽的乘客们第一次看见他们的新家时，这座虽然沉闷但闪烁着夜光的伏尔加河城市让他们感到惊讶，因为古比雪夫足够靠东，没有受到莫斯科习以为常的那种战时管制。然而他们对好消息几乎不抱希望，毕竟莫洛托夫已经承认，阻止德国人占领莫斯科的可能性不大，他们现在只能远远关注局势的发展。[30]这进一步说明了事态的严峻性。

回到 10 月 15 日，也就是外交官和记者从莫斯科撤离的那一天。第二天就要返回华盛顿的哈里曼再次在伦敦会见了丘吉尔。他问首相如何评估战局，丘吉尔答复称："现在希特勒的新计划肯定是，1939 年击败波兰，1940 年击溃法国，1941 年打败苏联，1942 年征服英国，而 1943 年可能就轮到美国了。"[31]

* * *

"莫斯科和我们的国家面临着威胁。"苏联《消息报》（*Izvestia*）在 10 月 16 日写道。为了让民众放心，《消息报》还补充道："苏联人民在危险面前一贯表现勇敢。"不过，正如红军将士在希特勒的军队于 6 月下旬入侵苏联时，并没有像官方宣传的那样全都英勇抵抗，莫斯科民众在莫斯科保卫战期间的表现也与《消息报》所描述的不同。撤离中的混乱，以及抢劫、罢工等之前不可想象的藐视当局的行为，与莫斯科人坚定不移地相信能够获胜的说法完全矛盾。10 月 16 日成为莫斯科的恐慌日，而苏联历史学家后来书写"伟大的卫国战争"中的英雄事迹时，巴不得忘掉这一天。[32]

莫斯科已落入德军的攻击范围，甚至有人谣传说德军已渗透市郊，导致出城几乎变成了蜂拥逃散。官方的统计数字也清楚地说明了这一点。莫斯科 9 月有 4236000 人，到 10 月时降至 3148000 人，1942 年 1 月进一步降至 2028000 人。[33]官方为党政要员、重要工厂和其他对维系政权至关重要的设施组织了撤离行动，但莫斯科的民众只能自行逃离。

莫斯科市民关于 10 月 16 日这天的个人叙述，以及惊恐的内务人民委员部特工的秘密报告，充分展现了他们目睹的场景有多么令人震惊。在莫斯科附近一家火炮工厂（即将撤往乌拉尔地区）工作的德米特里·萨福诺夫（Dmitry Safonov）当时正好回城去取一些东西。"整个莫斯科被搞得天翻地覆，"他回忆道，"我几乎认不出这座城市了。"公路上挤满了装满个人物品的轿车和卡车，还有很多人"似乎漫无目的地"在大街上乱跑。他来到火车站希望赶上一班火车，却发现地上满是手提箱、袋子、衣服、灯具，甚至还有一架钢琴——它们都是那些已经登上火车或挤进站台希望上车的人丢弃的。

一些有地位的莫斯科人想自己开车逃离，却发现警察多已逃走，他们只能任由暴民摆布。美术编辑 G. V. 列舍京（G. V. Reshetin）回忆起人们如何拦住汽车并袭击自己一行人。"他们把司机和乘客从车里拽出来，殴打他们，把他们的东西扔到地上。"他写道。[34]有时他们会抢车自己开走，有时他们施暴仅仅是纯粹出于嫉妒。

内务人民委员部在莫斯科市及莫斯科州负责人米哈伊尔·朱拉夫列夫（Mikhail Zhuravlev）两天后就工厂工人的"无政府行为"递交了一份报告，列举了一些例子。

"219 号工厂的一些工人……在热心者公路（Highway of the Enthusiasts）上袭击了载有莫斯科避难者的汽车……他们抢了避难者的东西。六辆汽车被这伙人推下了峡谷。"

一群来自人造革厂的工人"拦住了一辆汽车，车上的避难者是同一家人造革厂的员工的家属。一些乘客遭到了无情的殴打，他们的东西也被抢走了"。

8 号工厂发生了"反革命骚乱"。暴徒放火烧毁了一间仓库，洗劫了被选为疏散对象的一群工人和他们的家属。"这次纵火造成了大约五十万卢布的损失。"[35]

与此同时，抢劫者洗劫了商店，尤其是存有定量配给食物的店铺。他们还闯入了已撤离的莫斯科人的公寓，甚至袭击了已经空无一人的英国使馆。

卢比扬卡广场上的内务人民委员部总部的烟囱直冒黑烟，当地居民知道惴惴不安的秘密警察正在匆忙烧毁文件。一些莫斯科人也主动处理了家中和共产党沾边的东西。外国语学院22岁的毕业生瓦莱里娅·普洛科洛娃回忆称："人们扔掉了共产主义文学作品和共产党领袖的画像。"垃圾桶里满是斯大林时期的"垃圾"，而这些东西在平时是没人敢扔的。到了夜里，"罪犯和酒鬼"在大街上闲逛，外面根本连一个警察都看不见，普洛科洛娃说，"给人的感觉就像是末日降临一般"。

几年前在"大清洗"中被处决的军官的遗孀塔玛拉·贝琳妮娜（Tamara Bylinina）和数千妇女一起在莫斯科郊区修建战壕。听到德国人就要打过来的消息后，她急忙跑回市里的公共公寓，当时她和其他十几个人一起居住在那里。她一眼就发现墙上斯大林和列宁的画像已不翼而飞，还看到有人焚毁了一部十二卷的列宁选集。"大家害怕德国人会因此处决他们。"贝琳妮娜解释说。

他们的害怕并非空穴来风，但搞上述破坏的人还有别的理由。普洛科洛娃听到有人咒骂斯大林。"我们忍饥挨饿，他们却一直告诉我们说，我们生活在最富裕的国家。"普洛科洛娃引用了他们的原话，"现在呢？斯大林在哪里？他抛弃了我们。"贝琳妮娜还说，一些邻居甚至欢迎任何能除掉当今克里姆林宫统治者的人。"这样很好，他们早就榨干了我们的鲜血。"一个人说道。

发生了这些事后，斯大林和多数克里姆林宫的高层领导人仍未公开露面，但阿纳斯塔斯·米高扬是个例外。斯大林汽车厂（Stalin Motor Vehicle Plant）的厂长因工人罢工而请求米高扬帮助，这位苏共中央政治局委员决定亲自出面。他驱车赶往已被锁上大门的工厂，在那里示威的五六千个工人立即围住他，接二连三地发问：为什么他们这两周都没领到工资？为什么他们被锁在自己工厂的门外？为什么政府和工厂的共产党与共青团官员逃离了莫斯科？为什么没有人向自己做出任何解释？

米高扬试着安抚他们。"同志们，干吗要这么生气？"他说，"现在是战争时期，任何事都可能发生。"他将政府已经逃离的"谣言"称作"挑衅"。尽管他承认一些政府部门已得到疏散，但表示"那些必须留在莫斯科的人仍在这里。斯大林还在莫斯科，莫洛托夫也在——所有不能离开的人都在这里"。工人们应该相信政府，他向工人们保证政府正在依照"精心准备的计划"行事，且这些计划的内容包括为他们提供生活保障。米高扬指出，现在需要做的是"沉着自律地应付敌人"。[36]

米高扬罕见的亲自介入似乎取得了成效，工人们慢慢散去。但他隐瞒了很多实情。他没有告诉工人们，他们之所以被锁在工厂外是因为工厂里已经放置了炸药。一天前，斯大林颁布了"炸毁所有无法疏散的工厂、储存设施和机构"[37]的指令，而斯大林汽车厂就属于此类设施。米高扬也没有说斯大林已经命令很多高官离开莫斯科，而他们中的大多数人相信斯大林很快也会离开。

米高扬并不完全是在粉饰政府的行为。他确实不清楚斯大林接下来的打算，斯大林还没有想好接下来该何去何从。

＊　＊　＊

在莫斯科随时可能失守的关键日子里，斯大林似乎也认为不得不放弃莫斯科。10 月 14 日，斯大林和莫洛托夫会见了共产国际领导人格奥尔基·季米特洛夫（Georgi Dimitrov）。季米特洛夫对苏联领导人那种和其他人一样悲观的看法感到震惊。"由于莫斯科已经成为前线，因此必须做最坏的打算。"季米特洛夫在日记里写道。莫洛托夫明确地告诉他："撤离是必要的。我建议你今天就走。"根据季米特洛夫的回忆，斯大林简单明了地告诉他："我们无法像保卫列宁格勒那样保卫莫斯科。"

季米特洛夫和莫洛托夫准备离开时，斯大林又说了一句："今天就走！"季米特洛夫指出，他说这话时就像在说"该吃午饭了！"般随意。斯大林没说自己何时会离开，但季米特洛夫相信他很快就会动身。[38]

前红军将领、斯大林传记作者德米特里·伏尔科戈诺夫认为，斯大林对采取这样的极端做法感到心情沉重。"令人不安的预感让他饱受折磨，"伏尔科戈诺夫写道，"在那些黑暗的日子里，面对敌人接二连三的打击，斯大林觉得只有奇迹才能拯救他。"[39]

斯大林已经为撤离做好了一切准备：一辆物资齐全的专列在站台待命；为了在有突发情况时能更迅速地撤离，他的道格拉斯 DC–3 型（Douglas DC–3）私人飞机和其他三架飞机也随时待命。

10 月 15 日傍晚，斯大林决定驱车回到他的别墅，却被告知为了应对德国人，别墅四周已经布置了地雷，他不应该再去那里。斯大林十分恼火，命令手下"清除地雷"并宣布他仍将按原计划在别墅里过夜。[40] 这说明他尚未决定是否要离开莫斯科。

第二天，斯大林乘车回到克里姆林宫时在路上遇到了抢劫者。"有人拿着成包的面粉、成捆的香肠和火腿以及成盒的通心粉和面条。"斯大林的一名保镖指出。斯大林让司机停车。他下车后，一群人立即围了上来。有人鼓掌欢迎，还有人问他："斯大林同志，我们何时能挡住敌人？"[41]

斯大林没有像以往那样斩钉截铁地发表胜利宣言，而是回答说："现在任何情况都有可能发生。"据说他没有斥责或威胁抢劫的人，这表明他对大街上的混乱状态十分吃惊。

回到克里姆林宫后，他告诉手下继续推进将政府机构疏散至古比雪夫的工作，但一些部门也将被疏散至其他城市。虽然苏共中央政治局委员也要进行疏散，但包括内务人民委员部负责人贝利亚在内的一些官员将留下，以便在莫斯科被德国人占领后组织地下抵抗活动，包括炸毁一些关键设施。

2005 年时，莫斯科掀起了一阵建筑热潮，旨在让一些可以证实战时计划的证据重见天日。建筑工人拆除红场边的斯大林时期修建的宏伟的莫斯科酒店（Hotel Moskva）时，在其地基里发现了一吨多的炸药。[42] 还好它们已经年久失效，而且没有引爆装置。这表明酒店当时被用来储存炸药，或者当局还没来得及做好引爆准备。但毫无疑问的是，莫斯科酒店确实被列入计划，以应对德国对莫斯科的占领。

至于斯大林自己的计划，他宣布："我会明天早上离开。"考虑到克里姆林宫收到的战报越发令人不安，撤离似乎成了唯一合理的选择。米高扬报告说从他在莫斯科西南方向 9 英里外的家中，已经能够看到 15 ~ 18 英里外的德军摩托化部队。这意味着德军到莫斯科外围的距离只有约 25 英里了。其他报告甚至认为德军到了更近的地方。

斯大林尽管感到越来越危险且声称马上就要离开，但仍显得犹豫不决。他读了陆军元帅米哈伊尔·库图佐夫（Mikhail Kutuzov，1812 年率领俄军战胜拿破仑）的新传记，并在"直到最后一刻，也没人知道库图佐夫的打算"这句话下面画了根醒目的线。[43]空军元帅亚历山大·葛罗凡诺夫（Alexander Golovanov）10 月 16 日那天看见斯大林坐在办公室，一遍遍地问他自己："我们该怎么办？我们该怎么办？"[44]

10 月 18 日，斯大林来到了停靠专列的火车站。铁路工人帕维尔·萨普雷金（Pavel Saprykin）为这次所谓的历史性之旅做了相关准备，他回忆称在车站看到了斯大林。萨普雷金说，斯大林向火车走去，在旁边的站台来回踱步，好像这时他才最终下定决心。之后，斯大林没有登车，而是离开了车站。[45]

*　　*　　*

在那一刻，斯大林下定决心要留在莫斯科。他不再踌躇，而是以他一贯的强硬姿态表明他仍能统揽全局。10 月 19 日，他颁布了戒严法，内务人民委员部部队有权枪毙任何行为可疑之人。同时，紧急法庭有权审判抢劫者和其他违法者，这意味着死刑的迅速执行成为可能。

六十多年后，内务人民委员部巡逻队的幸存者叶夫根尼·阿努夫里耶夫（Yevgeny Anufriyev），在谈论当时的细节时仍三缄其口。但他关于部队收到的指令说得非常清楚。"这是很棒的命令，我们可以当场枪毙间谍和逃兵，"他回忆称，"我们奉命这样去做，但我们不知道如何分辨谁是间谍，因此这项命令并没有实际意义。"也许对他来说是这样的。但他暗示说很多情况下这项命令发挥了作用。"我们做了很多蠢事。我还能说什么呢？"

关于多少莫斯科人丧命于戒严法，并没有可靠的统计数字，但斯大林传递了清晰无误的信息：严厉统治再次生效。抢劫和多数其他的暴力行为迅速结束，留在城里的莫斯科人再次感受到了阻止德国人占领莫斯科的坚定决心。

在他经过仔细审查的回忆录中，朱可夫称多数莫斯科人在10月中旬的危机中表现不错。"不过，像俗话说的那样，家家都有害群之马，这次在莫斯科也是如此。城里的懦夫、散布恐慌者和利己主义者四散逃去，散布了令人恐慌的谣言，说莫斯科注定要投降。"朱可夫写道。戒严法的出台对"鼓舞军民击退敌人……防止10月16日那样的受到煽动的恐慌卷土重来"是十分必要的。[46]尽管用词谨慎，但朱可夫的描述无疑表明当时有不少"害群之马"，而且莫斯科民众为此付出了高昂代价。

之前的恐慌不仅严重影响了莫斯科居民的士气，而且使所有苏联公民开始怀疑，斯大林最终能否战胜希特勒。即便像瓦莱里娅·普洛科洛娃这样不信任在"大清洗"中夺去了她多位亲人性命的政府的人，也对士气的突变表示欢迎。"我们开始感觉受到了保护；我们觉得政府在保卫我们的国土，"普洛科洛娃说，"没人在乎斯大林，但大家在为我们的国家而战。"

普洛科洛娃这样的知识分子可能是这样想的，但斯大林在赢得普通公民对他作为国家领袖的认可上明显更成功。莫斯科特里赫戈尔卡棉纺厂（Trekhgorka Cotton Mill）的共青团活动家奥尔加·萨波兹妮科娃（Olga Sapozhnikova）一年后在与英国广播公司的俄裔记者亚历山大·沃斯（Alexander Werth）的一次谈话中，回顾了那些"可怕的日子"。她参与了在工厂安置炸药的工作。"只要按一下开关，整座工厂就会被炸飞。"萨波兹妮科娃说道。就在同一天，厂长收到了不引爆炸药的通知，而她听说斯大林决定留在莫斯科。"这对士气产生了巨大的影响，"她回忆道，"现在莫斯科肯定能保住了。"[47]

实际上，甚至斯大林本人此刻也没有这样的信心。尽管德军赢得战争的愿望在1941年年底彻底落空，但莫斯科保卫战一直持续到1942年4月，造成了惊人的伤亡。双方的损失，包括阵亡、被俘或重伤者高达250万人，其中苏军的损失接近200万人。[48]但这仍代表着希特勒地面作战的首次失败。在战后的回忆录里，朱可夫写道，无论何时有人问他对战争最深刻的记忆是关于什么的，他的回答都会是"莫斯科保卫战"。[49]

德军失败的一个关键原因是，斯大林没有登上原本送他去安全后方的专列。正如斯大林传记作者伏尔科戈诺夫所说，"在某种程度上，斯大林表现得像是一个心理学家。他知道他绝对不能离开莫斯科"。[50]尽管斯大林可能略显冲动的决定并不能确保胜利，但如果他撤离至古比雪夫的话，莫斯科几乎肯定会继续混乱下去，还有可能最终走向毁灭，而这将对整个战局造成重大的打击。

在与希特勒的意志比拼中，斯大林证明自己是更果断的领导人：他拥有一种面对危局时知道如何应对的直觉。

第十章 "别无良策"

就像一个害怕被拒绝的求婚者一样，丘吉尔在极力讨好罗斯福的同时，并没有提出萦绕于每个伦敦人心中的那个问题：美国何时才能直接参战？这一前景曾无比明朗，但后来又逐渐变得渺茫。

孤立主义运动不再像之前那样具有威胁性了，查尔斯·林德伯格9月11日在艾奥瓦州（Iowa）的"美国优先"运动集会上表现糟糕，进一步重挫了他们的势头。在罗斯福发表"炉边谈话"，授权美国海军在防区内对所有德国或意大利舰船实行"见到就开火"原则的同一天，林德伯格就一个煽动性话题发表了讲话作为回应：犹太人在推动美国参战方面所扮演的不光彩的角色。

"不难理解为什么犹太人想要推翻纳粹德国的统治，"林德伯格在德梅因体育馆（Des Moines Coliseum）告诉台下的8000名听众，"他们在德国遭受的苦难对任何民族来说都是不可接受的。"但他提醒人们注意好战政策的危险性，称犹太人"将最先承受后果"。接着，他还对美国犹太人进行了公开谴责："他们在电影业、出版行业、电台和政府的巨大权力和影响力，是美国所面临的最大危险。"

林德伯格明显想要寻求听众的理解，却给了那些视他为反犹主义者的人更多的口实。"我没有攻击犹太人或英国人，"
林德伯格宣称，"我很欣赏这两个民族。"但他继续说，这两
个群体的领导人"不会为美国的利益考虑，想把我们卷入战
争。我们不能因为他们追求符合他们利益的事物而责怪他们，
但我们必须追求自己的利益"。

尽管反犹思潮当时很盛行，但这种将美国人的利益与犹太
人（也就是外国人）的利益相提并论的做法，立即引起了波
澜。他的妻子安妮（Anne）在日记里写道："所有人——政
府、压力集团和犹太人——都攻击他，骂他现在是一个公开奉
行纳粹信条的纳粹分子。"《自由》（Liberty）杂志形容林德伯
格是"美国最危险的人"。他的传记作者 A. 斯科特·博格（A.
Scott Berg）认为，"美国历史上很少有人像他这样受到辱骂"。[1]

10 月 17 日，一艘德国 U 型潜艇在冰岛西南方攻击了给英
国船队护航的美国"卡尼"号（USS Kearny）驱逐舰。虽然
美国军舰成功驶回了雷克雅未克，但 11 名船员在袭击中丧生。
一周前，罗斯福要求国会修改《中立法案》，允许所有美国商
船配备武器，解除不让商船前往战区的禁令。"卡尼"号遭袭
后，61% 的美国人支持美国商船向英国运送援助物资，但在美
国应在多大程度上介入战争一事上，舆论仍有分歧。[2]

在 10 月 20 日发给丘吉尔的一则"秘密且私人"的消息
中，艾夫里尔·哈里曼讲述了华盛顿的矛盾现象。哈里曼解释
说，"干涉主义者越来越多，而且越发自信和主动"，而且
"像林德伯格这样的孤立主义者已经名誉扫地"，"不过，尽管
大势如此，但美国该何时及以何种方式直接加入，此事目前还
不甚明了"。他指的是参战。他还说"卡尼"号的遇袭"甚至
没有激起任何涟漪。好像公众早就预料到了这样的事件并且做

好了充分的准备"。[3]哈里曼是公认的干涉主义者，无疑对这种举棋不定的状态感到困惑而沮丧。

但罗斯福并不打算把对"卡尼"号的鱼雷攻击当作一次普通事故。在10月27日海军节的讲话中，他慷慨陈词，抨击了希特勒的行为，好像不打算继续限制对美国军事力量的使用。罗斯福谈到了9月的"基尔"号事件和此后"卡尼"号的遇袭，明确宣告："美国遭到了攻击。'卡尼'号驱逐舰不仅属于海军，还属于这个国家中的每一个男人、女人和孩子。"

德国人攻击这艘驱逐舰"意在把美国人从公海吓跑，迫使我们恐惧地逃走"，罗斯福继续说。在警告希特勒不要误判美国人的抵抗精神的同时，总统还利用该场合劝说美国民众打消对希特勒的任何幻想。"希特勒一直声称他的征服计划不包括大西洋彼岸，"罗斯福说，"但德国的潜艇和突袭直接威胁到了我们。他关于整个新世界秩序的整体构想也让我们无法高枕无忧。"

为了进一步说服美国民众，罗斯福还声称获得了"希特勒政府绘制的一份秘密地图"，证明德国打算征服整个南美洲，将其分为"五个附庸国"，巴拿马运河也将由其中一个附庸国统辖。"这份地图，我的朋友们，清楚地表明纳粹不仅觊觎南美洲，而且不会放过美国。"[4]罗斯福还说他手中有希特勒政权的另一份文件，德国纳粹势力在文件中发誓要"消灭所有现存的宗教"，"用一个全球性的纳粹教会"取而代之。实际上，罗斯福所说的文件是英国驻多伦多的情报机构伪造的。[5]

无论罗斯福是否清楚他利用的是英国的假情报，他都在此场合敦促国会尽快完成对《中立法案》的修改，鼓励工厂增加战时物资的产量，以便援助英国和苏联。"希特勒和希特勒主义的扩张是可以阻止的，也将受到阻止。"罗斯福发誓。谈到美国的角色时，他说："每一天，我们都在给那些在真正的前线战斗的人员生产和提供越来越多的武器。这是我们的首要任务。"

但仍有一个问题无法回避：美国还能继续这样下去多久？

* * *

丘吉尔迅速给罗斯福发了电报，表达了感激之情。"你精彩的演讲让我很受感动。"丘吉尔表示。[6]保守党议员哈罗德·尼科尔森的日记反映了很多丘吉尔的支持者在战时左右摇摆的情绪，此时也毫不掩饰地记录了尼科尔森的喜悦之情。10月28日，罗斯福发表讲话的第二天，尼科尔森写道："一个巨大的进步……非常美妙的一天。这也许是战争的转折点。我走在街上，心里很高兴。"[7]

尼科尔森还谈到了英美领导人与德意领导人之间的巨大反差。"罗斯福真是一位大师！每次拿衰老、不知所措的墨索里尼……以及贝希特斯加登（Berchtesgaden）的那个神经质天才希特勒，和亲爱的温斯顿与出身纽约州海德公园镇的完美政治家罗斯福做比较，我都感到兴奋。"当来访的美国作家约翰·冈瑟在当晚的一场宴会上告诉他"孤立主义像一只泄了气的飞艇一样慢慢陨落"时，尼科尔森更加欣喜了。

德国和意大利的领导人也很关注罗斯福的表态。"罗斯福的演讲让人印象深刻，"当时正在德国访问的意大利外长齐亚诺伯爵在日记里指出，"德国人决心不去主动刺激美国参战。"但在当日的午餐中，里宾特洛甫"攻击"了罗斯福，齐亚诺写道。德国外长告诉齐亚诺："我已经命令媒体在提及罗斯福时，使用'犹太人罗斯福'这样的表述。"里宾特洛甫还说："我想做个预言：罗斯福将在国会大厦被其同胞用石头砸死。"

前一天，里宾特洛甫在打完猎后的晚餐上，也有类似的乐观表态："亲爱的齐亚诺，我们的狩猎明年会更精彩，不仅因为我们能猎杀更多的猎物，还因为英国会最终意识到她无法赢得战争。"换句话说，英国将不得不接受纳粹所强加的和平。

齐亚诺的德国之行让他觉得德国"状态不错"。他对德国在战局正酣时表现出来的平常心态感到惊讶。"人们很镇定，吃得不错，穿着得体，外表光鲜。"他指出，"美国人说德国会从内部崩溃，他们说错了……德国能长期坚持下去，因为他们拥有一种必胜的信念。"

回到罗马后，他与墨索里尼分享了看法，而墨索里尼的回应是自己越来越觉得美国不会参战。"很明显，罗斯福在虚张声势。"墨索里尼说。齐亚诺在日记里记下了墨索里尼的话，对此却并不笃定。"他所说的是对的吗？"齐亚诺问。[8]

10 月 31 日，德国人的行为再次证明，罗斯福所说的"美国遭到了攻击"绝非虚言。一艘德国 U 型潜艇用鱼雷攻击了给英国护航的美国"鲁本·詹姆斯"号（USS *Reuben James*）驱逐舰。这导致了美国参战前第一艘军舰的沉没，以及 160 名船员中 115 人的丧生。[9]民谣歌手伍迪·格思里（Woody Guthrie）写了歌词来悼念他们：

> 告诉我，他们的名字，告诉我他们的名字。"鲁本·詹姆斯"号上有你的朋友吗？[10]

齐亚诺伯爵对此感到困扰。"我担心这次事件会构成挑衅，或至少让事态变得更加复杂。"齐亚诺在德国袭击"鲁本·詹姆斯"号那天写道。

在华盛顿，军舰的沉没让罗斯福在国会赢得了修改《中立法案》所需的支持，但这场势均力敌的斗争表明，美国在参战一事上仍举棋不定。11 月 7 日，参议院的赞成票与反对票分别是 50 票与 37 票；一周后，众议院的双方票数是更加接近的 212 票与 194 票。[11]

罗斯福在"鲁本·詹姆斯"号沉没后，并没有像在海军节那天一样，发表激昂的新演说，而是很奇怪地保持沉默。和哈里曼一样，干涉主义者、内政部部长哈罗德·伊克斯对罗斯福未能利用此事促成美国参战感到不满。"很明显，总统还想再等等——天知道还要等多久或为何要继续等待。"他在日记里写道。[12]

但总统演讲稿撰写人罗伯特·舍伍德认为，罗斯福在与孤立主义情绪做斗争时，仍感到"无能为力"。坚定的孤立主义者在数量上可能有所减少，舍伍德说，但剩下的那些人变得"更加咄咄逼人了"。同时，很多美国人根本不想去考虑他们面临的危险。"鲁本·詹姆斯"号沉没后，舍伍德写道，"死难者的家人悲伤不已，但美国大众似乎对西点军校与圣母大学间的橄榄球比赛更感兴趣"。

此前 10 月份的"卡尼"号事件后，"美国优先"委员会负责人罗伯特·E. 伍德（Robert E. Wood）将军提出罗斯福有本事就要求国会宣战。舍伍德指出，这让总统更加坚信，类似的提议"无疑只会遭遇灾难性的失败"。舍伍德觉得，罗斯福在"鲁本·詹姆斯"号沉没后的沉默表明，他意识到了自己已经没有令人信服的选项了。"他已经说尽了'避免战争'的话，"舍伍德写道，"他已经别无良策。他无法再从帽子里变出兔子了。"[13]

在大西洋彼岸，一些英国高官认为，罗斯福的应对不力对战局产生了不利的影响。陆军元帅扬·史末资在 11 月 4 日发给丘吉尔的电报中指出："我越来越觉得战争将在僵局中结束，这会对我们极端不利。"史末资表示，为了避免这一结果，美国有必要参战，以"慑阻日本的妄动，尽量让苏联继续抵抗"。他敦促丘吉尔利用自身的影响力帮助罗斯福实现这一目标："我相信你会在合适的时机，利用恰当的方式推动罗斯福采取行动。"

丘吉尔回信称，他早在 8 月与罗斯福在纽芬兰海岸会晤时，就劝说他及他的团队尽早宣战。丘吉尔告诉史末资："我宁愿美国宣战，导致英国连续 6 个月没有援助物资，也不愿援助物资翻倍而美国仍不宣战。"不过，丘吉尔表示，现在再次发出呼吁不合时宜，因为罗斯福请英国理解他面临的诸多掣肘。

"我们不能低估他面临的宪法难关，"丘吉尔解释道，"作为总统他可以采取行动，但只有国会才有资格宣战。"他还乐观地说，罗斯福已经告诉他，"我不会宣战，而是会制造战争。如果我让国会宣战，他们可能会讨论 3 个月"。

丘吉尔最后指出："我们必须对我们的道路和事业的未来充满耐心与信心。"[14]11 月 12 日，他对战时内阁成员做了类似的表态。他提醒他们说，美国在不断提供援助物资，并且其海军在为英国船队护航。他再次强调，自己不想错误地给罗斯福施加压力，让他"先于美国舆论"而行。[15]

美国众议院就《中立法案》进行最终表决的两天后，丘吉尔在和卡姆罗斯勋爵（Lord Camrose）用餐时得知了消息。卡姆罗斯后来在给儿子的信中写道："温斯顿非常高兴。他说他根本不在乎赞成票的优势是多么微弱。重要的是总统现在有权采取行动，人们很快就会忘记法案修改是在微弱的优势下通过的。温斯顿对这一新决定抱有很大期望，我能看出来，他觉得不用等太久美国就会最终参战了。"

在同一天写给丘吉尔的信中，比弗布鲁克勋爵就投票的结果表示了祝贺，指出这表明丘吉尔在和美国官员打交道时的耐心策略取得了成效。"这是在这场您长期孤军奋战的大西洋之战中取得的胜利。"比弗布鲁克写道。

* * *

尽管斯大林决定留在莫斯科，但人们对莫斯科保卫战的结果仍普遍存在疑虑，对红军在经过初期的一连串失利后能否重整旗鼓心里就更没底了。再怎么夸张的语言都不足以形容苏联的成败对其他大国的影响。

10 月 18 日，也就是斯大林差点坐专列撤至古比雪夫的那天，身在华盛顿的美国内政部部长伊克斯阐明了他对战争全局的看法。"我长期以来都认为，如果苏联陷入困境，日本将不失时机地进攻西伯利亚。"伊克斯在日记里写道。他注意到苏德双方正在进行"一场可怕的战役"，而且希特勒宣称打算在冬天来临前夺取莫斯科。伊克斯据此总结道："如果俄罗斯人能守住莫斯科，苏联和英国的士气就将大大提升。如果俄罗斯人真的做到了，日本很可能也会冷静下来。"[16]

斯大林一直担心日本的企图。他急于弄清是否可以将部署在远东地区的部队，调遣至德苏两军激战正酣的莫斯科周边及苏联西部的其他地区。但如果他调走远东的部队，日本却响应德国的呼吁，从东边进攻苏联的话，西伯利亚可能就会成为一个更显眼也更诱人的目标。尽管斯大林讨厌理查德·佐尔格这位曾准确预测德国入侵行动的活动于东京的苏联间谍，但他越发倚仗佐尔格来了解东京的计划。

已经不知不觉被佐尔格发展成情报来源的德国驻日大使尤根·奥特奉柏林之命也在打探日本的情况。但他在整个夏天和秋天伊始，从日本方面得到了相互矛盾的信息。有时日本人好像准备进攻苏联，有时他们又显得非常踌躇。与一些军方将领不同，日本政界对德国人声称能迅速取胜表示怀疑。然而，以荒木贞夫为代表的将领认为"摧毁苏联的时机已经来临"。

7月，日本发起了新一轮的动员，向中国东北调派了更多兵力。奥特希望日本是在为进攻西伯利亚做准备。对佐尔格而言，这让他"有理由担忧"奥特的判断是正确的。佐尔格在当地发展的间谍网中的线人会向他报告日本陆军向海外部署的士兵发放的军服种类。夏装说明这些士兵将前往东南亚，在日本与美英关系趋紧之际拓展"大东亚共荣圈"。但还有一些士兵收到了冬装，这意味着他们将被调往另一个方向。小说家永井荷风从在东京待命的士兵那里听到了一些传言。"他们拿到了冬装，因此他们认为他们不会去南方作战，而是会前往蒙古或西伯利亚。"永井荷风在日记里写道。

8月，佐尔格和他的搭档、日本左翼记者尾崎秀实收到了更多相互矛盾的信息。尾崎秀实听到了日本将在8月15日进攻苏联的消息。佐尔格告诉他，奥特也听到了同样的消息，并且对此深信不疑。但尾崎秀实对其真实性表示怀疑，因为日本人已经意识到，德军对莫斯科的攻势并未进展得像预计中的那样顺利和迅速,与此前相比,苏军也组织了更有效的反击。因此,佐尔格在发回莫斯科的情报中,对日本人的意图并未给出明确的说法。

但几周后,佐尔格和尾崎秀实得到了更确切的情报。德国海军武官保罗·温内克(Paul Wenneker)告诉佐尔格,日本海军不希望进攻苏联,至少不打算在这一年进攻,这样他们才可以向南方挺进。"日本人权衡了利弊,认为对苏作战得不到任何好处。"温内克说,"他们不能保证在冬天前取得胜利。"佐尔格还了解了被派往中国东北的日军的情况。"军方给很多士兵配发了短袖夏装……由此可以看出,大批部队将从海上被运至南方。"他在发给莫斯科的电报里写道。

在另一封电报里,佐尔格就日本进攻苏联的态度,转述了尾崎秀实从日本高官那里了解的一些消息。"他们决定年内不对苏作战,重复一遍,今年不会进攻苏联。"佐尔格欣慰地写道。

尽管对自己的情报深信不疑,但佐尔格仍需说服莫斯科的苏联领导人。斯大林本就怀疑苏联间谍的忠诚度,在苏联领导人眼中,和东京的德国人打得火热且生活放荡的佐尔格就更难得到信任了。"大清洗"期间,一些被诬陷为德国或日本间谍的军官就提到过佐尔格,这些指控已足以让他获罪。佐尔格在军事情报部门的上级已经开始怀疑,他可能是敌方的特工。

和苏德战争爆发前斯大林不愿听到来自佐尔格的情报不同,这次克里姆林宫迫切希望这位传奇间谍提供的情报是真的——苏联的领导层需要得到日本不会从东面进攻的保证。越来越多的证据表明,日本领导人对向东南亚扩张更感兴趣,这对苏联是个好消息。在莫斯科,临时负责军事情报工作的坦克部队指挥官阿列克谢·潘菲洛夫（Aleksei Panfilov）将军少有地表扬了佐尔格。"考虑到他情报来源的多样性及他此前提供的大量情报的可靠性，这次的情报给我们带来了信心。"潘菲洛夫写道。

根据佐尔格的说法，到 9 月时，苏联领导人终于"完全相信了我的情报"，断定日本放弃了进攻苏联的计划。结果，斯大林决定将部署在远东的大量部队西调以保卫莫斯科。从 10 月开始，西伯利亚军团陆续被调至苏联腹地。从 1941 年年末到 1942 年年初，大约 40 万士兵乘坐临时安排的专列在一两周后抵达苏联西部。大约 25 万人负责保卫莫斯科，剩下的赶赴列宁格勒和其他急需援助之地。新来的援军大多配有全套冬装，将极大提高莫斯科获胜的可能性，重创已将莫斯科纳入攻击范围的德军。

10 月中旬，佐尔格预测"日本将很快与美国开战"，再次证明了其日本情报的可靠性。但还来不及发出情报，他就厄运临头。10 月 18 日早上六点半，几名日本警察突袭了他的住所，佐尔格被捕时还穿着睡衣。尾崎秀实和佐尔格谍报网的其他成员也同时被逮捕。

佐尔格长期从事秘密情报工作，完全没有料到自己会暴露。"我根本没有想到我会被逮捕。"佐尔格后来告诉逮捕者说。在手段残忍的审讯中，佐尔格供认不讳，被判处死刑。

日本当局并没有急于处决他。他们将佐尔格一直关押到 1944 年年末。彼时，战局已对日本极端不利，为了避免苏联在太平洋地区对日作战，日本没有进一步激怒苏联。日本官员多次提议拿佐尔格交换一个被苏联关押的日本战俘，但日方每次都很快就遭到了拒绝。有一次，斯大林亲自给出了答复。

"理查德·佐尔格?"他说,"我不认识叫这个名字的人。"

斯大林不打算营救这位间谍。虽然佐尔格的情报对保住莫斯科起到了至关重要的作用,但他了解内幕,知道在希特勒准备入侵之际,斯大林收到了自己发出的警告却置之不理。佐尔格被他所效忠的克里姆林宫抛弃了,1944 年 11 月 7 日在东京监狱被绞死。[17]

* * *

通过在1941 年10 月中旬实施戒严法消除了莫斯科的恐慌后,斯大林开始将注意力转至即将到来的十月革命纪念日上。通常在每年的纪念日,苏联军队会在红场上举行"秀肌肉"的盛大阅兵。让莫洛托夫和贝利亚大感意外的是,斯大林突然问他们:"我们怎么安排阅兵式?比往常提前两三个小时行吗?"[18]

得知此事的莫斯科卫戍部队司令帕维尔·阿尔捷米耶夫(Pavel Artemyev)将军同样震惊不已,指出此刻无法举行阅兵,毕竟德军已经兵临城下,敌机仍在频繁轰炸。但有此一问的斯大林心意已决。"莫斯科周边的防空火力必须加强。"他宣布,"军方主要领导人都在前线。谢苗·布琼尼(Semyon Budenny)元帅将检阅部队,阿尔捷米耶夫将军担任总指挥。如果阅兵期间发生空袭,造成人员死伤,必须迅速转移死伤者,阅兵不能因此被打断。"斯大林明显认识到了阅兵式的宣传价值,命令媒体为阅兵现场拍摄影像,要求所有报纸大张旗鼓地报道。

斯大林还说他将在阅兵式上发表重要讲话。"你们觉得怎么样?"他问道。

莫洛托夫明确表示反对，反问："但风险呢？"感到斯大林心意已决，他立即妥协："虽然有风险，但我承认阅兵将在国内外产生巨大的政治效应。"

"那就这么定了，"斯大林最后表示，"去把一切都安排好。"

对斯大林来说，显而易见的风险反而意味着更大的回报。如果能成功举行阅兵式，恐惧的莫斯科人和全国军民的士气将得到极大的提升。但这个过程也有可能出现差错，产生相反的效果。

11月6日，也就是纪念日前夕，阅兵仪式即将在略显不祥的气氛中于马雅可夫斯基（Mayakovsky）地铁站举行。斯大林和其他领导人从附近的车站搭乘地铁抵达。在广播和喇叭播放的爱国主义音乐中，阅兵式正式开始。随后斯大林向聚集的莫斯科市苏维埃代表和其他文武官员发表了讲话，代表们坐在从莫斯科大剧院借来的椅子上观赏阅兵式。

英国记者亚历山大·沃斯指出，出席阅兵式的大多数人非常清楚为何选择在此地举行阅兵：这可以提供一种保护，防范可能发生的德军空袭。但这种做法反而凸显了莫斯科所面临的危局。"很多出席了阅兵式的人后来告诉我，地铁站的讲话感觉有点奇怪，让人觉得压抑，还有点尴尬。"沃斯写道。沃斯指出，斯大林的讲话本打算提振众人的士气，最后却让人"产生一种既阴郁又十足自信的奇特感觉"。

斯大林宣称，已在苏联的土地上激战四个月的德国侵略者仍是重大威胁。"我必须强调这种危险。问题没有消失，而是更加严重了。敌人已占领了乌克兰的大部分土地以及白俄罗斯、摩尔达维亚（Moldavia）、爱沙尼亚和其他地区，并已突破到顿巴斯（Donbass），像一片乌云般笼罩在列宁格勒和我们光荣的首都莫斯科的头顶上。"他还提醒说，敌人"正拼尽全力，希望在冬天到来前夺取列宁格勒和莫斯科，因为敌人知道冬天对他们不利"。

接着，斯大林为了重振军民信心，驳斥了悲观论调，夸大了德军的损失。他称阵亡、受伤或被俘的德国士兵已经多达450万人，而苏军的损失只有这一数字的1/3，但这根本不是事实。正如西方历史学家所指出的，甚至在追击德军的战争后期，红军的伤亡率通常都要高于对方。整个战争期间，苏军的人员损失是德军的三倍。

不过，斯大林讲话的要点在于尽管"军事上暂时受挫"，但与"已沦为野兽"的侵略者相比，苏军正重新赢得主动。他提醒听众们别忘了19世纪俄国抗击拿破仑的战争，试图从俄罗斯民族史而非意识形态史的角度审视当前的战事。"我们不应忘记拿破仑的下场。"斯大林宣称。

斯大林不仅对胜利做出承诺，而且发誓要复仇。"德国侵略者想要打一场旨在灭绝苏联人的战争，"他说，"好吧，如果德国人想要一场灭绝之战，他们会如愿以偿的。"

在红场检阅军队的环节于第二天早上八点开始。由于相关计划受到严格保密，多数受阅部队的指挥官直到凌晨两点才受领了任务。但随着部队、坦克和火炮在寒冷的凌晨开始集结，对德军空袭的担忧开始消散。天空阴云密布，阅兵期间还下起了大雪。苏军的飞机仍在巡逻，但空中看不到敌军飞机的影子。

降雪给阅兵提供了很好的掩护，但也造成了一些意外状况。斯大林和其他克里姆林宫的高层官员站在空空的列宁墓上方检阅部队时，炮兵和坦克部队艰难地应付着湿滑的地面和降雪，有时还要推动不听使唤的大炮。两辆坦克突然停在广场上，接着向错误的方向驶去，引发了短暂的恐慌；但发现是通信失误造成了这种状况后，大家立即松了口气。多数受阅部队并未碰上意外，在接受检阅后就立即出城，投身于前线的战斗。

在对受阅部队的讲话中，斯大林老调重弹，说苏联"暂时失去"了大片领土，"敌人已经兵临列宁格勒和莫斯科城下"。但他坚称，德国人"已经用尽了最后的力量"。斯大林将矛头对准了德国人和他最经常打击的苏联国内团体："敌人并不像一些自称知识分子的胆小之辈所说的那样强大。"他用更有说服力的话语强调了在与德国的生死之争中，苏联所具有的一个关键优势："我们拥有取之不竭的人力。"

当天早上由于大风及降雪，红场上的大部分受阅部队听不清斯大林的讲话。实际上，摄影师和录音师并没有采集到高质量的影音素材，因此，斯大林同意稍后在克里姆林宫重新拍摄。苏联民众次日听到的广播和此后看到的新闻片就是后来的版本，他们并不知道自己耳闻或目睹的并非真实场景。

但对参加阅兵的士兵而言，斯大林的现身远比他的讲话更加重要。"我们列队经过列宁墓，看见了斯大林，"内务人民委员部特种部队独立特别机动旅（OMSBON）的亚历山德拉·兹维列夫（Aleksandr Zevelev）在数十年后回忆道，"他挥手向我们致意。"另一名走在队伍中的独立特别机动旅战士利奥尼德·谢维列夫（Leonid Shevelev）此前听到传言说斯大林已经离开了莫斯科。"对我们来说，看到领袖和我们一起留在莫斯科非常重要，"谢维列夫说，"这让齐步行进的我们心中充满了一种决心———一定要把不可一世的纳粹送进棺材。"

斯大林在11月7日的表现获得了很好的反响，但他对于能否兑现承诺，阻止德军占领莫斯科，心里根本没底。大概在11月19日，他给朱可夫打了电话。"你肯定我们能守住莫斯科吗？"斯大林问，"我很痛心。请你作为共产党员告诉我实话。"

朱可夫给出了斯大林希望听到的答案："我们有把握守住莫斯科。"但他对此也没有十足的信心。[19]叶莲娜·泽夫斯卡娅（Elena Rzhevskaya）战时是苏军的德语翻译，她记录了自己的战时经历，并在1964年采访了正在写回忆录的朱可夫。根据她的回忆，"朱可夫元帅认为，对莫斯科来说，1941年11月是最关键和最凶险的时刻，其命运取决于战场上的胜负"。[20]换句话说，他当时认为莫斯科保卫战的结局并不明朗。

* * *

德军指挥官同样忧心忡忡。秋雨带来的泥泞和骤降的温度让德军士兵苦不堪言。军马的日子也不好过。德军在"巴巴罗萨行动"初期大约使用了75万匹马，整个苏德战争中大概使用了250万匹军马。[21]军马主要用作拖拉火炮和运输补给。到了秋天，土路被雨水冲成了泥河，导致运输问题尤为严重。"所有带轮子的车的车轴都陷在了泥浆里，"中央集团军群第4军参谋长京特·布鲁门特里特将军指出，"甚至连拖拉机都很难前行。"[22]

很多军马死在炮火之下，负荷过重、疾病和寒冷的天气等问题也夺去了一些军马的生命。平均来说，战争中德军每天大约要死1000匹军马。与德国人在所征服领土上征集的军马不同，苏联的军马能适应低温。其士兵也是如此——那些从小在苏联的严寒中长大的士兵能比初来乍到的德国人更好地适应环境。

对德军士兵来说，没有什么比缺乏基本的御寒衣物和装备更令人沮丧。11 月 14 日，古德里安将军视察了第 167 步兵师。"补给情况很不理想，"他回忆称，"士兵们没有冬衣、雪地靴、内衣，连毛裤都没有。大量士兵还穿着夏裤，而气温已经降到零下八度了！"

几个小时后，古德里安在第 112 步兵师也发现了类似的情况。一些德军士兵为了活命，从敌人那里抢来了棉衣和皮帽。德国国防军提供的衣物堪称"杯水车薪"，古德里安抱怨道。当来自远东、刚下火车的西伯利亚军团向疲惫的德军发起猛攻时，胜负几乎没有悬念。古德里安手下"饥寒交迫的士兵"要面对"吃得饱、穿得暖、冬季作战装备齐全的西伯利亚生力军"。古德里安认为，由此引发的恐慌"发出了一种警告，即我们步兵的作战能力已经到极限了，他们不应再执行艰巨的作战任务"。[23]

并非所有来自远东军团的士兵都是西伯利亚人，比如弗拉基米尔·爱德曼（Vladimir Edelman）就是乌克兰犹太人。他参加过基辅的那场败仗，他的很多亲人在巴比谷屠杀中丧命。幸存下来的他后来在鄂木斯克州（Omsk）加入了一支主要由西伯利亚新兵组成的步兵部队。作为有作战经验的中尉军官，爱德曼负责指挥一支 25 人的小队。他很快就对手下士兵的射击技术赞赏不已。"他们打得很准，因为他们本来就是猎人。"爱德曼回忆称。

尽管爱德曼承认德军当时拥有更好的通信设备、机关枪和迫击炮，但指出苏军在其他方面有巨大优势。军队给士兵配发了长长的保暖裤、毛衣、皮背心、棉裤、手套、大衣和皮帽。11月和12月时，莫斯科的气温已降至零下四十华氏度，德军士兵都冻僵了，坦克和其他车辆的润滑剂也冻住了。

爱德曼对自己当时目睹的一个场景记忆犹新。他在一个十字路口指挥交通时，看到一群被俘的德军士兵站在那里。德军士兵仅穿着夏装和薄大衣，没戴帽子。他们痛苦地呻吟着，爱德曼只听见他们用德语说："噢，天啊！噢，天啊！"不时有德军战俘倒地冻死。[24]

另一个有损德军士气的因素是，他们对那些被他们鄙视的敌人的僵化（有时近乎狂热）的反感。"俄罗斯人太原始了，即便被十几挺机关枪包围，他们也不会投降。"第1装甲军司令埃瓦尔德·冯·克莱斯特（Ewald von Kleist）将军战后被关押在纽伦堡时回忆称，"我觉得德国人的勇敢和俄罗斯人的勇敢是有区别的，前者是一种理性的行为，而后者是毫无人性的。"[25]

一个德军士兵发现一些苏军士兵还在使用一战时的人海战术，十分震惊。"大批士兵不顾伤亡，根本不找掩体，完全依靠人数优势压倒我们。"他还说"伊万们"连续数日采取这种方式进攻，径直冲向他本人所在部队的机枪。"这太可怕，太难以置信，太不人道了。"这个士兵写道。[26]

哈尔德将军这一时期的日记表明，他和指挥部的其他将领越发意识到，这些不利因素将对前线部队产生何种影响。他提到了供给物资的"减少"、"莫斯科西部的敌方前线的僵局"，以及一些情况下"部队是如何被消灭的"。他并没有直接预言失败，但在11月23日写道："尽管表现出色，但我们今年无法彻底击败敌人。"[27]

希特勒一如既往地否认德国遭遇了失利，并且完全撇清了自己的责任。面对纷至沓来的关于战事不利的报告，元首拒不相信其真实性。听说此事后，冯·博克将军尖刻地指出："当然，希特勒不会承认是他8月份的战略失误一手造成了今天的烂摊子。"[28]博克指的是希特勒当时命令部队南下，坚持在攻打莫斯科前先夺取基辅。

到了11月下旬，一些德军高级将领深信他们无法在当年拿下莫斯科，还有一些人明显感到很愤怒，不再迷信希特勒的军事和政治才能。他们很快就要为这种不敬付出代价。

* * *

在11月6日马雅可夫斯基地铁站的讲话中，斯大林赞颂了"反对德国法西斯帝国主义者的苏联、英国和美国的同盟"。他特别提到了比弗布鲁克和哈里曼代表团对莫斯科的访问，以及由此带来的来自英美两国的重要新援助物资，包括坦克、飞机和其他军事装备。"当今的战争是一场发动机之战，"斯大林宣称，"在发动机生产领域拥有压倒性优势的一方将获胜。"三个同盟国总共能够生产"数量至少三倍于德国的发动机"，斯大林表示，"这是希特勒的强盗帝国主义必然覆灭的根本原因之一"。

这是一次罕见的认可式表态，斯大林承认了西方国家在苏联的军事装备供给上发挥的重要作用，而苏方在战争期间和战后的宣传中基本回避了这一话题。不过在无法确保胜利的战争初期，斯大林更愿意在口头上对英美表达一些善意。他将希特勒"掠夺他国领土与奴役他国人民"的战争，与他所声称的同盟国的"解放战争"进行了比较。

斯大林重点强调了苏联并没有政治或领土野心。

"我们没有也不可能有这样的战争目标，不会将我们的意志和政治制度强加于等着我们帮助的斯拉夫国家或其他遭受奴役的国家。我们的目标是帮助这些国家反抗希特勒的暴政并获得解放，然后让他们在自己的国土上，自由地选择他们认为合适的生活方式。苏联不会干预他国内政！"[29]

但在 7 月于伦敦举行的波苏条约谈判中，苏联大使麦斯基断然拒绝承诺恢复波兰的战前边界，表明苏联领导层希望保住通过《莫洛托夫 – 里宾特洛甫条约》得到的领土。

11 月 18 日，哈里曼从华盛顿回到伦敦后，发现丘吉尔和艾登因斯大林的施压策略而心事重重。根据哈里曼的描述，"斯大林希望他的新盟友承认苏联在与希特勒签订的互不侵犯条约的短暂存续期内所获的全部领土：波罗的海国家、波兰东部、部分芬兰领土以及（原属罗马尼亚的）比萨拉比亚地区和布科维纳（Bukovina）地区"。

比弗布鲁克和哈里曼访问莫斯科期间，斯大林就表示"他希望苏联的敌人也能被英国当作敌人"，哈里曼回忆称。[30]这意味着对和德国一起进攻苏联的芬兰、罗马尼亚和匈牙利宣战。丘吉尔对此有些犹豫，表示让这些国家在未来某个时间点主动与德国分道扬镳可能更好。

媒体报道了英苏双方的分歧，斯大林因此在 11 月 8 日给丘吉尔写信抱怨，称苏联立场的外泄和英国在此事上的消极态度造成了"一种让人无法容忍的局面"。"干吗要这样呢？"斯大林问，"为了表明苏联和英国之间并不团结吗？"斯大林最后还就一件事发了牢骚，他显然非常生气："有件事（尽管是件小事）请您关注一下，贵国援助苏联的坦克、飞机和火炮在运输中包装得并不到位，有时同一件装备的部件被装在了不同的船上。此外，由于包装不到位，运抵苏联的飞机也有破损。"

丘吉尔对斯大林"这种近乎歇斯底里的论调"感到怒不可遏。丘吉尔指出，斯大林必须认识到"他在此事上的立场有些过分"。11月20日，麦斯基面见了安东尼·艾登，以缓和事态。艾登后来在报告里写道，麦斯基向他保证斯大林无意"冒犯英国政府的任何官员，更不会冒犯首相"。但麦斯基继续说，斯大林觉得英国拒绝对芬兰宣战，置他本人和苏联于"一种非常屈辱的处境"，暗示是英国的做法导致斯大林言辞过激。

丘吉尔可能余怒未消，但仍希望分歧不会妨碍两国继续开展军事合作。在一天后写给斯大林的回信中，丘吉尔安抚了对方。"我只希望能基于完全平等的同志关系与彼此间的充分信任与您合作。"丘吉尔写道。他还提议派艾登和一个军事专家组去莫斯科"讨论与战争相关的所有问题"。

与此同时，面对斯大林对英苏两国立即定下"战后和平架构"的期待，丘吉尔泼了冷水。丘吉尔表示，尽管"无论战争持续多久"，他们都会就战争事宜保持沟通，但只有在"赢得战争"的前提下，苏联、英国和美国才能"作为战胜国坐在一起"为新时代做出规划，"为我们的共同安全和正当利益制订合理的方案"。[31]

丘吉尔不太情愿地按照斯大林的意愿，对芬兰、匈牙利和罗马尼亚发出了要求其停战的最后通牒。被拒绝后，英国对这三国宣战，遂了斯大林的意。但苏联对战后格局的野心这一根本问题，不可能被轻易解决。艾登打算在12月前往莫斯科，丘吉尔和罗斯福都明白，他们必须想清楚该如何应对斯大林对一手敲定仍遥不可及的战后和平协议之内容的急切渴望。

* * *

在斯大林和英美领导人关系迅速发展的这一时期，丘吉尔和罗斯福有着两个重要性压倒其他所有事情的目标。第一个是确保两国竭尽全力援助苏联，让苏联把这场抗击德国侵略者的生死攸关的战争打下去。"我们不能违背对苏联的承诺。"丘吉尔在 11 月 3 日向高官们做出指示。[32] 第二个目标是确保斯大林不违背他抗击德国的承诺，防止其再次与希特勒签订协议。

斯大林和希特勒此刻还能再次携手合作的想法，听起来有些不可思议，但丘吉尔和罗斯福都觉得，不能完全排除这种可能性。从在德国侵略波兰前夕签订《苏德互不侵犯条约》，到德国侵略苏联，斯大林一直扮演着怂恿者的角色，讽刺的是，这给他和新盟友打交道提供了额外的筹码。尽管从未明说，但这是一种潜在的勒索武器：在斯大林觉得他无法从伦敦和华盛顿那里得到自己想要的东西，或者他觉得无法阻挡德国的战争机器时，他可能会重新选择阵营。

主张在和斯大林打交道时采取强硬策略的英美官员认为，现在苏德两国不太可能单独媾和，因此不应将斯大林的行为视作一种真实存在的讹诈威胁。罗斯福派驻莫斯科的第一位大使、后来担任驻法大使的威廉·布利特就不遗余力地支持这种观点。布利特离职后继续向罗斯福提供有关苏联的建议，称斯大林绝对不可能再与希特勒达成协议，因为德国的侵略已经击碎了苏德之间仅存的信任。

同乔治·凯南和其他"苏联通"一样，布利特敦促罗斯福让美国真正发挥作用。他希望总统向斯大林施压，让其保证苏联与波兰及其他邻国的边界会恢复到战前状态，而这本是对苏援助的条件之一。在军事上帮助英国和苏联之际，美国也要展望欧洲的未来，以便作为"统治性的政治力量"在欧洲赢得一席之地，布利特解释道。

在写给布利特的回信中，罗斯福表示他在很多问题上和布利特看法一致，但在接下来该如何同斯大林打交道一事上，他们表达了截然不同的看法。"如果我竭尽所能，给予他所需要的一切，并且不求回报，他应该会以德报德，不会吞并他国的领土。"罗斯福写道。布利特回信反驳称，罗斯福所说的"并不是诺福克公爵（Duke of Norfolk），而是一个高加索强盗，而这个不劳而获的强盗只会把帮助他的人当作傻瓜"。[33]

尽管面对反对意见，但罗斯福还是本能地相信团队中那些认为尽可能向苏联让步是合理做法的人。接替布利特出任驻苏大使的约瑟夫·戴维斯以总是为斯大林开脱而闻名，一如既往地向总统提供了亲苏建议。他的建议无外乎是他在《莫斯科出使记》一书中表明的看法，该书在德国侵苏后不久出版，阐述了苏联领导人是如何致力于维护"人类的兄弟情谊"和世界和平的。[34]

罗斯福看到戴维斯讴歌苏联的这本书后，评价道："这本书可以传世。"[35]因此，总统在布利特和其他人提醒苏联的领土野心时显得不为所动，其实一点也不奇怪。"我觉得没有必要担心苏联有可能统治欧洲。"他在给美国驻维希政府大使、海军上将威廉·莱希（William Leahy）的信中写道。

接替戴维斯出任驻苏大使的斯坦哈特因未能采取基于上述假定的对苏政策而遭了殃。斯坦哈特并非教条主义的强硬派：

他赞成向苏联提供军事援助，但反对无条件的援助。他在莫斯科的经历让他成了一个清醒的现实主义者，对斯大林的动机和手段已几乎不抱幻想。和比弗布鲁克一起访问莫斯科期间，哈里曼指出斯大林曾公开表达对斯坦哈特的反感，批评他是"失败主义者和散布谣言者"。[36]

11月5日，罗斯福以需要更精通生产与供给事宜的大使为由，将斯坦哈特免职。但苏方无意投桃报李，没有对提供了关键援助的西方人采取一种更开放的态度。霍普金斯和哈里曼领衔的援助团队打算为美国技师申请签证，以便帮助苏联维护美援装备。但他们的申请直接遭到拒绝，克里姆林宫表示不需要这样的技师。

负责对苏援助事宜的前武官菲利普·费蒙维尔上校和往常一样，对此事轻描淡写，并不认为不惜一切代价讨好斯大林的政策只会让斯大林变得更难以取悦。霍普金斯同意费蒙维尔的看法，称没有理由抓着技师一事不放，因为"这样做只会在一些对我们并不重要的事情上惹恼俄罗斯人"。[37]

在美国政府内部，关于应该在多大程度上取悦斯大林，仍存在着不同看法。哈里曼认为与苏联领导人就欧洲的未来边界进行谈判并无不可。但国务卿赫尔认为，英国和美国应该坚持原则，在赢得战争前不与苏联进行此类谈判。安东尼·艾登准备赶赴莫斯科之际，赫尔直截了当地指示驻伦敦大使约翰·温奈特说，要在访苏期间阻止此类会谈的进行。赫尔的电报提醒温奈特留意英国和苏联"就战后安排的具体条款达成新的承诺的任何意愿"。"最重要的是，不能有任何秘密协议。"赫尔补充道。[38]

但在对苏联抵抗德国进攻的能力仍有怀疑，且战争的总体走势仍不明朗的情况下，伦敦和华盛顿的首要任务仍是不惜一切代价地让斯大林继续抗击德国。尽管德军对莫斯科的进攻陷入僵局，但希特勒的军队仍在其他方向取得了进展。例如，10月24日，德军夺取了乌克兰第二大城市哈尔科夫。在其他战场，轴心国军队也展示了他们的能力。11月下旬，"沙漠之狐"埃尔温·隆美尔将军指挥的德意军队与英军在利比亚展开了激战。

在伦敦，保守党议员哈罗德·尼科尔森11月26日的日记反映了普遍的焦虑心态："我们可能会迎来非常黑暗的一周。莫斯科可能会沦陷。日本可能会在远东袭击我们。法国可能会加入轴心国。利比亚的英军可能会被打败。我担心这些事会极大损害温斯顿的声望。"[39]

岌岌可危的远不止温斯顿·丘吉尔的声望。1941年发生的一切即将结束，战争即将迎来决定性的转折。

第十一章 "大结局"

12 月 7 日晚，美国大使温奈特和艾夫里尔·哈里曼受邀在契克斯庄园同丘吉尔共进晚餐。哈里曼回忆称，丘吉尔看起来"疲惫且心情低落"。温奈特指出首相看起来"非常严肃"且不太常见地一言不发，可能是在担心如果日本进攻英国的亚洲殖民地，他将不得不两线作战。[1]

温奈特那天抵达契克斯庄园后，丘吉尔告诉他如果日本进攻美国，英国将对日宣战。接着丘吉尔有意问道："如果日本对我们宣战，你们会对日宣战吗？"温奈特没有正面回应，而是说只有国会才有权宣战。温奈特很清楚丘吉尔的意思："他肯定意识到了如果日本进攻暹罗或英国殖民地，英国就会被卷入亚洲的战争，而美国仍不会参战。"

哈里·霍普金斯此前送了丘吉尔一台价值 15 美元的小收音机，和往常一样，首相让男仆弗兰克·索耶斯（Frank Sawyers）在晚上 9 点整的新闻节目开始前把收音机拿进餐厅。根据哈里曼的回忆，丘吉尔打开收音机时动作"稍微慢了点"，错过了关于当天早上日本偷袭珍珠港的头条播报。当播音员再次播报这一新闻时，几个人暂时没有搞清是哪里遭到了袭击。刚出去的索耶斯又回到了餐厅里，打消了他们的所有疑虑。"我们在外面亲耳听到了，"他说，"日本人袭击了美国人。"海军部也核实了消息，所有人一时震惊不已。

丘吉尔突然间像换了一个人似的，跳起来喊道："我们将对日本宣战！"他随后奔向门口，温奈特跟在他身后。"天啊，"温奈特告诉他，"你不能仅凭一则电台通告就对外宣战。"丘吉尔停下脚步，问："那么我该怎么办？"温奈特知道只要心意已决，丘吉尔就会做出任何事，他是"出于礼节，才向遭袭国家的代表提出了这个问题"。

温奈特决定给罗斯福打电话。总统的电话接通后，温奈特告诉罗斯福有一个朋友想要和他通话。"一听到他的声音，你就知道是谁了。"温奈特说。

丘吉尔从温奈特手中接过电话。"总统先生，日本干了什么？"他问道。

"是真的，"罗斯福回答道，"他们袭击了珍珠港。我们现在在同一条船上了。"

"这让事情变得简单了，"丘吉尔表示，"愿上帝与你们同在。"他承诺一旦美国对日宣战，英国也会立即对日宣战。丘吉尔稍后得知，日军也对马来亚（Malaya）发起了进攻，意味着他们同时得罪了美国和英国。

丘吉尔注意到了温奈特和哈里曼在祖国遭袭后的反应。"他们并没有谴责日本或表示悲伤，"丘吉尔回忆称，"实际上，大家可能觉得终于看到了曙光。"[2]

面对这一突发事件，丘吉尔国内的支持者几乎无法相信自己的耳朵。"听到这一消息后，我目瞪口呆。"哈罗德·尼科尔森在当天的日记中写道。尼科尔森注意到日本人直到最后一刻还在跟美国人谈判，表示："这一整件事就像希特勒进攻苏联一样不可思议。我感到十分惊讶。"[3]

第二天，罗斯福要求国会联席会议对日宣战。总统在随后发给丘吉尔的电报中指出，参议院以 82 票对 0 票的表决结果批准了对日宣战的议案，众议院也以 382 票对 1 票的优势通过了它。罗斯福重申了自己之前在电话里的表态："今天，全体美国人与你和大英帝国的所有民众共乘一艘船，而这是一艘永不沉没之船。"[4]

甚至连查尔斯·林德伯格和其他孤立主义者也意识到他们现在是这艘船上的人，他们让美国置身事外的努力宣告失败。12 月 8 日，在为"美国优先"委员会准备的一份声明中，林德伯格敦促美国同胞"无论过去对政府的政策持何种态度，都团结起来勇敢面对冲突。无论政府的政策是否明智，我们的国家都遭到了武力攻击，我们必须以牙还牙"。

这位飞行员在当天的日记中更加直白地写道："如果我在国会，我肯定会投票支持宣战。"[5]

大西洋彼岸，丘吉尔在同一天向议会发表了讲话，以兑现自己的承诺，为英国对日宣战赢得支持。尼科尔森注意到丘吉尔走进下议院后，"鞠了一躬，脸上带着严肃的表情"，从他身上根本看不到成功的喜悦。"下议院议员们本以为首相会因美国参战而欢欣鼓舞，见状后有些尴尬。"尼科尔森指出。[6]

丘吉尔提醒与会的议员不要低估"我们所面临的新危险的严峻性，无论是对英国还是美国来说"。尽管他向议员保证"我们有足够强的能力和意志力去继续战斗"，但他继续说道，西方国家及苏联盟友正在进行漫长、艰巨的斗争。

接着，丘吉尔指出，敌我双方的人口和经济实力对比，在珍珠港事件后发生了巨大的变化。"现在全世界至少有五分之

四的人口站在我们这边。"他说，"过去，我们只能看见一道
忽隐忽现的火光；现在，我们看到了熊熊燃烧的烈焰；未来，
我们将拥有一束能照亮所有陆地和海洋的光芒。"[7]上下两院一
致同意对日宣战。

丘吉尔故意没有提及一个难以忽视的事实，这一事实可能
解释了他为何没有产生胜利主义情绪：美国此刻只是与日本正
式开战，却仍未对德宣战。但他相信事态的迅速发展会让美国
很快就采取进一步行动。在回忆录里，他记录了自己得知美国
参战后的情绪变化。"如果我说美国站在了我们这边让我欣喜
若狂的话，美国人会理解我的。"他写道，"我承认没有准确
认识到日本的军事实力，但此时此刻，我知道美国已经参战，
成了战争中的重要势力，并且将战斗到底。"

在丘吉尔看来，这意味着一件事："我们终于能赢了！"
尽管战争可能会持续很长时间，他补充道，"但英格兰将获
胜，不列颠将获胜，英联邦及大英帝国将获胜……希特勒在劫
难逃。墨索里尼在劫难逃。至于日本人，他们将被打得满
地找牙"。

他还说，只有"傻瓜"才会低估美国。丘吉尔想起了爱
德华·格雷（Edward Grey）爵士三十年前对美国的评价。20
世纪初担任英国外交大臣的格雷告诉丘吉尔，美国就像"一
个巨大的锅炉，一旦点火，就能产生无限的能量"。

丘吉尔趁势向罗斯福提议两人再举行一次会晤，地点选在
美国。12月9日，他给总统写信称，自己几乎可以立即启程
前往大洋彼岸。在此次访美中，他将与罗斯福"评估新形势
下的全面作战计划，以及战时物资的生产与分配问题"。丘吉
尔写道："我很乐意与您再次见面，且越快见越好。"[8]

＊　　＊　　＊

欧战爆发后在美国驻柏林使馆任职的苏联专家乔治·凯南听到了一条通过微弱信号传来但依稀可辨的美国短波电台的新闻，得知了日本偷袭珍珠港的消息。由于华盛顿故意让驻德大使的职位保持空缺，凯南给已经睡着的临时代办利兰·莫里斯（Leland Morris）和其他几个使馆官员打了电话，在使馆安排了一次深夜紧急会议。根据凯南的回忆，会议的目的是"在结局日益明朗的情况下，商讨我们的对策"。和丘吉尔一样，凯南也认为珍珠港事件不仅标志着美国与日本进入交战状态，而且将很快导致其与德国开战。

凯南指出，"令人痛苦的不确定状态"先是持续了四天，他和同事们苦苦地等候希特勒做出对美宣战、支持日本的决定。由于罗斯福无意率先对德宣战，因此就要看德国领导人是否会率先宣战了。这段时间的种种迹象表明，希特勒决心已定。"在这四天里，我们与外界的通信逐步中断。"凯南指出。电报室拒绝收发美国使馆的电报，到星期二时，他们连电话也打不了了。结果，美国外交官已无法与华盛顿联系。"我们现在要靠我们自己了。"凯南指出。

星期二夜间，凯南和同事们决定烧毁密码本和机密信件，提前为德国对美宣战做好准备。他们意识到如果德国没有宣战，"我们的做法看上去就会像傻子一样"，凯南写道，但"如果德国真的宣战了，我们却没有毁掉这些东西，那我们就连傻瓜都不如了"。[9]被焚烧的文件产生的灰烬飘到了附近的楼房中，导致一名物业主管对使馆发出警告，说他们严重影响了附近居民。[10]

　　星期四，希特勒在国会上大肆谴责了罗斯福和"他身边无比邪恶卑鄙的犹太人"，声称罗斯福拒绝了德国所有所谓的和平提议。紧接着，希特勒对美国宣战，承诺会"抱有坚定不移的决心，且一旦开战，就要取得最终的胜利"。[11] 就在纳粹领导人发表讲话之际，美国大使馆的电话"突然神秘地响起"，凯南指出，电话那头通知莫里斯去见里宾特洛甫。几乎与此同时，一辆载着礼宾员的汽车开到了使馆门口，准备接莫里斯去德国外交部。在外交部，里宾特洛甫让莫里斯站着听自己宣读战争宣言。读完后，德国外长激动地喊道："你们的总统想要这场战争！现在他如愿以偿了！"

　　但真正想要这场战争的是希特勒。如同入侵苏联时一样，希特勒再次认为战争的继续扩大对自己有利，能让德国更接近胜利。珍珠港事件的第二天，希特勒宣称："我们不会输掉这场战争。我们现在有了一个三千年都未曾被征服的盟友。"[12] 基于种逻辑，希特勒对美宣战显得合情合理，且他这样做也是出于一种自尊。"一个大国不允许别国对它宣战，只能是它对别国宣战。"里宾特洛甫解释道。[13]

　　在同一天打给意大利外交大臣齐亚诺的电话里，德国外交部部长听起来对战争的扩大化感到"高兴"，意大利外交大臣指出。希特勒相信日本将在太平洋拖住美国。戈培尔对此指出："日本与美国开战后，世界格局发生了明显的变化。美国将无力给英国提供真正有价值的援助物资，更不要说援助苏联了。"[14]

　　希特勒的一些将领对这种看法深感怀疑。陆军元帅冯·博克指挥的中央集团军群在莫斯科郊区面临着越发不利的局面，他在珍珠港事件的第二天指出，意料之中的与美全面交恶只会带来更多麻烦。"虽然美国人此前就一直在提供援助，但现在他们可以正大光明地援助英国人和俄国人了。"博克在日记里写道。他还一厢情愿地补充道："如果日本人进攻的是苏联，那该有多好啊。"[15]

意大利也很快对美国宣战。齐亚诺在 12 月 8 日的日记里指出，墨索里尼对同盟国与轴心国最终的"彻底"摊牌表示欢迎。但这位意大利外长还说："我不敢肯定这有什么好处。"介入一场一定会打很久的战争这件事，他说，将"让美国不得不发挥出其全部的潜能"。

希特勒还忽视了一个事实。征服英国未果后，他曾声称击败苏联将迫使英国按照他的条件单独与德国媾和，还能让美国作壁上观。但现在德军未能取得其所期望的对苏速胜，却将日本同样冲动的行为视作救命稻草。希特勒认为战争的每次升级都将帮助他更加接近几乎触手可及的胜利。他再次证明了他有多么自欺欺人。

星期六，凯南也被叫到了柏林的德国外交部。德国人告诉凯南，美国外交官们须搬出公寓，每人只能带两件行李，而且第二天早上他们应去美国使馆报到。凯南回忆称，外交官们按照要求到达大使馆后，发现使馆"已经被盖世太保接管，我们则沦为囚徒"。还在柏林的美国记者此前已经被羁押。

美国外交官和记者乘车前往波茨坦火车站，在那里登上了一辆专列。他们的目的地是法兰克福附近的温泉小镇巴特瑙海姆（Bad Nauheim）。他们住进了战争开始后一直处于停业状态的杰西克大酒店（Jeschke's Grand Hotel）。他们在这个几乎没有供暖设施的地方待了五个半月，最终在美国与德国互换外交官和记者时才获释回国。[16]在美德方人员集中居住在西弗吉尼亚州（West Virginia）白硫磺泉镇（White Sulphur Springs）的豪华温泉酒店绿蔷薇（Greenbrier）。美国人回国后长舒了一口气，获释回国的一些德国人后来却可能宁愿在整个战争期间都留在绿蔷薇。

*　　*　　*

随着德军对莫斯科的攻势明显放缓，斯大林在 11 月 29 日问朱可夫将军："你能肯定敌人已陷入危机，无法再增派援军了吗？"

"敌人已精疲力竭。"朱可夫回答道。但他又急忙补充称，如果德国能补充兵力，苏军的处境就仍然很危险。苏德双方都不太确定对方还有多少余力，尽管莫斯科郊区的力量对比已经开始发生明显的变化。[17]

在前线战斗的德军将士很清楚这一点，希特勒却不愿承认。11 月 30 日，陆军总司令冯·布劳希奇打电话给博克，传达了一条让博克震惊的消息："元首坚信俄罗斯人即将彻底崩溃。他希望你，陆军元帅冯·博克，能做出明确的承诺，告诉他还要多久才能看到这种崩溃。"布劳希奇还表示博克将为战争的结局负责，这意味着希特勒无意为失败分担任何责任。

"除非我们能马上得到数量充足的援军，否则我无法保证胜利。"博克坚决表示。博克还指出，他和同袍很长一段时间以来"都在恳求冬装和补给"。气温已经骤降，德军"却要穿着单薄的军装对抗补给充足的敌军"。

"但冬季补给已经发放了啊"，布劳希奇回答道，并说上述物资早在 10 月初就开始发放了。

博克表示事情并非如此。他油滑地说，也许"必要的冬季物资还好端端地搁在远离前线的库房和仓库里——前提是这些补给真的存在"。博克继续说,他指挥的中央集团军群"已经无法实现作战目标"。

第二天,博克不再有任何顾忌,给最高统帅部发了一封措辞犀利的电报。"战局在过去几天的发展表明,高层指挥部关于敌人即将崩溃的所有看法,只不过是痴人说梦,"他写道,"现在敌军在莫斯科城下拥有人数优势。"[18]

事实很快证明博克所言非虚。12 月 6 日,气温已降至零下五十度。朱可夫奉斯大林之命,组织了战争爆发以后苏军的首次反击,旨在迫使莫斯科附近的德军后退,以便扭转战局。这进一步凸显了德军力不从心和战线过长的问题。有鉴于此,希特勒最终不得不承认某些事实的存在,向将领们的要求做出让步。

12 月 8 日,希特勒颁布了第 39 号指令,终于承认对莫斯科的进攻并不顺利。"东方突然提前降临的严冬和因此出现的补给困难,迫使我军不得不立即停止所有较大规模的进攻行动,转入防御态势。"指令指出。[19]当然,德国人应该对寒冬有所准备,而且补给不足的问题早就存在。将失败归咎于他人或外部因素,只不过是希特勒惯用的伎俩。

战场上,形势对德军越发不利。希特勒颁布指令的当天,古德里安将军写道:"俄罗斯人紧追不舍,我们可能要厄运临头了。"古德里安回顾了手下部队因战事和严寒而承受的严重损失,以及因寒冬而无法投入使用的车辆的数量,担心德军的整个攻势都面临崩溃,且此事会对今后的战局造成严重影响。"我并不担心我自己,而是替德国担心,这才是我感到害怕的原因。"他写道。在两天后写给妻子的信中,他说:"我们严重低估了敌方的辽阔幅员及恶劣天气，我们正在为此付出代价。"[20]

后来密谋反对希特勒的德国军官法比安·冯·施拉布伦多夫（Fabian von Schlabrendorff）认为，未能夺取莫斯科远非一次军事上的失利。"这标志着德军不可战胜之神话的终结，"他在回忆录里写道，"是失败的开端。德军此后也从未完全从这次失利中走出来。"[21]

但希特勒决不抛弃这一神话，因为抛弃它就意味着承认自己的错误。相反，他继续一边转嫁责任，一边坚持不让德军撤退。"需要为未能拿下莫斯科寻找替罪羊。"格哈德·恩格尔少校在 12 月 8 日的日记里指出。尽管朱可夫的军队已经展开反攻，但这位希特勒的副官在同一天的日记里透露，希特勒仍固执地抱有幻想。"他不相信苏联还有更多援军，觉得一切都是虚张声势，莫斯科已经投入了其仅剩的所有力量。"[22]

到 12 月 13 日时，德军已经被迫后撤超过 50 英里，莫斯科有了一定的喘息空间。[23]当天《真理报》（*Pravda*）的头条新闻大肆宣扬了苏军的战果："德军指挥官包围并夺取莫斯科的计划落空——德国人在莫斯科附近吃了败仗。"[24]这不仅仅是宣传。《红星报》战地记者瓦西里·格罗斯曼在日记里写道："现在的一切和夏天时截然不同。马路和草原上有很多残破的德军战车、敌军丢弃的枪支以及成百上千具德国士兵的尸体，头盔和武器也到处都是。我们胜利了！"[25]

* * *

尽管希特勒同意德军由进攻转为防御态势，但得知德军在苏军的反击下被迫撤退的消息后，他还是怒不可遏。古德里安认为，唯一能保存有生力量的方法，就是尽量撤离到远离前线的位置，在地表冻住之前就地挖掘战壕和构筑工事。"但希特勒偏偏拒绝这样做。"古德里安抱怨道。[26]

布劳希奇要实际一些，允许古德里安的部队进行有限度的撤退。得知此事后，希特勒在 12 月 16 日打电话联系了古德里安。通话断断续续，但希特勒明令禁止德军继续撤退。陆军总参谋长哈尔德将军在日记里指出，希特勒在午夜向整个指挥班子重申了指示。"全面撤退是绝对不行的，"哈尔德记录了希特勒的指示，"敌人仅仅取得了局部突破。撤退到后方阵地的主张简直是一派胡言。"[27]

在战后回忆录中，陆军元帅埃里希·冯·曼施坦因指出，希特勒重蹈覆辙，犯了斯大林在"巴巴罗萨行动"初期苏军处于极端不利局面时曾犯下的错误。"德军在莫斯科城下首次遇到危机后，希特勒固执地要求坚守每一寸阵地，其反应和那时的斯大林一样，"曼施坦因写道，"而同样的政策在 1941 年险些让苏联领导层万劫不复。"曼施坦因指出，随着战事的推进，希特勒屡屡重复这一错误，固执地认为成功就意味着"不惜一切代价地守住自己已经拥有的东西"。[28]

曾负责希特勒的战时日志的历史学家珀西·恩斯特·施拉姆指出，希特勒得知朱可夫的军队发起反击后的反应，为他后来应对接踵而至的失败，建立了一种固定模式。"他未能从 1941~1942 年冬天德军受挫于莫斯科城下的严重危机中吸取军事教训，"施拉姆写道，"1943 年 2 月斯大林格勒的灾难、1943 年 5 月轴心国在北非的失败，以及后来的一系列失败，同样没有让他学乖。"相反，每次遭遇失败后，希特勒都变得"更固执己见、更不可理喻"。[29]

希特勒坚信，没能成功执行他的命令证明了将领们的无能而不是他所布置任务的不合理。当夺取莫斯科的计划几乎已经注定遭遇失败时，他解除了布劳希奇的职务，亲自兼任陆军总司令。"作战指挥这样的小事人人都会。"他告诉哈尔德，公开表示了对手下将领的蔑视，"陆军总司令的职责是使陆军国家主义化。没有一位将军能够按照我的意志去履行这种职责，所以我才决心亲自出手。"[30]

尽管斯大林也坚信自己是苏联最优秀的军事战略家，但他开始赋予朱可夫更多的自主权，让朱可夫去做日常决策。希特勒不会这样对待自己的将领。除了将布劳希奇免职，自己取而代之外，他还不断催促博克执行"坚持战斗！"的命令。[31]当博克警告他这将给德军带来灾难时，希特勒让博克自己回国休病假去。12 月 19 日，博克离开了中央集团军群指挥部，临走前告诉他手下的高级军官说："明天会更好的，我信赖的同志们。"

第二天，古德里安奉命前往希特勒的指挥部"狼堡"。绰号"急速海因茨"的古德里安曾是德国元首跟前的红人。他在战争初期大胆指挥装甲部队取得了一连串胜利，给希特勒留下了深刻印象，但现在已经完全失宠。对此，希特勒的副官恩格尔少校在日记里指出，"元首认为古德里安没有领导才能"。[32]走进灯光昏暗的房间后，古德里安发现希特勒正在和军事高层开会，他立马就注意到了希特勒对他的态度转变。"希特勒走过来和我打招呼，让我吃惊的是，我第一次从他的眼睛里看到了强硬与不友好。"古德里安回忆称。

古德里安汇报了德军如何陷入苦战、精疲力竭，并报告说他们根据布劳希奇此前的批准正在继续撤退。"不行！我决不许你们撤退！"希特勒喊道。

古德里安解释称，军队减少不必要损失的唯一方式，就是在更安全的阵地重新部署。但希特勒听不进去。军队"必须在现在的阵地上深挖战壕，守住每一寸土地！"他坚称。

古德里安拒绝屈从于在他看来完全不切实际的命令。"在大多数地方，挖战壕已经不可行了，因为冻住的地表已经有五英尺厚，我们可怜的挖掘工具根本挖不动。"他说道。

希特勒对此也有办法。"这样的话，他们就必须用重型榴弹炮炸出坑来，"希特勒指出，"我们不得不采用上次大战佛兰德斯战役中的做法了。"

"那时在佛兰德斯，气候根本没有我们现在经历的这么寒冷，"古德里安反驳称，"而且我还需要留着弹药对付俄罗斯人。"

当他提醒希特勒，他的士兵仍旧没有冬衣穿时，希特勒和此前的布劳希奇一样拒不相信。他批评古德里安对士兵"过于怜悯"。在希特勒眼中，这是一个严重的缺点。

古德里安认为，他和希特勒的会面是"一次彻头彻尾的失败"。与布劳希奇和博克一样，他自己而非希特勒要为这次失败付出代价。12月26日，古德里安也被剥夺了指挥权。

在对部队的告别讲话中，古德里安和博克一样试图保持乐观。"我知道你们会继续英勇战斗，尽管天气寒冷，敌人在数量上占优，但你们最终会赢得胜利。"古德里安宣称。但他当时可能自己都不太相信这番话。[33]

在罗马，著名的铁血宰相俾斯麦的孙子、德国驻意大使奥托·克里斯蒂安·阿奇博尔德·冯·俾斯麦（Otto Christian Archibald von Bismarck）认为，希特勒对众多高级军事将领的免职，恰恰证明了他的无能。"我们看到了一出大型悲剧的大结局，"他告诉齐亚诺在意大利外交部的私人助手菲利波·安弗索（Filippo Aufuso）说，"这说明希特勒是一个蠢货。"听到这番评价后，齐亚诺在日记里写道："这个年轻人有些夸张，但他并非唯一表示反对的德国人。"[34]

大结局还要过一段时间才会到来，但年轻的俾斯麦准确地认识到，希特勒已经把德国带上了一条通往失败和毁灭的道路。

*   *   *

在被剥夺军队指挥权的前一周，博克分享了一个事例，说明了他为何对上级感到沮丧。他在 12 月 11 日的日记里记录了自己的困扰。

"我被口头告知，火车一定会向集团军群送去发起进攻所需的最低限额的物资。但几乎与此同时，我收到了一份报告，称一些装着犹太人的火车竟正从德国驶往集团军群后方。我告诉哈尔德，我会竭尽全力地反对这种做法，因为有多少运送犹太人的火车，就意味着少了多少运送军事物资的火车。"[35]

博克反对将犹太人流放至东方（其中很多人一到目的地就被杀害了），完全是出于实际考虑；他从未想过自己还可以从道德层面反对这种行为。这提出了一个近期在大屠杀研究者中再度引发讨论的话题：希特勒消灭犹太人的决定，妨碍了德军与盟军的作战吗？

在 2014 年出版的《大屠杀与国防军：希特勒的"最终解决方案"如何影响战争全局》（Holocaust Versus Wehrmacht: How Hitler's "Final Solution" Undermined the Germany War Effort）中，耶路撒冷大屠杀纪念馆（Yad Vashem）的亚龙·帕瑟

（Yaron Pasher）认为，大屠杀的确严重影响了德军作战。实施大屠杀"所需的后勤保障，其规模不亚于整个德国陆军所需的后勤保障……这种后勤保障与战争无关，反而成了战争的负担"。帕瑟写道。他还指出，在 1941 年 10 月中旬到 12 月中旬，也就是"巴巴罗萨行动"的关键阶段，43 批犹太人和 5 批吉卜赛人被从德国运到了东方。这 48 列火车本可以运送更多的士兵或关键补给。"战局非常微妙，每一列火车都至关重要。"

帕瑟写道，在大屠杀期间，"德国国营铁路大约运送了 350 万～400 万受害者……这意味着国营铁路要调拨 4 万节车厢和 2500～3000 个火车头"。帕瑟总结道，这些再加上看守和集中营管理人员的运输和人力支出，牵扯了大量的战争资源。[36]

还有些历史学家并不认为驱逐犹太人在军事上对德国造成了严重影响。"事实并非如此。"彼得·海耶斯（Peter Hayes）在 2017 年出版的《为什么？探究大屠杀》（*Why? Explaining the Holocaust*）中写道。海耶斯指出，运输犹太人的火车只占了德国铁路日常运力的很小一部分，即便在战争后期从匈牙利大规模驱逐犹太人的高峰期，其占比也只有 1%～2%。同样，尽管海耶斯承认"数以万计的人"直接参与了大规模屠杀，但声称这并未严重占用人力，因为纳粹早已"熟练掌握了一套低成本、低开销、低技术含量且自筹资金的快速杀戮流程"。[37]

持这种看法的人还指出，大规模洗劫犹太人的财富和压榨奴隶劳工，同样让纳粹获利。换句话说，这种严酷的手段无论有多么不道德，总是带来了短期的经济好处，对德国的战局产生了正面而非负面的影响。

但任何计算费效比的努力，都在一定程度上忽视了一个重要事实：希特勒的种族政策并非基于任何理性的评估。在他看来，想要实现他的理想，就必须消灭被他视作"劣等民族"的斯拉夫人和"犹太害虫"。因此，德国不打算赢得被征服地区的民心，反而采取了截然相反的做法。他们无意善待苏军战俘，即便很多人最初可能愿意投靠德国，或者说这些战俘至少可以补充奴隶劳工的数量。至于犹太人，希特勒偏执地要对其实施种族灭绝政策，无论德方须付出何种代价。纽伦堡审判后在监狱服刑的阿尔伯特·施佩尔在 1960 年 8 月 24 日写道："为了狂热的种族灭绝政策，希特勒甚至打算牺牲他的征服计划。"[38]

这种狂热在 1941 年下半年达到顶峰，最终让希特勒玩火自焚。在纽伦堡的特别行动队指挥官审判中，担任首席检察官的是本亚明·费伦茨。他在 2016 年告诉我说："这一政策最终让他们自取灭亡。他们不应该到处杀害犹太人和其他民族，白白损失大量的劳动力。"费伦茨还说，希特勒和其他纳粹领导人认为不必为此付出代价是出于以下原因："德国过于自信地认为，其将迅速赢得战争，他们可能不需要过多的劳动力。"也是基于这种假设，德国人觉得不需要在他们征服的领土上努力赢得当地居民的好感，因为仅凭恐怖政策就能让他们顺从。[39]

与希特勒 1941 年的几乎所有预言一样，这一关键假设将被证明是大错特错的。

* * *

1942 年 1 月 20 日，纳粹安全部高官在柏林郊区召开了万湖会议。与人们的普遍看法相反，全面实施大屠杀的决定并非在这次会议上才做出。1941 年年末，纳粹已经开始用"毒气浩劫"代替"子弹浩劫"，通过工业化手段实施大屠杀。这种改变并非发生于一朝一夕，而是基于希特勒和希姆莱关于此问题的长期思考。万湖会议的目的是协调与大屠杀相关的复杂后勤问题，只有在已经决定该如何处置犹太人后，才需要做这种规划。

万湖会议原计划于 1941 年 12 月 9 日举行，[40]这再次证明到 1941 年年末时，在如何处置犹太人的问题上已经没有更多的讨论空间了。苏联的反击和日本对珍珠港的偷袭导致了会议的推迟。[41]但早在当年秋天，德国已经开始在海乌姆诺（Chelmno）、贝乌热茨（Belzec）和索比堡（Sobibor）等波兰的被占领土上修建死亡集中营，奥斯维辛－比尔克瑙集中营此时也首次使用了毒气来处决囚犯。

12 月 8 日，也就是万湖会议原计划召开日的前一天，在海乌姆诺集中营里，巴士和卡车将犹太人带往位于营地中央的屋子，然后他们在这里经历了一套人们之后再熟悉不过的死亡流程。他们被告知要前往德国工作，因此必须脱去衣服，上交贵重物品，以便接受消毒。接着，他们按要求进入地下室，从那里爬上一个斜坡，进入为他们准备的密封厢式货车。车门迅速关闭，毒气开始释放。在大多数集中营里，常设毒气室很快取代了厢式货车。[42]

希特勒的言辞不止一次地预言了犹太人的灭绝，尽管他没有说要如何实现这一点。1939 年 1 月 30 日，他发表了"预言式"讲话。"今天我再次成了预言家，"他宣称，"如果欧洲内外的国际犹太金融家再次成功将各国拖入一场世界大战，那么结局不会是地球的布尔什维克化和犹太人的胜利，而是欧洲犹太民族的灭绝！"[43]

1941 年 11 月 16 日，戈培尔兴高采烈地在纳粹的《帝国周报》（Das Reich）上宣称："我们正在实现这一预言。"他还称犹太人"正在慢慢经历那种他们本欲对我们施加的灭绝过程。正如他们的箴言'以牙还牙，以眼还眼'所说，他们现在正走向毁灭"。[44]戈培尔做出上述表态时，很多纳粹高官仍然相信希特勒将带领他们取得胜利。在苏联发起反击和珍珠港事件后，事态明显显示，德国至少要打一场长期战争；然而此时希特勒不顾战局，仍坚持实现他的种族灭绝目标。

12 月 12 日，对美宣战的第二天，希特勒在总理府对大约 50 名纳粹高官发表了讲话。根据戈培尔对他讲话内容的总结，"谈到犹太人问题时，元首决心彻底消灭犹太人"。希特勒提醒听众注意他此前所做的"预言"并宣称："这并非空谈。现在世界大战已经到来。犹太人的灭绝是注定的结局。"[45]

1941 年是德国踏上失败之路的年份，也是数百万犹太人在战争结束前惨遭杀害的年份。

* * *

1941 年之所以如此关键，还有一个原因：在这一年，斯大林已经决心向西方盟友施加压力，让他们最大限度地提供援助，并接受一个符合苏联意愿的战后世界格局。

讽刺的是，西方领导人本不应受一个一整年都在为生存而战的国家的领导人胁迫。11 月中旬，丘吉尔对即将为弥合英苏分歧而奔赴莫斯科的艾登面授机宜。外交大臣艾登记录道："温斯顿对我们在和斯大林打交道时所拥有的优势充满自信，表示斯大林更需要我们，还说了除非他们摆出红地毯，否则我不会被派去莫斯科这样的话。我们应该有这种自信。"[46]

但斯大林不打算示弱。他也不打算为自己在《苏德互不侵犯条约》存续期间的行为道歉，甚至不准备承认它们。艾登抵达莫斯科前不到两周，波兰总理瓦迪斯瓦夫·西科尔斯基先他一步从伦敦机场出发，途经开罗、德黑兰和古比雪夫，最后抵达苏联首都。他在12月3日与4日同斯大林进行了会晤，敦促苏方落实当年夏天达成的苏波协议条款，包括释放所有在1939年被苏军当作俘虏抓捕的波兰军方人员，以便他们组建新的部队。

瓦迪斯瓦夫·安德斯（Władysław Anders）将军之后将在与德国人的战斗中，负责指挥这些人组成的部队，他也陪同西科尔斯基参加了同斯大林的会晤。安德斯是此前被苏联释放的波兰人之一，斯大林问他在被俘期间待遇如何。"在利沃夫时非常糟糕，到莫斯科后情况稍稍好了些，"安德斯回答道，"你自己应该明白……对一个在监狱里待了二十个月的人来说，'稍稍好了些'意味着什么。"

"噢，好吧，情况就是这样啊。"斯大林说道，就好像这和他本人毫无关系一样。

西科尔斯基和安德斯向斯大林追问被苏方抓捕却不知所终的大约4000名波兰军官的下落。"迄今还没有一名军官现身，而且真实失踪人数至少应该是我这份4000人名单的两倍。"西科尔斯基表示。

"这不可能。他们肯定跑到其他地方去了。"斯大林答道。

当将信将疑的安德斯问他们可能跑去哪里时，斯大林仍装作不知。"噢，可能是中国东北。"他说。当然，苏联领导人知道这些军官早在 1940 年就在斯摩棱斯克附近的卡廷森林被处决了。

不过，西科尔斯基成功地与斯大林达成协议，允许幸存的波兰"俘虏"越过边境前往伊朗，在那里英国人将给他们提供物资装备，再次将其武装成一支战斗力量。这支被称作安德斯军团（Anders' Army）的部队后来参加了北非的战斗，还在 1944 年的意大利战役中夺取了卡西诺山（Monte Cassino）修道院。

作为回报，斯大林试图让西科尔斯基同意讨论战后苏波边界问题，声称自己提议的领土变更"非常微小"。波兰领导人坚称，自己无权就波兰"不可侵犯的"边界的最微小变更进行讨论。斯大林于是不再提起此事。[47]

但他不会放过艾登。12 月 16 日在莫斯科第一次会见斯大林时，艾登希望回避战后边界问题。罗斯福此前试图让波兰人相信，他和丘吉尔将信守《大西洋宪章》中的承诺，不会允许"与有关民族自由表达的意志不相符的"领土变更。

在第一次会晤中，斯大林给了艾登两份条约草案，一份是英苏战时同盟草案，另一份是有关战后领土安排的条约草案。尽管并不完全感到意外，但艾登还是不安地发现，苏联领导人在第二份条约草案中附加了一份关于欧洲未来边界的秘密议定书。"俄罗斯人的意图已经十分明确，"艾登后来指出，"接下来的三年里，他们的目标几乎始终如一，旨在获得对苏联未来的国家安全最为实际的保障。"斯大林希望兼并波兰东部和波罗的海国家，即重新获得他曾从《莫洛托夫－里宾特洛甫条约》中得到的好处，而波兰将西移西部边界，获得原属德国的领土作为补偿。他还想讨论在德国战败后，同盟国该如何对德国实施分区军事占领，也就是说他已经开始酝酿战后占领区的划分方案了。

艾登回忆称，在第二次会晤中，"斯大林开始表现得咄咄逼人"，在边界问题上越发强硬。艾登试图回避这一话题，告诉斯大林说，罗斯福反对就战后边界签订任何秘密协议。至于战后和平解决方案中的边界问题，艾登说，只能在未来由战胜国决定。艾登指出，自己说完后，会谈气氛立即变得"非常冷淡"。

在 12 月 20 日的最后一次会晤中，斯大林的态度突然变得温和了一些。他仍坚持自己的边界要求，但指出他理解英国和美国需要经过进一步的协商才能最终确定条约的内容。同时，他希望苏联能够改善和英国的关系。艾登对会谈在一种更加积极的氛围中结束感到欣慰，但没有傻到相信英美与苏联的关系会从此一帆风顺。

当晚，斯大林邀请英国代表团前往克里姆林宫，借用艾登的话说，这是一场"几乎令人尴尬的奢侈晚宴"。餐桌上摆满了罗宋汤、鲟鱼、各种肉类和"不开心的白乳猪"，还有多种此类场合常见的葡萄酒、香槟和伏特加。[48]

丰盛的晚宴意在缓和双方的关系，但斯大林仍情不自禁地想要利用这一场合让英国贵宾出一出丑。艾登问斯大林餐桌上的那瓶黄色液体是什么。"这是我们俄罗斯人的威士忌。"斯大林笑着告诉他，同时给他倒了一大杯。实际上，这是胡椒白兰地酒。陪同英国官员访苏的麦斯基大使回忆了艾登喝了一大口后的情形："他脸红得不行，被呛得眼珠子都要掉出来了。"斯大林见状说："只有强壮的民族才能喝这种酒。希特勒已经感受到这一点了。"[49]

这些经历让艾登坚信，斯大林不会轻易放弃自己的目标。"我相信斯大林希望签订军事协议，但除非我们承认他的边界主张，否则他不会签字。我们必须做好就此继续缠斗的准备。"他在写给丘吉尔的信中指出。

艾登低估了斯大林。1945 年 2 月参加雅尔塔会议的斯大林和艾登 1941 年 12 月在莫斯科见到的斯大林没有什么不同。在雅尔塔会议上，斯大林与丘吉尔和罗斯福进行了会晤，敲定了他一直以来都在主张的条款。正是这些条款拉开了冷战的序幕。

＊　　＊　　＊

12 月 10 日，也就是丘吉尔激动地写信告诉罗斯福自己准备赴美国和他见面的第二天，这位英国首相不得不在下议院宣布一个令人悲伤的消息："来自新加坡的一份战报表明，'威尔士亲王'号和'反击'号（Repulse）战列舰在与攻击马来亚的日军作战时被击沉了。"[50]英国方面后来才知道相关细节：两艘战列舰上共有 840 人阵亡，还有 1285 人从海上获救。[51]事态的发展马上就凸显了珍珠港事件后，战争的扩大化对英国的危险。

不过，丘吉尔还是对美国参战这一影响巨大的新变化感到十分振奋。12 月 12 日，他搭乘"约克公爵"号（Duke of York）战列舰启程前往美国。"自得知珍珠港事件的消息以来，丘吉尔先生一直渴望见到罗斯福总统。"他的私人医生、陪同他一起赴美的莫兰勋爵（Lord Moran）指出，"美国参战后，他简直就像是换了一个人。"

"我在伦敦认识的温斯顿让我很不安，"莫兰继续说道，

"我发现他把整个世界都扛在肩上，我不知道他还能坚持多久……不过现在——似乎就在一夜之间——他变年轻了。"在船上，丘吉尔多数时间待在船舱里口述给罗斯福的备忘录的具体内容。"疲惫、了无生气的眼神完全不见了；我走进船舱后，他面露喜色……到夜里，他就兴高采烈地说个不停，有时甚至还开起了玩笑。"

莫兰用完全不属于医学范畴的方式解释了丘吉尔的心情："我觉得，首相肯定知道如果美国不参战，战争就只会有一种结局。但现在突然之间，我们好像已经赢得了这场战争，英国似乎安全无虞了。在一场大战中担任英国首相……他享受任期中的每一刻时光。"[52]

12月22日，丘吉尔从弗吉尼亚州的汉普顿锚地（Hampton Roads）坐飞机前往华盛顿。[53]罗斯福在机场亲自迎接他，之后两人一起乘车去了白宫，丘吉尔访美期间就在此停留。两人每天会一起商议几个钟头，还会一起吃午餐，霍普金斯经常也会在午餐时加入讨论。第一天的晚餐上，罗斯福特意喝了混合鸡尾酒。据陪同丘吉尔一起访美的一名英国官员回忆，丘吉尔"出于尊重"，随后推着罗斯福的轮椅，把他送上了电梯。

两人的关系堪称亲密无间。"出于工作需要或是个人习惯，我们两人都必须在休息时间处理大量公务，"丘吉尔回忆道，"罗斯福随时会来我的房间找我，他也希望我不要拘束，只要有需要就去找他。"除了在卧室工作外，丘吉尔还设置了一个"移动地图室"。罗斯福经常来地图室研究各大战区的地图，它们详细标出了陆地和海上战场的军事部署。丘吉尔非常自豪地写道："很快，罗斯福就拥有了一间非常高效的地图室。"

和在英国时一样，丘吉尔经常会在浴缸里一边洗澡，一边口述演讲稿、报告和信件。有时洗完澡后他会继续口述，身上只裹一条大浴巾。他在白宫的速记员帕特里克·金纳（Patrick Kinna）回忆称，有一天丘吉尔正在口述演讲稿时，他身上的毛巾掉到了地上。丘吉尔似乎没有意识到这一点，继续一边口述，一边在房间里来回踱步。罗斯福碰巧进了房间。"丘吉尔总是能找到话说。"金纳指出丘吉尔此时说道："你看到了，总统先生，我对你毫无隐瞒。"[54]

见过丘吉尔的人都很难不折服于他的魅力。12月26日，丘吉尔在美国国会联席会议上发表讲话，告诉兴奋的议员们："我不禁想到，如果我的父亲是美国人，母亲是英国人，而不是反过来的情况，我可能会成为你们中的一员。"但他仍严肃地提醒听众，英美两国未能阻止这场已经波及全世界的灾难。"如果五六年前，美国和英国能坚持让德国履行上次大战后签署的裁军条款，事情就会容易很多，就不会有流血牺牲了。"丘吉尔表示。

尽管他结束演讲时听众发出了热烈欢呼，但丘吉尔发现当他对英美两国此前没有合力御敌表示不满时，参众两院的议员显得很沉默。他后来向莫兰提起了这件事，还说："我觉得甚至在几个月前，他们仍根本没考虑到要和我们结盟。"

第二天早上，丘吉尔匆忙把莫兰叫回白宫。他抱怨道，前一天晚上很热，他吃力地打开了一扇不太好开的窗户后，感到"心脏隐隐作痛"。"疼得我左臂都抬不起来了，"他说，"疼痛持续的时间不长，但以前从没发生过这种情况。怎么回事？我的心脏没问题吧？"

莫兰大致检查了一下丘吉尔的心脏，但由于他的疼痛感已经消失了，很难说清他的身体到底出了什么状况。莫兰认为至少"这种症状表明他的冠状动脉机能不全"。但莫兰不愿对他进行更全面的检查，因为担心会发现更严重的健康问题。"我觉得宣布首相患有心脏病会造成灾难性的后果。"莫兰回忆称。对这种症状的标准疗法是让病人至少卧床休息六周。莫兰再次从政治角度而非医学角度进行了分析："在美国刚刚参战的时刻，只有丘吉尔能与美国携手共进。"

莫兰知道如果丘吉尔此后死于心脏病的话，他脱不了干系，但他决定赌一把，泰然处之。"没什么大不了的。"莫兰让丘吉尔放心。[55]他告诉首相，他的血液循环"有点缓慢"，提醒丘吉尔不要劳累过度。[56]

* * *

莫兰之所以赢了这一把，可能是因为丘吉尔没有让坏消息影响自己的信心，他坚信同盟国将会扭转战局，尽管赢得胜利还需要长期的努力，付出高昂的代价。1941 年的战局发展无疑证明了这一点。正如温奈特大使在回忆录里指出的，"入侵苏联和袭击美国是轴心国最大的战略失误。上述决策忽视了科学的作用和无情的数学逻辑"。[57]

德国本可以提前就此做出评估。一些纳粹经济规划家曾在"巴巴罗萨行动"实施前提醒希特勒注意这一点，但希特勒根本听不进去。英国历史学家亚当·图兹从经济层面对战争做了详尽分析，指出："希特勒无力扭转经济与军事实力的根本平衡。德国的经济根本没有强大到可以压倒包括英国和苏联在内的所有欧洲国家的地步，更别说还有美国。"[59]

德国作家约阿希姆·卡普纳认为，希特勒在 1941 年"与全世界为敌"，采取了一系列自杀式举措。在美国陆军战争学院（US Army War College）最近的一份研究报告中，杰弗里·雷克德（Jeffrey Record）分析了苏联和美国参战后，德国、日本和意大利这三个轴心国所面临的种种不利因素。"差距一目了然，"雷克德写道，"同盟国（不包括中国）与轴心国的人口和领土比分别为 2.7∶1 和 7.5∶1。"[59]反法西斯同盟还控制了几乎全世界的石油资源，而且在战争期间，他们的国民生产总值一直至少是轴心国的两倍以上。

难怪丘吉尔在访问华盛顿期间情绪高昂，且无意放缓脚步。与莫兰就心脏一事进行讨论后，他似乎一点也不担心自己的身体。他在白宫与美国陆军参谋长乔治·马歇尔就如何分配英美联合军事行动的指挥权限进行了讨论。他们决定任命一名最高联合指挥官，让其负责指挥在同一战区作战的两国军队。[60]

12 月 28 日，丘吉尔、罗斯福和其他同盟国及中立国的代表进行了长达五个小时的会谈，之后丘吉尔在晚上登上了去往加拿大渥太华（Ottawa）的火车。他先后与麦肯齐·金（Mackenzie King）总理领导的战时内阁和他口中"忠贞不二"的反对党领袖进行了会晤，并准备于 12 月 30 日在加拿大议会发表讲话。

四天前刚刚在美国国会发表重要讲话的丘吉尔罕见地承认，自己还有很多工作要完成。"在处理没完没了的行政工作之余到大西洋对岸做两次演讲，是相当巨大的考验。"他在回忆录里写道。他还说："我已经尽力了。"

他确实尽力了。英国领导人描绘了他对此后战争走向的设想。他提醒说，在第一个巩固与准备的阶段，同盟国将面对

"很多硬仗"，要组织力量去"抵抗敌人的进攻"。在第二个阶段，被占领国家将获得解放。"侵略者和暴君们会发现，他们的胜利只是昙花一现，到了我们与他们算总账的时候了。"丘吉尔宣布。他还说"卖国贼和叛徒"尤其将受到严惩。在第三个阶段，他继续说道，"我们将攻占挑起战争的势力在欧洲和亚洲的老巢"。

丘吉尔的听众当时还不知道，他的讲话多么准确地预言了战事的走向。但丘吉尔的大胆设想及在 1941 年即将结束时的果断主张，令他们印象深刻。

非常具有戏剧性的一幕是，丘吉尔曾提醒议员们，1940年法国战败时，马克西姆·魏刚将军曾悲观地预测，"不出三周，英国就会像一只小鸡一样被扭断脖子"。换句话说，魏刚觉得英国将落得和法国一样的下场。

对此，丘吉尔毅然回应道："难对付的小鸡！拧不断的脖子！"[61]

英国首相享受听众发出的笑声和掌声。但最重要的是，眼前的事实让他宽慰，尽管战争的进程仍然是痛苦而漫长的，充满了难以想象的恐怖景象，但必胜的结局已无可置疑。

致　谢

　　刚开始写一本书时的感觉，就像在玩一个复杂的拼图游戏，要思考该如何把零散的事件适当地组合在一起。但更具挑战性的是，要找出其中的遗漏之处并顺藤摸瓜。长时间的资料搜集在不经意间会对你有所帮助，尽管这些资料可能只构成整本书的一小部分。

　　我要感谢我的父母、祖父母和他们的朋友。在我尚年幼时，他们给我讲了很多二战的故事。1939 年德国进攻波兰时，我的父亲正在波兰军队服役，后来在纳粹占领早期他成功逃脱，在苏格兰加入了一个波兰伞兵部队。我的祖父当时在伦敦的波兰流亡政府任职。他们移民到美国后，书信交流和日常交谈中的主要话题，就是当年参加抵抗运动的经历和塑造战后世界格局的政治斗争。

　　当我还是《新闻周刊》派驻德国、波兰和俄罗斯的记者时，我经常会去寻找更多二战的细节，为写作文章积累素材。随着个人兴趣的逐渐加深，我也开始为相关主题著作的创作进行深入的研究。很多采访内容后来证明对本书很有帮助，特别是考虑到许多二战的亲历者已经离世。出于以上原因，我要特别感谢帮助我找到此前我没有采访过的幸存者的那些人。感谢目前在明尼阿波利斯负责 World War II History Round Table 的前美国陆军上校 Don Patton，以及同样在明尼阿波利斯的俄罗斯老兵协会（Russian Veterans Association）的 Peter Zharkov，在他们的安排下，我采访了参加过 1941 年战斗的苏联和德国老兵。我的前记者同事、现于美国大屠杀纪念馆工作的 Ina Navazelski 帮我联系了波兰总理瓦迪斯瓦夫·西科尔斯基的战时秘书 Walentyna Janta，103 岁高龄的她对往事仍记忆犹新。

重要的是，我很感激各地愿意和我分享他们故事的幸存者，书中提到了其中很多人的名字。其中，我想强调一下 Benjamin Ferencz，他是纽伦堡美国检察官团队中唯一一位仍健在的人。我在我的上一本专著《纳粹猎人》（The Nazi Hunters）中详细介绍了他，他帮助我解开了此书谜团中的关键一环。和过去一样，Hoover Institution 给了我很大的帮助，让我可以研究其丰富的档案文献。我想感谢档案管理员 Irena Czernichowska、Maciej Siekierski、Carol Leadenham、Eryn Tillman、Argyle Roble 和 Mandy MacCalla，我不会忘记他们的帮助。来自各地的很多人给我提出了各种建议，并且提供了各种线索，包括美国大屠杀纪念馆的 Rebecca Erbelding，克拉科夫雅盖隆大学的 Andrzej Bryk 和印第安纳大学的 Owen Johnson。

这是我和 Alice Mayhew 合作的第五本书，她是任何作者都梦寐以求的优秀编辑。她从各方面娴熟地对我进行指导，及时指出了我的不足，让我能够做出相应的调整，其能力令我赞叹不已。很高兴能与她和她优秀的同事 Stuart Roberts，以及 Simon & Schuster 出版团队的其他员工一起合作，他们是 Amar Deol、Elizbeth Gay、Stephen Bedford、Alison Forner、Phil Metcalf、Brigid Black 和 Lewelin Polanco。我还要对辛勤审稿的

Phil Bashe 表示感谢。

我要感谢我的经纪人 Robert Gottlieb，以及他在 Trident Media Group 的同事 Dorothy Vincent 和 Erica Silverman，他们对本书给予了热心支持。Robert 总能带来新的点子并提供新的视角，他的想法让我受益匪浅。

很多朋友——包括纽约和其他我生活过的地方的老友，以及 2015 年我搬到圣奥古斯丁（St. Augustine）以后新认识的朋友——也不断鼓励着我。我可能无法一一列举他们的名字，但还是要感谢 David Satter、Ardith & Steve Hodes、Eva & Bart Kaminski、Francine Shane、Robert Morea、Arlene Getz、Fred Guterl、Jeff Bartholet、Sarah Stern、Ryszard Horowitz、Ania Bogusz、Jerzy Kozminski、Grazyna & Bogdan Prokopczyk、Barbara & Antoni Moskwa、Monica & Frank Ward、Kim Miller 和 Vi Sudhipong。

在我即将写完本书之际，我的母亲 Marie 去世了，临终前她还在问我本书的完成情况，给我讲述了二战期间与我的父亲 Zygmunt 在英国的生活。我欠父母太多了。我还想谢谢我的两位姐妹 Maria 和 Terry，以及她们的丈夫 Roberto 和 Diane，还有我妻子的姐妹 Eva Kowalski，以及 Andrzej Kowalski 和 Kinga Socha。

我的四个孩子 Eva、Sonia、Adam 和 Alex，还有他们的配偶 Eran 和 Shaun，也让我感到骄傲和开心。我在心里还给七个孙辈留了特殊的位置，他们是 Stella、Caye、Sydney、Charles、Maia、Kaia 和 Christina。

最后是我亏欠最多的人。当我作为交换生在克拉科夫初次遇到 Krysia 时，我们就在一起了。她一直是我们家庭的顶梁柱，家里每个人碰上大事小事都会找她拿主意，我也一样。我不知道如果没有她一直以来的建议和支持，我是否还能写出这些书。如果没有她，很多事情我都做不到，我觉得她知道我的心意。

参考文献

档案文献

Franklin D. Roosevelt Library, Hyde Park, NY
Hoover Institution Archives, Stanford, CA
Library of Congress, Washington, DC
United States Holocaust Museum Archives, Washington, DC

未发表手稿

Jacob Beam, unpublished manuscript (with no title page), courtesy of Alex Beam.
David Marwell. "Unwonted Exile: A Biography of Ernst 'Putzi' Hanfstaengl," PhD diss., State University of New York at Binghamton, 1988.
Yeaton, Ivan D., "Memoirs of Ivan D. Yeaton, USA (Ret.)." Palo Alto, CA: unpublished manuscript donated to Hoover Institution on War, Revolution and Peace, 1976.

出版物

Alliluyeva, Svetlana. *Only One Year.* New York: Harper & Row, 1969.
Applebaum, Anne. *Gulag: A History.* New York: Doubleday, 2003.

Aron, Raymond. *Memoirs: Fifty Years of Political Reflection.* New York: Holmes & Meier, 1990.

Axell, Albert. *Marshal Zhukov: The Man Who Beat Hitler.* London: Pearson Longman, 2003.

Banac, Ivo, ed. *The Diary of Georgi Dimitrov 1933–1949.* New Haven: Yale University Press, 2003.

Beevor, Antony. *The Second World War.* New York: Back Bay Books/Little, Brown, 2013.

Beevor, Antony and Luba Vinogradova, eds. *A Writer at War: Vasily Grossman with the Red Army, 1941–1945.* New York: Pantheon Books, 2006.

Berezhkov, Valentin M. *At Stalin's Side: His Interpreter's Memoirs from the October Revolution to the Fall of the Dictator's Empire.* New York: Carol Publishing Group, 1994.

Berg, A. Scott. *Lindbergh.* New York: G.P. Putnam's Sons, 1998.

Beria, Sergo. *Beria, My Father: Inside Stalin's Kremlin.* London: Gerald Duckworth, 2001.

Beschloss, Michael R. *Kennedy and Roosevelt: The Uneasy Alliance.* New York: W. W. Norton, 1980.

Bock, Generalfeldmarschall Fedor von. Klaus Gerbet, ed. *The War Diary: 1939–1945.* Atglen, PA: Schiffer Military History, 1996.

Bohlen, Charles E. *Witness to History: 1929–1969.* New York: W. W. Norton, 1973.

Bormann, Martin, ed. *Hitler's Table Talk.* Chester, England: Ostara Publications, 2016.

Böhler, Jochen, Klaus-Michael Mallman, and Jürgen Matthäus, *Einsatzgruppen w Polsce.* Warsaw: Bellona, 2009.

Bor-Komorowski, Tadeusz. *The Secret Army.* London: Victor Gollancz, 1950.

Browning, Christopher R. *Ordinary Men: Reserve Police Battalion 101 and the Final Solution in Poland.* New York: HarperPerennial, 1992.

———. *The Origins of the Final Solution: The Evolution of Nazi Jewish Policy, September 1939–March 1942.* Lincoln and Jerusalem: University of Nebraska Press and Yad Vashem, 2004.

Bullock, Alan. *Hitler and Stalin: Parallel Lives.* London: Fontana Press, 1998.

Burdick, Charles B. *An American Island in Hitler's Germany: The Bad Nauheim Internment.* Menlo Park, CA: Markgraf Publications Group, 1987.

Burdick, Charles, and Hans-Adolf Jacobsen, eds. *The Halder War Diary: 1939–1942.* London: Greenhill Books, 1988.

Butler, Susan, ed. *My Dear Mr. Stalin: The Complete Correspondence Between Franklin D. Roosevelt and Joseph V. Stalin,* New Haven, CT: Yale University Press, 2005.

Churchill, Allen, ed. *Eyewitness: Hitler.* New York: Walker, 1979.

Churchill, Winston S. *The Second World War: The Gathering Storm.* Boston: Houghton Mifflin, 1948.

————. *The Second World War: The Grand Alliance.* Boston: Houghton Mifflin, 1950.

————. *The Second World War: Their Finest Hour.* Boston: Houghton Mifflin, 1949.

Ciechanowski, Jan. *Defeat in Victory.* New York: Doubleday, 1947.

Colville, John. *The Fringes of Power: Downing Street Diaries 1939–1955.* London: Hodder and Stoughton, 1985.

Conquest, Robert. *The Dragons of Expectation: Reality and Delusion in the Course of History.* New York: W. W. Norton, 2005.

————. *The Great Terror: A Reassessment.* New York: Oxford University Press, 1990.

Cooper, Duff. *Old Men Forget.* New York: Carroll & Graf, 1988.

Cuthbertson, Ken. *A Complex Fate: William L. Shirer and the American Century.* Montreal & Kingston: McGill-Queen's University Press, 2015.

Czech, Danuta. *Kalendarz Wydarzeń w KL Auschwitz.* Oświęcim: Wydawnictwo Państwowego Muzeum w Oświęcimiu-Brzezince, 1992.

Dallek, Robert. *Franklin D. Roosevelt: A Political Life.* New York: Viking, 2017.

Dallin, Alexander. *German Rule in Russia 1941–1945: A Study of Occupation Policies.* London: Macmillan, 1957.

Davies, Joseph E. *Mission to Moscow.* New York: Simon & Schuster, 1941.

Davies, Norman. *Heart of Europe: A Short History of Poland.* Oxford: Clarendon Press, 1984.

Deutscher, Isaac. *Stalin: A Political Biography.* New York: Oxford University Press, 1972.

De Gaulle, Charles. *The Army of the Future.* London: Hutchinson, 1940.

————. *The Complete War Memoirs of Charles de Gaulle.* Translated by Jonathan Griffin and Richard Howard. New York: Carroll & Graf, 1998.

Drawbell, J. W. *Dorothy Thompson's English Journey.* London: Collins, 1942.

Dunn, Dennis J. *Caught Between Roosevelt & Stalin: America's Ambassadors to Moscow.* Lexington: University Press of Kentucky, 1998.

Earl, Hillary. *The Nuremberg SS-Einsatzgruppen Trial, 1945–1958: Atrocity, Law, and History.* Cambridge: Cambridge University Press, 2010.

Eberle, Henrik and Matthias Uhl, eds., *The Hitler Book: The Secret Dossier Prepared for Stalin from the Interrogations of Hitler's Personal Aides.* New York: Public Affairs, 2005.

Eden, Anthony. *The Reckoning.* Boston: Houghton Mifflin, 1965.

Engel, Major Gerhard. *At the Heart of the Third Reich: The Secret Diary of Hitler's Army Adjutant.* London: Greenhill Books, 2005.

Erbelding, Rebecca. *Rescue Board: The Untold Story of America's Efforts to save the Jews of Europe.* New York: Doubleday, 2018.

Etkind, Alexander. *Roads Not Taken: An Intellectual Biography of William C. Bullitt.* Pittsburgh: University of Pittsburgh Press, 2017.

Ferencz, Benjamin B. *Less Than Slaves: Jewish Forced Labor and the Quest for Compensation.* Bloomington: Indiana University Press, 2002.

Fest, Joachim C. *Hitler.* San Diego: Harcourt Brace Jovanovich, 1992.

Filatov, V. P., and others. *Moskovskaia bitva v khronike faktov i sobytii.* Moscow: Voennoe Izdatelstvo, 2004.

Flannery, Henry W. *Assignment to Berlin.* New York: Alfred A. Knopf, 1942.

Friedlander, Saul. *The Years of Extermination: Nazi Germany and the Jews, 1939–1945.* New York: Harper Perennial, 2008.

Gibson, Hugh, ed. *The Ciano Diaries: 1939–1943.* Garden City, NY: Doubleday, 1946.

Gilbert, G. M. *Nuremberg Diary.* Boston: Da Capo Press, 1995.

Gilbert, Martin. *Churchill and America.* Toronto: McClelland & Stewart, 2005.

―――. *Finest Hour: Winston S. Churchill 1939–1941.* London: Minerva, 1989.

―――. *Road to Victory: Winston S. Churchill 1941–1945.* London: Minerva, 1989.

―――. *The Second World War: A Complete History.* New York: Owl Books, 1991.

Glantz, David M. *Colossus Reborn: The Red Army at War, 1941–1943.* Lawrence: University Press of Kansas, 2005.

Glantz, David M., and Jonathan M. House. *When Titans Clashed: How the Red Army Stopped Hitler.* Edinburgh: Birlinn Limited, 2000.

Goldensohn, Leon, and Robert Gellately, eds. *The Nuremberg Interviews: An American Psychiatrist's Conversations with the Defendants and Witnesses.* New York: Alfred A. Knopf, 2004.

Gorinov, M. M., and others, eds. *Moskva Voennaia, 1941–1945: Memuary i arkhivnye dokumenty.* Moscow: Mosgorarkhiv, 1995.

Gorodetsky, Gabriel, ed. *The Maisky Diaries: Red Ambassador to the Court of St. James's, 1932–1943.* New Haven, CT: Yale University Press, 2015.

Grigorenko, Petro G. *Memoirs.* New York: W. W. Norton, 1982.

Gromyko, Andrei. *Memoirs.* New York: Doubleday, 1989.

Grossman, Vasily. *Life and Fate.* London: Collins Harvill, 1985.

———. *The Road: Stories, Journalism, and Essays.* New York: New York Review Books, 2010.

Guderian, General Heinz. *Panzer Leader.* London: Macdonald, 1982.

Gutman, Yisrael, and Michael Berenbaum, eds. *Anatomy of the Auschwitz Death Camp.* Bloomington: Indiana University Press, 1994.

Hanfstaengl, Ernst. *Hitler: The Missing Years.* New York: Arcade, 1994.

Harsch, Joseph C. *At the Hinge of History: A Reporter's Story.* Athens and London, University of Georgia Press, 1993.

———. *Pattern of Conquest.* New York: Doubleday, Doran, 1941.

Harriman, W. Averell, and Elie Abel. *Special Envoy to Churchill and Stalin 1941–1946.* New York: Random House, 1975.

Hastings, Max. *Inferno: The World at War, 1939–1945.* New York: Vintage Books, 2012.

Hart, B. H. Liddell. *The German Generals Talk.* New York: Quill, 1979.

Hartmann, Christian. *Operation Barbarossa: Nazi Germany's War in the East, 1941–1945.* Oxford: Oxford University Press, 2013.

Hasegawa, Tsuyoshi. *Racing the Enemy: Stalin, Truman and the Surrender of Japan.* Cambridge, MA: Belknap Press of Harvard University Press, 2005.

Hayes, Peter. *Why? Explaining the Holocaust.* New York: W. W. Norton, 2017.

Heffer, Simon. *Great British Speeches.* London: Quercus, 2007.

Herwarth, Hans von, with S. Frederick Starr. *Against Two Evils.* New York: Rawson, Wade, 1981.

Hessen, Robert, ed. *Berlin Alert: The Memoirs and Reports of Truman Smith.* Stanford, CA: Hoover Institution Press, 1984.

Hitler, Adolf. *Mein Kampf.* Boston: Houghton Mifflin, 1971.

Hoess, Rudolf. *Commandant of Auschwitz: The Autobiography of Rudolf Hoess.* London: Phoenix, 2000.

Höhne, Heinz. *Canaris: Hitler's Master Spy.* Garden City, New York: Doubleday, 1979.

Höss, Rudolf, Perry Broad, and Johann Paul Kremer. *KL Auschwitz Seen by the SS*. Warsaw: Interpress, 1991.

Hull, Cordell. *The Memoirs of Cordell Hull*, vol. 2. New York: Macmillan, 1948.

Huss, Pierre J. *The Foe We Face*. New York: Doubleday, Doran, 1942.

Ickes, Harold L. *The Secret Diary of Harold L. Ickes*, vol. 3, *The Lowering Clouds 1939–1941*. New York: Simon & Schuster, 1955.

Irving, David. *Hitler's War*. New York: Avon Books, 1990.

Ivanov, V. K. *Moskovskaia zona oborony. Eë rol' v zashchite stolitsy. 1941–1942 gg*. Moscow: Gosudarstvennyi Muzei Oborony Moskvy, 2001.

Jackson, Robert H., and John Q. Barrett, ed. *That Man: An Insider's Portrait of Franklin D. Roosevelt*. Oxford: Oxford University Press, 2003.

James, Robert Rhodes. *Victor Cazalet: A Portrait*. London: Hamish Hamilton, 1976.

Jones, Robert Huhn. *The Roads to Russia: United States Lend-Lease to the Soviet Union*. Norman: University of Oklahoma Press, 1969.

Judd, Denis. *George VI*. London, I. B. Tauris, 2012.

Jukes, Geoffrey. *The Defense of Moscow*. New York: Ballantine Books, 1970.

Kamieński, Łukasz. *Shooting Up: A Short History of Drugs and War*. Oxford: Oxford University Press, 2016.

Käppner, Joachim. *1941: Der Angriff auf die Ganze Welt*. Berlin: Rowohlt, 2016.

Karski, Jan. *The Great Powers & Poland 1919–1945: From Versailles to Yalta*. Lanham, MD: University Press of America, 1985.

Kennan, George F. *Memoirs: 1925–1950*. Boston: Little, Brown, 1967.

Kershaw, Ian. *Hitler, 1889–1936: Hubris*. London: Penguin Press, 1998.

———. *Hitler, 1936–45: Nemesis*. New York: W. W. Norton, 2000.

———. *Hitler, the Germans, and the Final Solution*. New Haven, CT: Yale University Press, 2008.

———. *The "Hitler Myth": Image and Reality in the Third Reich*. Oxford: Oxford University Press, 1987.

Kessler, Ronald. *The Sins of the Father: Joseph P. Kennedy and the Dynasty He Founded*. New York: Warner Books, 1996.

Khlevniuk, Oleg V. *Stalin: New Biography of a Dictator*. New Haven, CT: Yale University Press, 2015.

Kimball, Warren F. *Forged in War: Roosevelt, Churchill, and the Second World War*. New York: William Morrow, 1997.

————. *The Most Unsordid Act: Lend-Lease 1939–1941*. Baltimore: Johns Hopkins Press, 1969.

Knickerbocker, H. R. *Is Tomorrow Hitler's? 200 Questions on the Battle of Mankind*. New York: Reynal & Hitchcock, 1941.

Kochanski, Halik. *The Eagle Unbowed: Poland and the Poles in the Second World War*. Cambridge, MA: Harvard University Press, 2012.

Kumanev, Georgii. *Riadom so Stalinym: Otkrovennyye svidel'stva*. Moscow: Bylina, 1999.

Kurth, Peter. *American Cassandra: The Life of Dorothy Thompson*. Boston: Little, Brown, 1990.

Lehrman, Lewis E. *Churchill, Roosevelt & Company: Studies in Character and Statecraft*. Guilford, CT: Stackpole Books, 2017.

Leutze, James, ed. *The London Journal of General Raymond E. Lee 1940–1941*. Boston: Little Brown, 1971.

Lih, Lars T., Oleg V. Naumov, and Oleg V. Khlevniuk, eds. *Stalin's Letters to Molotov 1925–1936*. New Haven, CT: Yale University Press, 1995.

Lochner, Louis P. *Always the Unexpected: A Book of Reminiscences*. New York: Macmillan, 1956.

————, ed. *The Goebbels Diaries: 1942–1943*. New York: Doubleday, 1948.

————. *What About Germany?* New York: Dodd, Mead, 1943.

Lord Ismay. *The Memoirs of General Lord Ismay*. New York: Viking Press, 1960.

Lord Moran, *Churchill at War 1940–1945*. New York: Carroll & Graf, 2003.

Lucas, James. *War on the Eastern Front: The German Soldier in Russia 1941–1945*. London: Greenhill Books, Military Book Club edition, 1991.

Lukas, Richard C. *The Forgotten Holocaust: The Poles Under German Occupation 1939–1945*. New York: Hippocrene Books, 2012.

Lyttelton, Oliver, and Viscount Chandos. *The Memoirs of Lord Chandos*. London: Bodley Head, 1962.

Macmillan, Harold. *The Blast of War 1939–1945*. London: Macmillan, 1967.

Maisky, Ivan. *Memoirs of a Soviet Ambassador: The War 1939–1943*. London: Hutchinson, 1967.

Manstein, Field-Marshal Erich von. *Lost Victories*. Chicago: Henry Regnery, 1958.

Mazower, Mark. *Hitler's Empire: How the Nazis Ruled Europe*. New York: Penguin Press, 2008.

McLaughlin, John J. *General Albert C. Wedemeyer: America's Unsung Strategist in World War II*. Philadelphia: Casemate, 2012.

Meacham, Jon. *Franklin and Winston: An Intimate Portrait of an Epic Friendship*. New York: Random House, 2003.

Medvedev, Roy. *Let History Judge: The Origins and Consequences of Stalinism*. New York: Columbia University Press, 1989.

Megargee, Geoffrey P. *Inside Hitler's High Command*. Lawrence: University of Kansas, 2000.

Merridale, Catherine. *Ivan's War: Life and Death in the Red Army, 1939–1945*. New York: Metropolitan Books, 2006.

Mikoyan, Anastas. *Tak bylo*. Moscow: Vagrius, 1999.

Mikoyan, Stepan Anastasovich. *Memoirs of Military Test-Flying and Life with the Kremlin's Elite*. Shrewsbury: Airlife, 1999.

Miner, Steven Merritt. *Stalin's Holy War: Religion, Nationalism, and Alliance Politics, 1941–1945*. Chapel Hill: University of North Carolina Press, 2003.

Misiunas, Romuald J., and Rein Taagepera, *The Baltic States: Years of Dependence 1940–1980*. Berkeley: University of California Press, 1983.

Modelski, Tadeusz. *Byłem Szefem Wywiadu u Naczelnego Wodza*. Warsaw: Bellona, 2009.

Montefiore, Simon Sebag. *Stalin: The Court of the Red Tsar*. New York: Alfred A. Knopf, 2004.

Moorehouse, Roger. *Berlin at War*. New York: Basic Books, 2010.

Moskovskaia Bitva v Postanovleniiakh Gosudarstvennogo Komiteta oborony. Dokumenty i materialy 1941–1942. Moscow: Bol'shaiia Rossiiskaia Entsiklopediia i Gosudarstvennyj Muzei Oborony Moskvy, 2001.

Moskva Prifrontovaia 1941–1942. Arkhivnye dokumenty I materialy. Moscow: Mosgorarkhiv, AO Moskovskie uchebniki, 2001.

Mowrer, Edgar Ansel. *Germany Puts the Clock Back*. Paulton and London: Penguin Books, 1938.

——. *Triumph and Turmoil: A Personal History of Our Times*. New York: Weybright & Talley, 1968.

Murphy, David E. *What Stalin Knew: The Enigma of Barbarossa*. New Haven, CT: Yale University Press, 2005.

Murphy, Robert. *Diplomat Among Warriors*. London: Collins, 1964.

Murrow, Edward R. *This Is London*. New York: Schocken Books, 1941.

Muzeum Wojska Polskiego. *Generał Władysław Sikorski 1881–1943*. Warsaw: Bellona, 2013.

Musmanno, Michael A. *The Eichmann Kommandos*. MacFadden, 1962.

——. *Ten Days to Die*. New York: MacFadden, 1962.

Nagorski, Andrew. *The Greatest Battle: Stalin, Hitler, and the Desperate Struggle for Moscow That Changed the Course of World War II*. New York: Simon & Schuster, 2007.

―――. *Hitlerland: American Eyewitnesses to the Nazi Rise to Power*. New York: Simon & Schuster, 2012.

―――. *The Nazi Hunters*. New York: Simon & Schuster, 2016.

Nagorski, Zygmunt, Senior. *Wojna w Londynie: Wspomnienia 1939–1945*. Paris: Księgarnia Polska w Paryżu, 1966.

Nekrich, Aleksandr M. *Pariahs, Partners, Predators: German-Soviet Relations, 1922–1941*. New York: Columbia University Press, 1997.

Nel, Elizabeth. *Winston Churchill by His Personal Secretary*. New York: iUniverse, 2007.

Nicolson, Nigel, ed. *Harold Nicolson, The War Years 1939–1945: Vol. 2 of Diaries and Letters*. New York: Atheneum, 1967.

Ohler, Norman. *Blitzed: Drugs in the Third Reich*. Boston: Houghton Mifflin, 2017.

Olson, Lynne, *Citizens of London: The Americans Who Stood with Britain in Its Darkest, Finest Hour*. New York: Random House, 2010.

―――. *Last Hope Island: Britain, Occupied Europe, and the Brotherhood That Helped Turn the Tide of War*. New York: Random House, 2017.

―――. *Those Angry Days: Roosevelt, Lindbergh, and America's Fight over World War II, 1939–1941*. New York: Random House Paperbacks, 2014.

Oreshkin, Boris. *Viaz'ma*, in *Al'manakh "Podvig,"* issue 38. Moscow: Molodaia Gvardiia, 1991.

Overy, Richard. *The Dictators: Hitler's Germany, Stalin's Russia*. New York: W. W. Norton, 2004.

―――. *Russia's War*. New York: Penguin Books, 1998.

―――. *Why the Allies Won*. New York: W. W. Norton, 1995.

Pasher, Yaron. *Holocaust Versus Wehrmacht: How Hitler's "Final Solution" Undermined the German War Effort*. Lawrence: University Press of Kansas, 2014.

Peters, Charles. *Five Days in Philadelphia*. New York: Public Affairs, 2005.

Piper, Franciszek. *Ile Ludzi Zginęło w KL Auschwitz: Liczba Ofiar w Świetle Żròdeł i Badań 1945–1990*. Oświęcim: Wydawnictwo Państwowego Muzeum w Oświęcimiu, 1992.

Piotrowski, Stanisław. *Hans Frank's Diary*. Warsaw: Państwowe Wydawnictwo Naukowe, 1961.

Pleshakov, Constantine. *Stalin's Folly: The Tragic First Ten Days of WWII on the Eastern Front.* Boston: Houghton Mifflin, 2005.

Prange, Gordon W. *Target Tokyo: The Story of the Sorge Spy Ring.* New York: McGraw-Hill, 1984.

Prażmowska, Anita J. *Britain and Poland, 1939–1945: The Betrayed Ally.* Cambridge: Cambridge University Press, 1995.

Pyle, Ernie. *Ernie Pyle in England.* New York: Robert M. McBride, 1945.

Raczynski, Count Edward. *In Allied London.* London: Weidenfeld and Nicolson, 1962.

Rayfield, Donald. *Stalin and his Hangmen: The Tyrant and Those Who Killed for Him.* New York: Random House, 2004.

Rayski, Adam. *The Choice of the Jews Under Vichy: Between Submission and Resistance.* Notre Dame, IN: University of Notre Dame Press, 2005.

Rees, Lawrence. *Auschwitz: A New History.* New York: PublicAffairs, 2005.

Resis, Albert, ed. *Molotov Remembers: Inside Kremlin Politics.* Chicago: Ivan R. Dee, 1993.

Reynolds, Quentin. *A London Diary.* New York: Popular Library, 1962.

———. *By Quentin Reynolds.* New York: McGraw-Hill, 1963.

Rhodes, Richard. *Masters of Death: The SS-Einsatzgruppen and the Invention of the Holocaust.* New York: Alfred A. Knopf, 2002.

Rich, Norman. *Hitler's War Aims: Ideology, the Nazi State, and the Course of Expansion.* New York: W. W. Norton, 1973.

Rogers, Clifford J., Ty Seidule, and Steve R. Waddle, eds. *The West Point History of World War II:* vol. 1. New York: Simon & Schuster, 2015.

Roseman, Mark. *The Villa, the Lake, the Meeting: Wannsee and the Final Solution.* London: Penguin Books, 2003.

Ross, Steven J. *Hitler in Los Angeles.* New York: Bloomsbury USA, 2017.

Rybin, A. T. *Riadom so Stalinym.* Moscow: Veteran, 1992.

Sanders, Marion K. *Dorothy Thompson: A Legend in Her Time.* Boston: Houghton Mifflin, 1973.

Seaton, Albert. *The Battle for Moscow.* New York: Jove, 1985.

Sevareid, Eric. *Not So Wild a Dream.* New York: Atheneum, 1976.

Schecter, Jerrold L., with Vyacheslav V. Luchkov, eds. *Khrushchev Remembers: The Glasnost Tapes.* Boston: Little, Brown, 1990.

Schlabrendorff, Fabian von. *The Secret War Against Hitler.* New York: Pitman, 1965.

Schramm, Percy Ernst. *Hitler: The Man and The Military Leader.* Chicago: Academy Chicago, 1999.

Seaton, Col. Albert. *The Battle for Moscow*. 1985: Jove edition, Jove.

Sehn, Dr. Jan. *Obòz Koncentracyjny Oświęcim-Brzezinka*. Warsaw: Wydawnictwo Prawnicze, 1960.

————. *Wspomnienia Rudolfa Hoessa, Komendanta Obozu Oswięcimskiego*. Warsaw: Wydawnictwo Prawnicze, 1961.

Service, Robert. *Stalin: A Biography*. Cambridge, MA: Belknap Press of Harvard University Press, 2005.

Seth, Ronald. *Operation Barbarossa: The Battle for Moscow*. London: World Distributors, 1965.

Shepherd, Ben. *War in the Wild East: The German Army and Soviet Partisans*. Cambridge, MA: Harvard University Press, 2004.

Sherwood, Robert E. *Roosevelt and Hopkins: An Intimate History*. New York: Harper & Brothers, 1948.

Shirer, William L. *Berlin Diary: The Journal of a Foreign Correspondent, 1934–1941*. New York: Galahad Books, 1995.

————. *The Rise and Fall of the Third Reich: A History of Nazi Germany*. Greenwich, CT: Fawcett Publications, 1965.

————. *"This Is Berlin": Radio Broadcasts from Nazi Germany*. Woodstock, NY: Overlook Press, 1999.

Shvetsova, L.I., and others, *Moskva i moskvichi – partizanskomu dvizheniiu Velikoi Otechestvennoi voiny*. Moscow: "Atlantida – XXI vek," 2000.

Siekierski, Maciej, and Feliks Tych, eds. *Widziałem Anioła Śmierci*. Warsaw: Rosner, 2006.

Smith, Howard K. *Last Train from Berlin*. New York: Alfred A. Knopf, 1942.

Snyder, Timothy. *Bloodlands: Europe Between Hitler and Stalin*. New York: Basic Books, 2010.

Spaak, Paul-Henri. *The Continuing Battle: Memoirs of a European 1936–1966*. Boston: Little, Brown, 1971.

Speer, Albert. *Inside the Third Reich: Memoirs*. New York: Simon & Schuster, 1970.

Stafford, David. *Roosevelt and Churchill: Men of Secrets*. Woodstock & New York: Overlook Press, 1999.

Stahel, David. *The Battle for Moscow*. Cambridge: Cambridge University Press, 2015.

Stalin, Joseph. *The War of National Liberation*. New York: International, 1942.

Stargardt, Nicholas. *The German War: A Nation Under Arms, 1939–1945*. New York: Basic Books, 2015.

Strasser, Otto. *Hitler and I.* Boston: Houghton Mifflin, 1940.

Stuart, Heikelina Verrijn, and Marlise Simons. *The Prosecutor and the Judge: Benjamin Ferencz and Antonio Cassese, Interviews and Writings.* Amsterdam: Amsterdam University Press, 2009.

Talbott, Strobe, ed. *Khrushchev Remembers.* Boston: Little, Brown, 1970.

Taubman, William. *Stalin's American Policy: From Entente to Détente to Cold War.* New York: W. W. Norton, 1982.

Taylor, Fred, ed. *The Goebbels Diaries: 1939–1941.* London: Sphere Books, 1983.

Thompson, Dorothy. *"I Saw Hitler!"* New York: Farrar & Rinehart, 1932.

Thompson, W. H. *Sixty Minutes with Winston Churchill.* London: Christopher Johnson, 1953.

Toland, John. *Adolf Hitler,* 2 vols. New York: Doubleday, 1976.

Tooze, Adam. *The Wages of Destruction: The Making and Breaking of the Nazi Economy.* New York: Penguin Books, 2006.

Trevor-Roper, H. R., ed. *Hitler's War Directives: 1939–1945.* London: Pan Books, 1966.

Turney, Alfred W. *Disaster at Moscow: Von Bock's Campaigns 1941–1942.* Albuquerque: University of New Mexico Press, 1970.

Ulam, Adam B. *Expansion and Coexistence: Soviet Foreign Policy, 1917–73,* 2nd ed., New York: Praeger, 1974.

Volkogonov, Dmitri. *Stalin: Triumph and Tragedy.* Rocklin, CA: Prima, 1991.

Weizmann, Chaim. *Trial and Error: The Autobiography of Chaim Weizmann,* vol. 2. Philadelphia: Jewish Publication Society of America, 1949.

Werth, Alexander. *Russia at War: 1941–1945.* New York: Avon Books, 1965.

Whymant, Robert. *Stalin's Spy: Richard Sorge and the Tokyo Espionage Ring.* New York: St. Martin's Press, 1998.

Williams, Charles. *The Last Great Frenchman: A Life of General De Gaulle.* New York: John Wiley, 1993.

Winant, John Gilbert. *Letter from Grosvenor Square: An Account of a Stewardship.* Boston: Houghton Mifflin, 1947.

Wortman, Marc. *1941: Fighting the Shadow War.* New York: Atlantic Monthly Press, 2016.

Zamoyski, Adam. *Moscow 1812: Napoleon's Fatal March.* New York: HarperCollins, 2004.

Zbarsky, Ilya and Samuel Hutchinson, *Lenin's Embalmers,* London: Harvill Press, 1999.

Zhukov, G. K. *Vospominaniia i razmyshleniia. V trekh tomah.* Moscow: Novosti, 1995.

Zhukov, Georgi K. *Marshal Zhukov's Greatest Battles.* New York: Pocket Books, 1970.

采访

Yevgeny Anufriyev (2004)
Tamara Bylinina (2004)
Yegor Chegrinets (2005)
Katharine (Kätchen) Truman
  Smith Coley (2010)
Vyacheslav Dolgov (2004)
Yuri Druzhnikov (2004)
Benjamin Ferencz (2013, 2016)
Eric Hanfstaengl (2009)
Richard Hottelet (2009)
Walentyna Janta-Połczyńska (2016)
Yevgeniya Merlis (2017)
Sergo Mikoyan (2004)
Stepan Mikoyan (2004)

Franciszek Piper (1994)
Nikolai Pisarev (1994)
Valeria Prokhorova (2004)
Joachim Pusch (2017)
Pavel Saprykin (2004)
Leonid Shevelev (2004)
Angus Thuermer (2009)
Boris Vidensky (2004)
Ilya Vinitsky (2004)
Richard Wernicke (2004)
Mieczysław Zawadzki (1994)
Ilya Zbarsky (2004)
Aleksandr Zevelev (2004)
Ella Zhukova (2004)

注 释

导言

1. Albert Speer, *Inside the Third Reich: Memoirs*, 171 – 73.

2. Pierre J. Huss, *The Foe We Face*, 210 – 12.

3. H. R. Knickerbocker, *Is Tomorrow Hitler's? 200 Questions on the Battle of Mankind*, 17 – 19.

4. Ian Kershaw, *The "Hitler Myth": Image and Reality in the Third Reich*, 153.

5. Knickerbocker, *Is Tomorrow Hitler's?*, 48.

6. Joachim C. Fest, *Hitler*, 636.

7. Simon Heffer, *Great British Speeches*, 171.

8. Christian Hartmann, *Operation Barbarossa: Nazi Germany's War in the East, 1941 – 1945*, 4.

9. W. H. Thompson, *Sixty Minutes with Winston Churchill*, 44 – 45.

10. John Gilbert Winant, *Letter from Grosvenor Square: An Account of a Stewardship*, 4.

11. Ronald Kessler, *The Sins of the Father: Joseph P. Kennedy and the Dynasty He Founded*, 201.

12. Michael R. Beschloss, *Kennedy and Roosevelt: The Uneasy Alliance*, 196.

13. Gabriel Gorodetsky, ed. , *The Maisky Diaries: Red Ambassador to the Court of St. James's 1932 – 1943*, 279.

14. Winston S. Churchill, *Their Finest Hour*, 213.

15. Nigel Nicolson, ed. , *Harold Nicolson: The War Years 1939 – 1945*, vol. 2 of *Diaries and Letters*, 90.

16. Joachim Käppner, *1941: Der Angriff Auf Die Ganze Welt.*

第一章　"疯狂的逻辑"

1. Gorodetsky, *Maisky Diaries*, 328.

2. Alan Bullock, *Hitler and Stalin: Parallel Lives*, 4.

3. Ian Kershaw, *Hitler, 1889 – 1936: Hubris*, 13, 19.

4. Dmitri Volkogonov, *Stalin: Triumph and Tragedy*, 155.

5. Valentin M. Berezhkov, *At Stalin's Side: His Interpreter's Memoirs from the October Revolution to the Fall of the Dictator's Empire*, 117.

6. Hans von Herwarth with S. Frederick Starr, *Against Two Evils*, 54.

7. Andrew Nagorski, *Hitlerland: American Eyewitnesses to the Nazi Rise to Power*, 4; Otto Strasser, *Hitler and I*, 58.

8. 希特勒关于犹太人和种族的论述，出自 Adolf Hitler, *Mein Kampf*, 169, 57, 296, 310, 637, 688。

9. Ibid., 644, 654.

10. Ibid., 138 – 39.

11. Ibid., 140, 138, 382, 654, 680.

12. Ibid., 196.

13. Ibid., 140, 618, 681, 620.

14. Speer, *Inside the Third Reich*, 101.

15. Percy Ernst Schramm, *Hitler: The Man & the Military Leader*, 17, 21, 30.

16. Ibid., 34, 33.

17. Ibid., 104, 106.

18. Hitler, *Mein Kampf*, 227.

19. Adam Tooze, *The Wages of Destruction: The Making and Breaking of the Nazi Economy*, 254.

20. 出自雅各布·比姆未公开发表的手稿（感谢亚历克斯·比姆的帮助）；Nagorski, *Hitlerland*, 238 – 39。

21. Erich von Manstein, *Lost Victories*, 23 – 24.

22. William L. Shirer, *Berlin Diary*, 145.

23. Tooze, *Wages of Destruction*, 272 – 73.

24. Ibid., 310.

25. Ibid., 312, 315.

26. Ibid., 326.

27. Ibid., 317.

28. Hitler, *Mein Kampf*, 660 – 61.

29. Volkogonov, *Stalin*, 352.

30. Andrew Nagorski, *The Greatest Battle: Stalin, Hitler, and the Desperate Struggle for Moscow That Changed the Course of World War II*, 17.

31. Jerrold L. Schecter with Vyacheslav V. Luchkov, eds. , *Khrushchev*

Remembers: The Glasnost Tapes, 46.

32. Charles Burdick and Hans-Adolf Jacobsen, eds. , The Halder War Diary: 1939 – 1942, 42.

33. Fest, Hitler, 601.

34. Nicholas Stargardt, The German War: A Nation Under Arms, 1939 – 1945, 33.

35. Speer, Inside the Third Reich, 165.

36. Tooze, Wages of Destruction, 330.

37. Ibid., 337.

38. Ibid., 317.

39. Strobe Talbott, ed. , Khrushchev Remembers, 166.

40. Anastas Mikoyan, Tak Bylo, 385.

41. Schecter with Luchkov, Khrushchev Remembers, 55.

42. Simon Sebag Montefiore, Stalin: The Court of the Red Tsar, 330.

43. Nagorski, Greatest Battle, 76 – 81.

44. Richard Overy, Russia's War, 30.

45. Stepan Anastasovich Mikoyan, Memoirs of Military Test-Flying and Life with the Kremlin's Elite, 106.

46. Volkogonov, Stalin: Triumph and Tragedy, 324.

47. Aleksandr M. Nekrich, Pariahs, Partners, Predators: German-Soviet Relations, 1922 – 1941, 220.

48. Schecter with Luchkov, Khrushchev Remembers, 55.

49. David E. Murphy, What Stalin Knew: The Enigma of Barbarossa, 63.

50. Heinz Höhne, Canaris: Hitler's Master Spy, 451 – 52.

51. Burdick and Jacobsen, The Halder War Diary, 244 – 45.

52. Herwarth with Starr, Against Two Evils, 115.

53. Höhne, Canaris, 450.

54. Fest, Hitler, 643.

55. Tooze, Wages of Destruction, 321.

56. Alfred W . Turney, Disaster at Moscow: Von Bock's Campaigns 1941 – 1942, 25.

57. H. R. Trevor-Roper, ed. , Hitler's War Directives 1939 – 1945, 93 – 98.

58. Nagorski, Greatest Battle, 22.

59. Overy, The Dictators, 490.

60. Major Gerhard Engel, *At the Heart of the Reich： The Secret Diary of Hitler's Army Adjutant*, 100 – 101.

61. Burdick and Jacobsen, 314.

62. Turney, *Disaster at Moscow*, 29.

63. Ibid., 31.

64. Tooze, *Wages of Destruction*, 424.

第二章　"两个恃才傲物之人"

1. Winston S. Churchill, *The Second World War： The Grand Alliance*, 3 – 4.

2. Clifford J. Rogers, Ty Seidule, and Steve R. Waddle, eds. , *The West Point History of World War II*, vol. 1, 115.

3. Hugh Gibson, ed. , *The Ciano Diaries： 1939 – 1943*, 331.

4. Henry W. Flannery, *Assignment to Berlin*, 151.

5. Nicolson, *Harold Nicolson*, 136 – 37.

6. Denis Judd, *George VI*, 179.

7. Lord Ismay, *The Memoirs of General Lord Ismay*, 147.

8. Robert Rhodes James, *Victor Cazalet： A Portrait*, 230.

9. Zygmunt Nagorski, Senior, *Wojna w Londynie： Wspomnienia 1939 – 1945*, 67.

10. Lynne Olson, *Last Hope Island： Britain, Occupied Europe, and the Brotherhood That Helped Turn the Tide of War.*

11. Paul-Henri Spaak, *The Continuing Battle： Memoirs of a European 1936 – 1966*, 56.

12. Charles de Gaulle, *The Complete War Memoirs of Charles de Gaulle*, trans. Jonathan Griffin and Richard Howard, 83 – 84.

13. 有关此书的销售情况，出自 Charles Williams, *The Last Great Frenchman： A Life of General de Gaulle*, 76。

14. General Charles de Gaulle, *The Army of the Future*, 21.

15. De Gaulle, *Complete War Memoirs*, 82.

16. Allen Churchill, ed. , *Eyewitness： Hitler*, 210.

17. Martin Gilbert, *Churchill and America*, 211 – 12.

18. Edward R. Murrow, *This Is London*, 229 – 30.

19. Robert Murphy, *Diplomat Among Warriors*, 51.

20. John Colville, *The Fringes of Power： Downing Street Diaries 1939 –*

1955, 50.

21. Winston S. Churchill, *The Second World War: The Gathering Storm*, 650.

22. Harold Macmillan, *The Blast of War 1939 – 1945*, 77.

23. Jon Meacham, *Franklin and Winston: An Intimate Portrait of an Epic Friendship*, 45.

24. James Leutze, ed., *The London Journal of General Raymond E. Lee 1940 – 1941*, 81.

25. Beschloss, *Kennedy and Roosevelt*, 200; David Stafford, *Roosevelt and Churchill: Men of Secrets*, xvi.

26. Meacham, *Franklin and Winston*, 32.

27. Robert H. Jackson, *That Man: An Insider's Portrait of Franklin D. Roosevelt*, 81 – 82.

28. A. Scott Berg, *Lindbergh*, 382.

29. Lewis E. Lehrman, *Churchill, Roosevelt & Company: Studies in Character and Statecraft*, 14, 39.

30. Ibid., 1.

31. 伦道夫同父亲的对话，出自 Meacham, *Franklin and Winston*, 51。

32. 5 月 15 日电报的内容，出自 Winston S. Churchill, *The Second World War: Their Finest Hour*, 23 – 25。

33. www. let. rug. nl/usa/presidents/franklin – delano – roosevelt/state – of – the – union – 1940. php.

34. Lehrman, 25.

35. Churchill, *Their Finest Hour*, 24 – 25.

36. Gilbert, *Churchill and America*, 186.

37. Ibid., 197.

38. Ibid., 188.

39. Ibid., 206.

40. www. presidency. ucsb. edu/ws/? pid = 15917.

41. Gilbert, *Churchill and America*, 209.

42. Robert E. Sherwood, *Roosevelt and Hopkins: An Intimate History*, 225.

43. www. history. com/topics/world – war – ii /lend – lease – act.

44. Hitler, *Mein Kampf*, 663.

45. Speer, *Inside the Third Reich*, 72.

46. Ibid., 165.

47. Engel, *At the Heart of the Reich*, 101

48. Speer, *Inside the Third Reich*, 165.

49. Stargardt, *German War*, 48.

50. Nagorski, *Hitlerland*, 283 – 84; Louis P . Lochner, *Always the Unexpected: A Book of Reminiscences*, 262 – 72.

51. Burdick and Jacobsen, *The Halder War Diary*, 227.

52. Taylor, 185.

53. Nagorski, *Greatest Battle*, 26.

54. Montefiore, *Stalin*, 340.

55. Speer, *Inside the Third Reich*, 165.

56. 出自约翰·托兰对恩斯特·汉夫施丹格尔的录音采访（藏于 Library of Congress）。

57. Ernst Hanfstaengl, *Hitler: The Missing Years*, 41.

58. Hitler: *Mein Kampf*, 639.

59. Ibid., 139.

60. Burdick and Jacobsen, 256.

61. Speer, *Inside the Third Reich*, 121.

62. Marc Wortman, *1941: Fighting the Shadow War*, 53.

63. Louis Lochner, "Round Robins from Berlin," *Wisconsin Magazine of History*, Summer 1967.

64. "Franklin Roosevelt Approves Military Draft," History, www. history. com/ this – day – in – history/franklin – roosevelt – approves – military – draft.

65. "Franklin D. Roosevelt, 1941 State of the Union Address 'The Four Freedoms' (6 January 1941)," Voices of Democracy, voicesofdemocracy. umd. edu/fdr – the – four – freedoms – speech – text.

66. Lynne Olson, *Those Angry Days: Roosevelt, Lindbergh, and America's Fight over World War II, 1939 – 1941*, 276.

67. 林德伯格的证词、他的讲话和反应，以及汉密尔顿·菲什三世的事迹，出自 Berg, *Lindbergh*, 413 – 16。

68. Colville, *Fringes of Power*, 326 – 27, 330; *De Gaulle: Complete War Memoirs*, vol. 1, 146 – 48.

69. Raymond Aron, *Memoirs: Fifty Years of Political Reflection*, 135.

70. 霍普金斯抵达英国后最初的几次会谈，见 Sherwood, *Roosevelt and*

Hopkins, 232 – 36。

71. Ibid., 238 – 39.

72. Meacham, *Franklin and Winston*, 87.

73. Oliver Lyttelton, *The Memoirs of Lord Chandos*, 165 – 66.

74. Colville, *Fringes of Power*, 331.

75. 哈里曼被委以重任、他的讲话及在英国受到的欢迎，见 W. Averell Harriman and Elie Abel, *Special Envoy to Churchill and Stalin 1941 – 1946*, 3 – 21。

76. Charles Peters, *Five Days in Philadelphia*, 177.

77. Joseph C. Harsch, *At the Hinge of History: A Reporter's Story*, 55; Nagorski, *Hitlerland*, 305.

78. Meacham, *Franklin and Winston*, 95.

79. Gilbert, *Churchill and America*, 215.

80. Nicolson, *Harold Nicolson*, 141 – 42.

81. Murrow, *This Is London*, 235, 236 – 37.

82. Nicolson, *Harold Nicolson*, 149.

第三章　"大错特错"

1. C. Peter Chen, "The Tripartite Pact," World War II Database, https://ww2db.com/battle_ spec. php? battle_ id = 84.

2. Deutscher, *Stalin*, 452.

3. Ibid., 453; Nagorski, *Greatest Battle*, 31 – 32.

4. Adam B. Ulam, *Expansion and Coexistence: Soviet Foreign Policy, 1917 – 73*, 306.

5. Ronald Seth, *Operation Barbarossa: The Battle for Moscow*, 36.

6. Louis P. Lochner, ed. , *The Goebbels Diaries: 1942 – 1943*, 87.

7. Nekrich, *Pariahs, Partners, Predators*, 212.

8. Turney, *Disaster at Moscow*, 35.

9. William L. Shirer, *The Rise and Fall of the Third Reich: A History of Nazi Germany*, 872.

10. Kershaw, *Hitler, 1936 – 45: Nemesis*, 364.

11. 英美两国的警告，见 David Murphy, 262; Churchill, *Grand Alliance*, 360 – 61。

12. Herwarth with Starr, *Against Two Evils*, 162.

13. David Murphy, 64 – 66, 71 – 88, 101, 262 – 63; Rayfield, *Stalin and His Hangmen*, 394; Nagorski, *Greatest Battle*, 27 – 29; Gordon W. Prange, *Target Tokyo : The Story of the Sorge Spy Ring*, 3 – 16.

14. Robert Whymant, *Stalin's Spy : Richard Sorge and the Tokyo Espionage Ring*, 218.

15. Stepan Mikoyan, *Memoirs*, 102.

16. Speer, *Inside the Third Reich*, 173.

17. Bullock, *Hitler and Stalin*, 759.

18. Albert Axell, *Marshal Zhukov : The Man Who Beat Hitler*, 63.

19. Tooze, *Wages of Destruction*, 458 – 59.

20. Ibid., 452.

21. Ibid., 454 – 55.

22. Nekrich, 222.

23. Overy, *The Dictators*, 490; Nagorski, *Greatest Battle*, 23.

24. Shirer, *Rise and Fall of The Third Reich*, 816 – 17; Nagorski, *Greatest Battle*, 24.

25. Kershaw, *Hitler, 1936 – 45*, 361.

26. Gilbert, *Churchill and America*, 166.

27. Shirer, *Rise and Fall of the Third Reich*, 824.

28. Engel, *At the Heart of the Reich*, 106.

29. Gibson, 351 – 52.

30. Tooze, *Wages of Destruction*, 456 – 57.

31. Burdick and Jacobsen, *The Halder War Diary*, 350, 383, 329.

32. General Heinz Guderian, *Panzer Leader*, 142 – 43.

33. Fabian von Schlabendorff, *The Secret War Against Hitler*, 125; Nagorski, *Greatest Battle*, 100.

34. Leon Goldesohn and Robert Gellately, ed. , *The Nuremberg Interviews : An American Psychiatrist's Conversations with the Defendants and Witnesses*, 160.

35. Turney, *Disaster at Moscow*, 36.

36. Burdick and Jacobsen, *The Halder War Diary*, 346.

37. Tooze, *Wages of Destruction*, 479.

38. Miner, *Stalin's Holy War : Religion, Nationalism, and Alliance Politics*, 54; Nagorski, *Greatest Battle*, 90.

39. Gerbet, 221.

40. Tooze, *Wages of Destruction*, 479 – 80.

41. Ibid., 478.

42. Prange, *Target Tokyo*, 338.

43. Tooze, *Wages of Destruction*, 358 – 59.

44. Kershaw, *Hitler, 1936 – 1945*, 359.

45. Turney, *Disaster at Moscow*, 41.

46. Alexander Dallin, *German Rule in Russia 1941 – 1945 : A Study of Occupation Policies*, 30 – 31; Nagorski, *Greatest Battle*, 90.

47. Kershaw, *Hitler, 1936 – 45*, 358.

48. Engel, *At the Heart of the Reich*, 110, 113 – 14.

49. 关于《波兰双周评论》的叙述，出自我的父亲兹格蒙特·纳戈尔斯基个人收藏的报纸。他曾在波兰军队服役，起初在波兰，后来逃到英国，加入了波兰流亡政府的军队。

50. Burdick and Jacobsen, *The Halder War Diary*, 31.

51. Richard C. Lukas, *The Forgotten Holocaust : The Poles under German Occupation 1939 – 1944*, 4.

52. Burdick and Jacobsen, *The Halder War Diary*, 57.

53. Stanisław Piotrowski, *Hans Frank's Diary*, 48.

54. Stargardt, *German War*, 38.

55. Ibid., 4.

56. Piotrowski, 49, 225.

57. 有关特别行动队在波兰，见 http: // ww2history. com/key_ moments/ Holocaust/Einsatzgruppen_ operate_ in_ Poland; Jochen Böhler, Klaus - Michael Mallman, and Jürgen Matthäus, Einsatzgruppen w Polsce。

58. Browning, *The Origins of the Final Solution : The Evolution of Nazi Jewish Policy, September 1939 – March 1942*, 74 – 75; Richard Rhodes, *Masters of Death : The SS Einsatzgruppen and the Invention of the Holocaust*, 9 – 10; Stargardt, *German War*, 42 – 43.

59. *Polish Fortnightly Review*, December 15, 1940.

60. Maciej Siekierski and Feliks Tych, eds. , *Widziałem Anioła Śmierci*, 8.

61. Halik Kochanski, *The Eagle Unbowed : Poland and Poles During the Second World War*, 99; T. Bor-Komorowski, *The Secret Army*, 18 – 19, and Lukas, 8 – 9.

62. Kochanski, 99.

63. Burdick and Jacobsen, *The Halder War Diary*, 73.

64. Kochanski, 101 – 2.

65. Berezhkov, *At Stalin's Side*, 150, 181; Nagorski, *Greatest Battle*, 30.

66. 内务人民委员部和贝利亚的命令，见 David Murphy, 165 – 66; Nagorski, *Greatest Battle*, 30 – 31。

67. David Murphy, 167 – 70.

68. Montefiore, *Stalin*, 352

69. David Murphy, 167 – 70.

70. Ulam, 311.

71. Deutscher, *Stalin*, 439.

72. Volkogonov, *Stalin：Triumph and Tragedy*, 375 – 76.

73. Ivo Banac, ed. , *The Diary of Georgi Dimitrov*, 159 – 60.

74. Petro G. Grigorenko, *Memoirs*, 46 – 47.

75. David Murphy, 27.

76. 消息出自 1941 年 6 月 11 日伦敦波兰流亡政府信息部向波兰驻华盛顿大使馆发送的电报。见 Poland, Ambasada US, Box 10, Folder 2, Hoover Institution Archives。

77. Gorodetsky, *Maisky Diaries*, 362.

78. Montefiore, *Stalin*, 356.

第四章　"普利茅斯兄弟会"

1. Winant, *Letter from Grosvenor Square*, 21 – 24.

2. 有关温奈特的背景、言论、与罗斯福的会面，以及和莎拉·丘吉尔的婚外情情况，出自 Winant, *Letter from Grosvenor Square*, 10 – 25; Lynne Olson, *Citizens of London：The Americans Who Stood with Britain in Its Darkest, Finest Hour*, 12 – 26, 111 – 13; "The Tragic Love Affair of Former NH Gov. JohnWinant and Sarah Churchill," New England Historical Society online, www. newenglandhistoricalsociety. com/tragic – love – affair – former – nh – gov – john – winant – sarah – churchill。

3. Winant, *Letter from Grosvenor Square*, 21 – 24.

4. Ibid. , 26 – 40.

5. Beschloss, *Kennedy and Roosevelt*, 241.

6. Ibid. , 235.

7. Churchill, *Grand Alliance*, 139.

8. Warren F. Kimball, *The Most Unsordid Act: Lend-Lease 1939 – 1941*, 231.

9. Winant, *Letter from Grosvenor Square*, 37.

10. Colville, *Fringes of Power*, 372.

11. Gordetsky, 339 – 40.

12. Olson, *Citizens of London*, 25 – 26.

13. Nicolson, *Harold Nicolson*, 153.

14. Kimball, *The Most Unsordid Act*, 234.

15. Churchill, *Grand Alliance*, 139.

16. Colville, *Fringes of Power*, 374, 376.

17. 科尔维尔 5 月 2 日的日记内容, 见 Ibid., 381 – 82。

18. Nicolson, *Harold Nicolson*, 162.

19. 对 "摧毁" 一词的讨论, 出自 "Raymond E. Lee, Retired General," *New York Times*, April 8, 1958。

20. Sherwood, *Roosevelt and Hopkins*, 272 – 74; John J. McLaughlin, *General Albert C. Wedemeyer, America's Unsung Strategist in World War II*, 35.

21. Leutze, *London Journal of General Lee*, 236 – 39.

22. Ibid., 241.

23. 李的其他发现及比弗布鲁克问阿诺德的问题, 见 Ibid., 243 – 51。

24. Harriman and Abel, *Special Envoy*, 31, 32.

25. Nagorski, *Hitlerland*, 55 – 56, 83 – 86; Dorothy Thompson, *I Saw Hitler!*

26. America First Committee, box 30, Hoover Institution Archives.

27. Edgar Ansel Mowrer, *Triumph and Turmoil: A Personal History of Our Times*, 314 – 17.

28. Shirer, *Rise and Fall of the Third Reich*, 592.

29. Ken Cuthbertson, *A Complex Fate: William L. Shirer and the American Century*, 280 – 82.

30. Joseph C. Harsch, *Pattern of Conquest*, 303 – 4.

31. Flannery, *Assignment Berlin*, 13.

32. Richard C. Hottelet, "Guest of Gestapo," *San Francisco Chronicle*, August 3, 1941; 我对霍特利特的采访; Nagorski, *Hitlerland*, 305 – 6。

33. Howard K. Smith, *Last Train from Berlin*, 226.

34. Duff Cooper, *Old Men Forget*, 287.

35. Murrow, *This Is London*, 125.

36. Quentin Reynolds, *A London Diary*, 153.

37. Eric Sevareid, *Not So Wild a Dream : A Personal Story of Youth and War and the American Faith*, 177 – 78.

38. Ernie Pyle, *Ernie Pyle in England*, 226.

39. Sevareid, *Not So Wild a Dream*, 173.

40. Pyle, *In England*, 134 – 35.

41. Steven J. Ross, *Hitler in Los Angeles*, 307.

42. Taylor, 263.

43. Engel, *At the Heart of the Reich*, 107 – 8.

44. Burdick and Jacobsen, *The Halder War Diary*, 376.

45. Turney, *Disaster at Moscow*, 34.

46. Taylor, 309, 354.

47. 赫斯的使命、汉密尔顿公爵及赫斯早前与希特勒的谈话，见 Kershaw, *Hitler, 1936 – 45*, 369 – 81。

48. www. undiscoveredscotland. co. uk/ usbiography/ d/ douglasdouglashamilton. html.

49. Churchill, *Grand Alliance*, 48.

50. Speer, *Inside the Third Reich*, 174.

51. Engel, *At the Heart of the Reich*, 112 – 13.

52. Taylor, 364.

53. Gibson, 351.

54. Taylor, 365, 367.

55. Churchill, *Grand Alliance*, 51 – 55.

56. Andrew Nagorski, "The Ghost of Spandau," *Newsweek*, August 31, 1987.

57. Speer, *Inside the Third Reich*, 176.

58. Churchill, *Grand Alliance*, 49.

59. Gilbert, *Churchill and America*, 220.

60. Churchill, *Grand Alliance*, 141 – 42.

61. Harriman and Abel, *Special Envoy*, 33 – 34；伤亡人数见 "The Sinking of HMS *Hood* : A Summary," History in an Hour, last modified May 24, 2011, www. historyinanhour. com/2011/05/24/ sinking – of – hms – hood – summary。

62. Kershaw, *Hitler, 1936 – 45*, 381.

63. Sherwood, *Roosevelt and Hopkins*, 298.

64. Berg, *Lindbergh*, 419.

65. Sherwood, *Roosevelt and Hopkins*, 299.

66. Berg, *Lindbergh*, 421.

67. Nicholson, 172.

68. Burdick and Jacobsen, *The Halder War Diary*, 400.

第五章 "我们该怎么办？"

1. Anastas Mikoyan, *Tak Bylo*, 378; Nagorski, *Greatest Battle*, 46, 35 – 36; Montefiore, *Stalin*, 357 – 59. 根据蒙蒂菲奥里的说法，尽管斯大林下令，但利斯科夫仅受到了拷问，未被枪决。当天的混乱可能救了他一命。

2. 侵苏德军的数量和编成，出自 Nagorski, *Greatest Battle*, 47。

3. Seth, *Operation Barbarossa*, 54.

4. 斯大林的反应及莫洛托夫与舒伦堡的会谈，出自 Nagorski, *Greatest Battle*, 46 – 47。

5. Stargardt, *German War*, 158 – 59.

6. Burdick and Jacobsen, *The Halder War Diary*, 410.

7. Taylor, 426 – 27.

8. Nagorski, *Greatest Battle*, 43; Constantine Pleshakov, *Stalin's Folly: The Tragic First Ten Days of World War II on the Eastern Front*, 126 – 27.

9. 此处及其他赫尔瓦特的叙述，出自 Herwarth with Starr, *Against Two Evils*, 197 – 98。

10. 此处及其他德军士兵的家书，出自 *Bulleten' Assotsiasii istorikov vtoroy mirovoy voyny*, issue 8, 2003, 21 – 25; Nagorski, *Greatest Battle*, 43 – 44。

11. Nagorski, *Greatest Battle*, 42, 以及我对多尔戈夫的采访。

12. Nagorski, *Greatest Battle*, 44 – 46, 以及我对他儿子尤里·德鲁日尼科夫（Yuri Druzhnikov）的采访。

13. Werth, *Russia at War*, 159 – 60; Nagorski, *Greatest Battle*, 48 – 49.

14. Werth, *Russia at War*, 165.

15. Nagorski, *Greatest Battle*, 49; Anastas Mikoyan, *Tak Bylo*, 388 – 89.

16. Werth, *Russia at War*, 167 – 68; Montefiore, *Stalin*, 368.

17. Oleg V. Khlevniuk, *Stalin: New Biography of a Dictator*, 201.

18. 斯大林的话及在别墅的行为，出自 Volkogonov, 410 – 11。

19. Montefiore, *Stalin*, 374; Nagorski, *Greatest Battle*, 50.

20. Volkogonov, *Stalin: Triumph and Tragedy*, 411; Montefiore, *Stalin*, 376 – 77; Nagorski, *Greatest Battle*, 50.

21. Schecter with Luchkov, *Khrushchev Remembers*, 65.

22. Talbott, *Khrushchev Remembers*, 168, Nagorski; *Greatest Battle*, 50 – 51.

23. Joseph Stalin, *The War of National Liberation*, 9 – 17; Nagorski, *Greatest Battle*, 51 – 54.

24. 疏散计划和转运设备数量，出自 Overy, *The Dictators*, 500; Nagorski, *Greatest Battle*, 50。

25. 关于列宁遗体的叙述，摘自我对伊利亚·兹尔巴斯基的采访；Ilya Zbarsky and Samuel Hutchinson, *Lenin's Embalmers*; Nagorski, *Greatest Battle*, 53 – 58。

26. Dallin, 3. Nagorski, *Greatest Battle*, 59.

27. Burdick and Jacobsen, *The Halder War Diary*, 446 – 47.

28. Ibid., 458.

29. Ibid., 472.

30. Nagorski, *Greatest Battle*, 53.

31. Bullock, *Hitler and Stalin*, 764 – 65; Nagorski, *Greatest Battle*, 59 – 60.

32. Engel, *At the Heart of the Reich*, 114 – 15.

33. Nagorski, *Greatest Battle*, 60; Pleshakov, 245.

34. Werth, *Russia at War*, 164.

35. Gerbet, 225.

36. Taylor, 431.

37. Burdick and Jacobsen, *The Halder War Diary*, 433.

38. B. H. Liddell Hart, *The German Generals Talk*, 179.

39. Gerbet, 225, 242.

40. Adam Zamoyski, *1812: Napoleon's Fatal March on Moscow*, 536.

41. Bullock, *Hitler and Stalin*, 798.

42. Taylor, 446.

43. Engel, *At the Heart of the Reich*, 114 – 15.

44. Gerbet, 247.

45. Ibid., 265 – 66; Nagorski, *Greatest Battle*, 102 – 3.

46. Trevor-Roper, *Hitler's War Directives*, 146.

47. Guderian, *Panzer Leader*, 193, 198 – 202.

48. Trevor-Roper, *Hitler's War Directives*, 150 – 51; Nagorski, *Greatest Battle*, 102 – 3.

49. Trevor-Roper, *Hitler's War Directives*, 153; Geoffrey Jukes, *The Defense of Moscow*, 77; Nagorski, *Greatest Battle*, 103 – 4.

50. Manstein, *Lost Victories*, 74 – 75, 177, 261 – 62, 275.

51. Norman Ohler, *Blitzed: Drugs in the Third Reich*, 116.

52. Łukasz Kamieński, *Shooting Up: A Short History of Drugs and War*, 111 – 13. 该书同样谈到了其他国家的军队在其他战争中使用药物的情况。

第六章　"再加把劲儿"

1. Leutze, *London Journal of General Lee*, 315.

2. Winant, *Letter from Grosvenor Square*, 200.

3. "President Franklin Delano Roosevelt Message to the Congress on the Sinking of the Robin Moor, June 21, 1941," American Merchant Marine at War online, last modified April 6, 2002, www. usmm. org/fdr/robinmoor. html.

4. Winant, *Letter from Grosvenor Square*, 194, 202.

5. Leutze, *London Journal of General Lee*, 315.

6. Churchill, *Grand Alliance*, 369.

7. Ibid., 370 – 370; Nagorski, *Greatest Battle*, 150 – 51.

8. 科尔维尔对当天的叙述，包括丘吉尔打趣克里普斯，出自 Colville, *Fringes of Power*, 405。

9. Anthony Eden, *The Reckoning*, 312; Nagorski, *Greatest Battle*, 139.

10. www. jewishvirtuallibrary. org/churchill – broadcast – on – the – soivet – german – war – june – 1941.

11. Eden, *Reckoning*, 312; Nagorski, *Greatest Battle*, 138 – 39.

12. Ismay, *Memoirs*, 226.

13. Sherwood, *Roosevelt and Hopkins*, 303 – 4.

14. Ivan Maisky, *Memoirs of a Soviet Ambassador: The War 1939 – 1943*, 368.

15. Ismay, *Memoirs*, 225 – 26.

16. Churchill, *Grand Alliance*, 367 – 68.

17. Maisky, *Memoirs*, 366.

18. Churchill, *Grand Alliance*, 380 – 85; Nagorski, *Greatest Battle*, 151 – 52.

19. Churchill, *Grand Alliance*, 388.

20. Ismay, *Memoirs*, 227 - 28.

21. Berg, *Lindbergh*, 422.

22. Sherwood, *Roosevelt and Hopkins*, 303.

23. Berg, *Lindbergh*, 423.

24. Dennis J. Dunn, *Caught Between Roosevelt & Stalin: America's Ambassadors to Moscow*, 126 - 27; Nagorski, *Greatest Battle*, 152.

25. George F. Kennan, *Memoirs: 1925 - 1950*, 133.

26. Dunn, *Caught Between Roosevelt & Stalin*, 49; Nagorski, *Greatest Battle*, 140 - 47. 邓恩（Dunn）的书还详细介绍了美国历任驻苏大使的有关履历。

27. Joseph E. Davies, *Mission to Moscow*, 357, 272, 280.

28. Sherwood, *Roosevelt and Hopkins*, 306 - 8.

29. Kennan, 83.

30. Sherwood, *Roosevelt and Hopkins*, 317.

31. Colville, *Fringes of Power*, 408.

32. Charles E. Bohlen, *Witness to History: 1929 - 1969*, 47.

33. Ivan Yeaton, "Memoirs of Ivan D. Yeaton, USA (Ret.)," unpublished manuscript, Hoover Institution Archives; Nagorski, *Greatest Battle*, 147 - 50, 156.

34. Maisky, *Memoirs*, 375.

35. Ibid., 179, 183; Nagorski, *Greatest Battle*, 153.

36. Sherwood, *Roosevelt and Hopkins*, 318.

37. Gorodetsky, *Maisky Diaries*, 376.

38. Winant, *Letter from Grosvenor Square*, 208.

39. Sherwood, *Roosevelt and Hopkins*, 321, 326.

40. Dunn, *Caught Between Roosevelt & Stalin*, 102 - 3, 107.

41. Sherwood, *Roosevelt and Hopkins*, 327; Nagorski, *Greatest Battle*, 154.

42. Sherwood, *Roosevelt and Hopkins*, 333 - 44.

43. Ibid., 328.

44. Susan Butler, ed. , *My Dear Mr. Stalin: The Complete Correspondence of Franklin D. Roosevelt and Joseph V. Stalin*, 37 - 39.

45. Yeaton, "Memoirs," 36 - 39; Nagorski, *Greatest Battle*, 156.

46. Robert Huhn Jones, *The Roads to Russia: United States Lend-Lease to*

the Soviet Union, 41 – 42; Dunn, *Caught Between Roosevelt & Stalin*, 129; Nagorski, *Greatest Battle*, 154.

47. FDR to Wayne Coy, memorandum, August 2, 1941, Franklin D. Roosevelt Library & Museum online, www. fdrlibrary. marist. edu/_ resources/images/sign/fdr_ 32. pdf. ; Nagorski, *Greatest Battle*, 158.

48. 雷诺兹的叙述, 出自 Reynolds, *By Quentin Reynolds*, 216 – 27。

49. Sherwood, *Roosevelt and Hopkins*, 320.

50. Peter Kurth, *American Cassandra: The Life of Dorothy Thompson*, 331.

51. Sherwood, *Roosevelt and Hopkins*, 319.

52. Kurth, *American Casandra*, 336.

53. J. W. Drawbell, *Dorothy Thompson's English Journey*, 101, 222, 193 – 98, 113. 此书还包括了汤普森访英的其他细节。

54. Marion K. Sanders, *Dorothy Thompson: A Legend in Her Time*, 275.

55. Sherwood, *Roosevelt and Hopkins*, 346 – 48.

56. Robert Dallek, *Franklin D. Roosevelt: A Political Life*, 428.

57. Sherwood, *Roosevelt and Hopkins*, 350 – 51.

58. Dallek, *Franklin D. Roosevelt*, 428 – 32.

59. Churchill, *Grand Alliance*, 444.

60. Ibid., 434; 媒体和电台对富兰克林·罗斯福和温斯顿·丘吉尔会晤的报道, 1941 年 8 月 14 日; Franklin D. RooseveltLibrary&Museum online, www. fdrlibrary. marist. edu/_ resources/images/sign/fdr_ 33. pdf。

61. Susan Butler, ed., *My Dear Mr. Stalin: The Complete Correspondence of Franklin D. Roosevelt and Joseph V. Stalin*, 41 – 42; Nagorski, *Greatest Battle*, 158 – 59.

62. Sherwood, *Roosevelt and Hopkins*, 364.

63. Dallek, *Franklin D. Roosevelt*, 434.

第七章　"两场战争"

1. Herwarth with Starr, *Against Two Evils*, 201 – 3.

2. 摘自我对叶夫根尼娅·默丽丝的采访。

3. Shepherd, *War in the Wild East*, 74.

4. Overy, *The Dictators*, 520 – 21.

5. Manstein, *Lost Victories*, 180.

6. Overy, *The Dictators*, 513.

7. Shepherd, *War in the Wild East*, 72, 74; Nagorski, *Greatest Battle*, 91.

8. David Stahel, *The Battle for Moscow*, 47, 46.

9. Gilbert, *The Second World War: A Complete History*, 200 – 201.

10. Stahel, *Battle for Moscow*, 27.

11. Dallin, 69; Nagorski, *Greatest Battle*, 91 – 92.

12. Stahel, 42.

13. Hartmann, *Operation Barbarossa*, 89 – 94.

14. Overy, *The Dictators*, 537.

15. Stahel, *Battle for Moscow*, 42 – 43.

16. Herwarth with Starr, *Against Two Evils*, 208.

17. Hartmann, *Operation Barbarossa*, 89.

18. Stahel, *Battle for Moscow*, 41.

19. Hartmann, *Operation Barbarossa*, 89.

20. 奥斯维辛的早期历史，出自 Nagorski, "A Tortured Legacy," *Newsweek*, January 16, 1995；以及我寄给编辑的许多原始档案。我将相关报告和对奥斯维辛幸存者的采访材料，捐赠给了位于华盛顿的大屠杀纪念馆的档案馆。这些材料包括本章提到的我对米奇斯瓦夫·扎瓦兹基和尼古拉·皮萨列夫的采访。

21. Laurence Rees, *Auschwitz: A New History*, 65 – 66.

22. Danuta Czech, *Kalendarz Wydarzen W KLAuschwitz*, 84. 捷克指出，当天（1941 年 9 月 3 日）德国人在毒死苏军战俘前，首先毒死了集中营医院的 250 个波兰囚犯。

23. Rudolf Hoess, *Commandant of Auschwitz*, 146 – 47.

24. Rees, *Auschwitz*, 64.

25. Rebecca Erbelding, *Rescue Board: The Untold Story of America's Efforts to Save the Jews of Europe*, 7.

26. Chaim Weizmann, *Trial and Error: The Autobiography of Chaim Weizmann*, vol. 2, 413.

27. Shepherd, *War in the Wild East*, 88 – 89.

28. Friedlander, 212.

29. Christopher Browning, *Ordinary Men*, 9 – 14; Nagorski, *Greatest Battle*, 93 – 94.

30. Browning, *Ordinary Men*, 17.

31. Vasily Grossman, *The Road*, 67.

32. Friedlander, 209；Browning, *The Origins of the Final Solution*, 244. 布朗宁（Browning）认为到 1941 年年底时，大约有 50 万 ~ 80 万犹太人被杀害。

33. Andrew Nagorski, *The Nazi Hunters*, 53.

34. Nagorski, *Greatest Battle*, 94；Nagorski, *Nazi Hunters*, 55 – 57.

35. Goldensohn and Gellately, *Nuremberg Interviews*, 389 – 90.

36. 摘自我对本亚明·费伦茨的采访。

37. Friedlander, 210.

38. Browning, *The Origins of the Final Solution*, 281.

39. Hoess, 147 – 48.

40. 可参阅 Browning, *Ordinary Men*, 67。不愿待在行刑队的乔治·卡格勒（Georg Kageler）获准调离，转而从事警卫工作。

41. Burdick and Jacobsen, *The Halder War Diary*, 59.

42. Browning, *The Origins of the Final Solution*, 330 – 31, 120.

43. Gilbert, *Second World War*, 35.

44. Browning, *The Origins of the Final Solution*, 88.

45. Adam Rayski, *The Choice of the Jews Under Vichy：Between Submission and Resistance*, 22 – 23.

46. Engel, *At the Heart of the Reich*, 103.

47. Browning, *The Origins of the Final Solution*, 331.

48. Martin Bormann, *Hitler's Table Talk*, 35.

49. "Euthanasia Program", United States Holocaust Memorial Museum online, www. ushmm. org/wlc/en/article. php? ModuleId = 10005200.

50. Teryn Bouche and Laura Rivard, "America's Hidden History：The Eugenics Movement," Scitable, last modified September 18, 2014, www. nature. com/scitable/forums/genetics – generation/america – s – hidden – history – the – eugenics – movement – 123919444.

51. 所谓的安乐死行为及其他叙述，出自 Browning, *The Origins of the Final Solution*, 184 – 93；Kershaw, *Hitler, 1936 – 1945*, 252 – 61；"Euthanasia Program," US Holocaust Memorial Museum online。

52. Thorsten Noack and Fred Flatow, "William L. Shirer and International Awareness of the Nazi 'Euthanasia' Program," *Holocaust and Genocide Studies* 30, no. 3（Winter 2016）.

53. 赫利克的报告及夏伊勒 11 月 25 日的日记，出自 Shirer, *Berlin Diary*,

512，569 - 75。

54. Flannery，*Assignment to Berlin*，110.

55. "Sermon of Cardinal von Galen—Part 1，" Tradition in Action online，last modified August 27，2012，www. traditoninaction. org/cultural/ E031_ Euthania_ 1. html.

56. www. britannica. com/biography/Blessed - Clemens - August - Graf - von - Galen.

57. Stargardt，*German War*，153.

58. Browning，*The Origins of the Final Solution*，193.

59. Sergo Beria，Beria，*My Father：Inside Stalin's Kremlin*，69.

60. Nagorski，*Greatest Battle*，70 - 73.

61. 摘自我对维尼茨基的采访。有关维尼茨基经历更全面的叙述，可参阅 Nagorski，*Greatest Battle*，63 - 68。

62. Conquest，*Dragon of Expectations*，128.

63. 雅科夫的事迹，出自 Montefiore，*Stalin*，379 - 80，445 - 46；Nagorski，*Greatest Battle*，71。

64. Steven Merritt Miner，*Stalin's Holy War*，56.

65. Friedlander，249.

66. Overy，*The Dictators*，516.

第八章 "热心的意大利园丁"

1. Leutze，*London Journal of General Lee*，383.

2. FSB archives courtesy of V. P. Yeroshin and V. Iampolskii，*Organy gosudarstvennoi bezopasnosti SSSR v Velikoi Otechestvennoi voine*；Nagorski，*Greatest Battle*，156 - 57.

3. Tsuyoshi Hasegawa，*Racing the Enemy*，17.

4. Whymant，*Stalin's Spy*，206 - 7.

5. Ibid.

6. Sherwood，*Roosevelt and Hopkins*，332.

7. Max Hastings，*Inferno：The World at War*，1939 - 1945，186；"Secretary Hull's Statement on Japanese Aggression，January 15，" US Department of State，publication 1983，*Peace and War：United States Foreign Policy，1931 - 1941*（Washington，DC：US Government Printing Office，1943），118 - 49，available at "Discussions with Japan 1941 and Pearl Harbor，" Mount Holyoke

College online, www. mtholyoke. edu/acad/intrel/WorldWar2/pearl. htm.

8. Churchill, *Grand Alliance*, 454 – 58; Maisky, *Memoirs*, 190 – 91; Nagorski, *Greatest Battle*, 159 – 61.

9. Churchill, *Grand Alliance*, 458 – 63.

10. James, *Victor Cazalet*, 235.

11. Churchill, *Grand Alliance*, 390 – 91.

12. Nagorski, *Greatest Battle*, 275.

13. Maisky, *Memoirs*, 173.

14. James, *Victor Cazalet*, 262.

15. Count Edward Raczynski, *In Allied London*, 96.

16. Tadeusz Modelski, *Byłem Szefem Wywiadu U Naczelnego Wodza*, 80.

17. 摘自我对华伦天娜·詹塔 – 波尔钦斯卡的采访。

18. Jan Ciechanowski, *Defeat in Victory*, 36.

19. Churchill, *Grand Alliance*, 391.

20. Ciechanowski, *Defeat in Victory*, 40 – 41.

21. Jones, *Roads to Russia*, 55.

22. Butler, *Dear Mr. Stalin*, 43; Nagorski, *Greatest Battle*, 159.

23. "Franklin D. Roosevelt, Labor Day Radio Address, September 1, 1941," American Presidency Project, www. presidency. ucsb. edu/ws/index. php? pid = 16166.

24. "USS Greer, Destroyer No. 145; DD 145," Destroyer History Foundation online, http: //destroyerhistory. org/flushdeck/ussgreer.

25. Leutze, *London Journal of General Lee*, 383, 388, 391 – 92.

26. Meacham, *Franklin and Winston*, 127.

27. "Fireside Chat 18: On the Greer Incident, September 11, 1941," Miller Center online, https: //millercenter. org/the – presidency/presidential – speeches/september – 11 – 1941 – fireside – chat – 18 – greer – incident.

28. Gilbert, *Finest Hour: Winston S. Churchill, 1939 – 1941*, 1188.

29. Churchill, *Grand Alliance*, 517.

30. Jones, *Roads to Russia*, 58 – 59; Leutze, *London Journal of General Lee*, 400.

31. Jones, *Roads to Russia*, 59.

32. Leutze, *London Journal of General Lee*, 402 – 3.

33. Harriman and Abel, *Special Envoy*, 82 – 83.

34. Reynolds, *By Quentin Reynolds*, 229 – 35.

35. Harriman and Abel, *Special Envoy*, 82 – 83.

36. Harriman and Abel, *Special Envoy*, 84 – 85.

37. Ismay, *Memoirs*, 231.

38. Harriman and Abel, *Special Envoy*, 85 – 86.

39. 与斯大林的第一次会谈，出自 Sherwood, *Roosevelt and Hopkins*, 387 – 88；Harriman and Abel, 87 – 88；Nagorski, *Greatest Battle*, 162。

40. Reynolds, *By Quentin Reynolds*, 235.

41. Harriman and Abel, *Special Envoy*, 102 – 3.

42. 与斯大林的第二轮和第三轮会谈，出自 Sherwood, *Roosevelt and Hopkins*, 388 – 89；Harriman and Abel, *Special Envoy*, 88 – 90；Nagorski, *Greatest Battle*, 162。

43. Jones, *Roads to Russia*, 61.

44. Reynolds, *By Quentin Reynolds*, 238 – 40.

45. Harriman and Abel, *Special Envoy*, 99, 101.

46. Ibid. , 92.

47. Sherwood, *Roosevelt and Hopkins*, 391.

48. Ismay, *Memoirs*, 231 – 35.

49. Harriman and Abel, *Special Envoy*, 105.

第九章 "我们很快就会打败他们"

1. 对京舍"狼堡"之行的叙述，包括他同希特勒的谈话，出自 Henrik Eberle and Matthias Uhl, eds. , *The Hitler Book*, 77。

2. "Führer Headquarters Felsennest，" http：//battlefieldww2. com/fuhrer – headquarters – felsennest. html.

3. Martin Bormann, *Hitler's Table Talk*, 14 – 18. 这些讲话的可靠性存疑，因为存在各种不同的译本。但文中引述的希特勒的讲话，与他在其他场合的表态大体一致。

4. Kershaw, *Hitler：1889 – 1936*, 24.

5. Guderian, *Panzer Leader*, 225 – 26.

6. Ibid. , 231 – 32.

7. Burdick and Jacobsen, *The Halder War Diary*, 544.

8. Beevor, *A Writer at War*, 56.

9. Guderian, *Panzer Leader*, 233 – 37；Nagorski, *Greatest Battle*, 109 – 10.

10. 摘自我对理查德·韦尼克的采访。

11. Beevor, *A Writer at War*, 223.

12. Nagorski, *Greatest Battle*, 111 – 19.

13. Boris Oreshkin, "Viaz' ma," *anthology Podvig*, issue 38, Moscow, *Molodaia Gvardiia*, *1991*, 102 – 14.

14. 摘自安德烈·帕拉托夫（Andrei Palatov）对玛利亚·丹妮索娃的采访。帕拉托夫是我所在的"搜寻者"小组的领队，他在 1996 年对丹妮索娃进行了录音采访。

15. 摘自我对叶戈尔·切格里涅茨的采访。

16. Burdick and Jacobsen, *The Halder War Diary*, 549.

17. Stargardt, *German War*, 187.

18. 摘自我对约阿希姆·普施的采访。

19. "Terrain Factors in the Russian Campaign," Office of the Chief of Military History, US Department of the Army, Craig H. W. Luther collection, Box 40, Hoover Institution Archives.

20. Turney, *Disaster at Moscow*, 112.

21. Overy, *Russia's War*, 95.

22. 朱可夫的经历，包括他与斯大林的谈话和从此时一直到 10 月中旬的举措，出自 Georgy K. Zhukov, *Marshal Zhukov's Greatest Battles*, 21 – 46; G. K. Zhukov, *Vospominaniia i razmyshleniia*, vol. 1, 221 – 49; Nagorski, *Greatest Battle*, 119 – 35。

23. Overy, *Russia's War*, 69.

24. 摘自我对埃拉·朱可娃的采访。

25. Pleshakov, 165.

26. Overy, *Russia's War*, 112.

27. 摘自我对鲍里斯·维登斯基的采访。

28. Overy, *The Dictators*, 535, 517; Nagorski, *Greatest Battle*, 74.

29. Werth, *Russia at War*, 232 – 33.

30. Reynolds, *By Quentin Reynolds*, 242 – 45; Yeaton, "Memoirs," 40 – 44; Harriman and Abel, *Special Envoy*, 106 – 7; Nagorski, *Greatest Battle*, 164 – 66.

31. Harriman and Abel, *Special Envoy*, 107 – 8.

32. 本章中对 1941 年 10 月中旬所发生事件的叙述，包括对德米特里·萨福诺夫、瓦莱里娅·普洛科洛娃、塔玛拉·贝琳妮娜和叶夫根尼·阿努夫里耶夫的采访，出自 Nagorski, *Greatest Battle*, 167 – 85。

33. Oleg Matveev, "Bedstviia zatiazhnoi voiny," *Nezavisimoe Voennoe Obozrenie*, 20. 06. 2003, no. 20 (335).

34. M. M. Gorinov, and others, eds. , *Moskva Voennaia, 1941 – 1945: Memuary i arkhivnye dokumenty*, 111.

35. Ibid. , 116 – 19.

36. Anastas Mikoyan, *Tak Bylo*, 420.

37. *Moskovstkaia Bitva v postanovleniiakh Gosudarstvennogo Komiteta oborony*, 70.

38. Ivo Banac, ed. , *The Diary of Georgi Dimitrov: 1933 – 1949*, 196 – 200.

39. Volkogonov, *Stalin: Triumph and Tragedy*, 434 – 35.

40. Montefiore, *Stalin*, 397.

41. A. T. Rybin, *Riadom so Stalinym*, 23.

42. Kevin O'Flynn, "A Ton of Explosives Unearthed at Moskva," *Moscow Times*, July 11, 2005.

43. Montefiore, *Stalin*, 399.

44. Stepan Mikoyan, *Memoirs*, 108.

45. 萨普雷金在 2005 年的一次采访中回忆了此事，当时他马上就满百岁了。出自 Nagorski, *Greatest Battle*, 183。

46. Zhukov, *Marshal Zhukov's Greatest Battles*, 46.

47. Werth, *Russia at War*, 236 – 38.

48. Nagorski, *Greatest Battle*, 2.

49. Zhukov, *Marshal Zhukov's Greatest Battles*, 93.

50. Volkogonov, *Stalin: Triumph and Tragedy*, 436.

第十章 "别无良策"

1. Berg, *Lindbergh*, 426 – 28.

2. Dallek, *Franklin D. Roosevelt*, 436.

3. Harriman and Abel, *Special Envoy*, 109.

4. 罗斯福 10 月 27 日的讲话，出自 www. presidency. ucsb. edu/ ws/ ? pid = 16030。

5. Olson, *Those Angry Days*, 403; Warren F. Kimball, *Forged in War: Roosevelt, Churchill, and the Second World War*, 114.

6. Dallek, *Franklin D. Roosevelt*, 437.

7. Nicolson, *Harold Nicolson*, 189.

8. Gibson, *Ciano Diaries*, 398 – 400.

9. "A People at War—Prelude to War: The U. S. S. *Reuben James*," National Archives and Records Administration online, www. archives. gov/exhibits/a_ people_ at_ war/prelude_ to_ war/uss_ reuben_ james. html.

10. Woody Guthrie, "The Sinking of the *Reuben James*," Woody Guthrie online, http: //woodyguthrie. org/Lyrics/sinking_ Of_ The_ Reuben_ James. htm.

11. Harriman and Abel, *Special Envoy*, 109.

12. Harold L. Ickes, *The Secret Diary of Harold L. Ickes*, vol. 3, 650.

13. Sherwood, *Roosevelt and Hopkins*, 382 – 83.

14. Gilbert, *Finest Hour*, 1230.

15. Gilbert, *Churchill and America*, 239 – 40.

16. Ickes, *Secret Diary*, 629 – 30.

17. Whymant, *Stalin's Spy*, 194, 212 – 14, 232 – 34, 239, 258, 275; David Murphy, 88 – 90; Nagorski, *Greatest Battle*, 216 – 18.

18. 有关阅兵式的讨论及 11 月 6 ~ 7 日发生的事，包括对亚历山德拉·兹维列夫和利奥尼德·谢维列夫的采访，出自 Volkogonov, *Stalin*, 436; Montefiore, *Stalin*, 404 – 6; Werth, *Russia at War*, 240; Joseph Stalin, *The War of National Liberation*, 18 – 38; Gorinov, *Moskva Voennaia, 1941 - 1945*, 147 – 52; Overy, *Russia's War*, 113 – 15; Nagorski, *Greatest Battle*, 193, 219 – 25。重新录制新闻片的有关细节，由内务人民委员部高官米哈伊尔·米卡奥廖斯金（Mikhail Maklyarsky）的儿子鲍里斯·米卡奥廖斯金（Boris Maklyarsky）提供。

19. Zhukov, *Marshal Zhukov's Greatest Battles*, 62.

20. Elena Rzhevskaya, "Roads and Days: The Memoirs of a Red Army Translator," *Journal of Slavic Studies* 14（March 2001）, 59.

21. James Lucas, *War on the Eastern Front: The German Soldier in Russia 1941 - 1945*, 32 – 33; Nagorski, *Greatest Battle*, 228.

22. Seth, *Operation Barbarossa*, 151.

23. Guderian, *Panzer Leader*, 248 – 55; Nagorski, *Greatest Battle*, 231 – 32.

24. 摘自我对弗拉基米尔·爱德曼的采访。

25. Goldensohn, 344.

26. Lucas, *War on the Eastern Front*, 32 – 33.

27. Burdick and Jacobsen, *The Halder War Diary*, 554 – 63.

28. Turney, *Disaster at Moscow*, 132.

29. J. V. Stalin, "Speech at Celebration Meeting of the Moscow Soviet of Working People's Deputies and Moscow Party andPublic Organizations, November 6, 1941," Marxists Internet Archives, www. marxists. org/ reference/archive/stalin/works/1941/11/06. htm.

30. Harriman and Abel, *Special Envoy*, 109 – 10.

31. Churchill, *Grand Alliance*, 529 – 31.

32. Gilbert, *Finest Hour*, 1229.

33. Alexander Etkin, *Roads Not Taken: An Intellectual Biography of William C. Bullitt*, 205 – 6.

34. Davies, 511.

35. Dunn, *Caught Between Roosevelt & Stalin*, 140 – 41.

36. Harriman and Abel, *Special Envoy*, 93.

37. Dunn, *Caught Between Roosevelt & Stalin*, 143 – 44.

38. Harriman and Abel, *Special Envoy*, 110.

39. Nicolson, *Harold Nicolson*, 191.

第十一章 "大结局"

1. 哈里曼和温奈特对 12 月 7 日晚餐的叙述，出自 Harriman and Abel, *Special Envoy*, 110 – 12; Winant, *Letter from Grosvenor Square*, 275 – 79。

2. Churchill, *Grand Alliance*, 604 – 11.

3. Nicolson, *Harold Nicolson*, 194.

4. Gilbert, *Churchill and America*, 244.

5. Berg, *Lindbergh*, 432.

6. Nicolson, *Harold Nicolson*, 194.

7. Churchill, *Grand Alliance*, 611.

8. Ibid. , 606 – 9.

9. 凯南对珍珠港事件影响的描述，包括里宾特洛甫对莫里斯的做法，出自 Kennan, 134 – 35。

10. Charles B. , Burdick, *An American Island in Hitler's Reich: The Bad Nauheim Internment*, 9; Nagorski, *Hitlerland*, 313.

11. www. jewishvirtuallibrary. org/hitler – s – speech – declaring – war – against – the – united – states.

12. Kershaw, *Hitler*, 1936 – 1945, 442.

13. Dallek, *Franklin D. Roosevelt*, 441.

14. Gibson, *The Ciano Diaries*, 416.

15. Turney, *Disaster at Moscow*, 155.

16. Nagorski, *Hitlerland*, 317.

17. Zhukov, *Marshal Zhukov's Greatest Battles*, 72.

18. Turney, *Disaster at Moscow*, 146 – 49.

19. Trevor-Roper, *Hitler's War Directives*, 166.

20. Guderian, *Panzer Leader*, 260 – 61.

21. Fabian von Schlabrendorff, *The Secret War Against Hitler*, 131.

22. Engel, *At the Heart of the Reich*, 124.

23. Turney, *Disaster at Moscow*, 156.

24. Nagorski, *Greatest Battle*, 258.

25. Beevor, *A Writer at War*, 63.

26. Guderian, *Panzer Leader*, 259, 262 – 63.

27. Burdick and Jacobsen, *The Halder War Diary*, 590.

28. Manstein, *Lost Victories*, 279.

29. Schramm, *Hitler*, 134 – 35.

30. Seth, *Operation Barbarossa*, 158.

31. Turney, *Disaster at Moscow*, 158, 160.

32. Engel, *At the Heart of the Reich*, 125.

33. Guderian, *Panzer Leader*, 265 – 71; Nagorski, *Greatest Battle*, 256 – 57.

34. Gibson, *Ciano Diaries*, 422 – 23.

35. Gerbet, 356.

36. Yaron Pasher, *Holocaust Versus Wehrmacht: How Hitler's " Final Solution" Undermined the German War Effort*, 1, 5, 11, 35.

37. Peter Hayes, *Why? Explaining the Holocaust*, 134 – 37.

38. Pasher, *Holocaust Versus Wehrmacht*, 290.

39. 摘自我对本亚明 · 费伦茨的采访。

40. Friedlander, 339.

41. Mark Roseman, *The Villa, The Lake, The Meeting*, 60.

42. Browning, *The Origins of the Final Solution*, 365 – 66, 416 – 19.

43. www. yadvashem. org/odot _ pdf/microsoft% 20word% 20 – % 201988. pdf.

44. Browning, *The Origins of the Final Solution*, 391.

45. Kershaw, *Hitler*, 1936 – 1945, 490.

46. Eden, *Reckoning*, 326.

47. 西科尔斯基、安德斯和斯大林的会谈，出自 Ciechanowski, *Defeat in Victory*, 65 – 75；Nagorski, *Greatest Battle*, 276。

48. 艾登与斯大林的会晤，包括告别晚宴，出自 Eden, *Reckoning*, 330 – 52；Nagorski, 277 – 82。

49. 胡椒白兰地酒的尴尬，出自 Maisky, *Memoirs*, 236。

50. Churchill, *Grand Alliance*, 620.

51. Gilbert, *Second World War*, 276.

52. Lord Moran, *Churchill at War 1940 – 1945*, 5, 8 – 9.

53. 丘吉尔对美国和加拿大的访问，包括他的讲话（除非专门指出），出自 Churchill, *Grand Alliance*, 662 – 81。

54. Gilbert, *Churchill and America*, 249.

55. Moran, 16 – 18.

56. Gilbert, *Churchill and America*, 250.

57. Winant, *Letter from Grosvenor Square*, 5.

58. Tooze, *Wages of Destruction*, xxv.

59. Jeffrey Record, *Ends，Means，Ideology and Pride：Why the Axis Lost and What We Can Learn From Its Defeat*, the Letort Papers, Strategic Studies Institute, US Army War College, July 2017.

60. Gilbert, *Churchill and America*, 250 – 51.

61. Churchill, *Grand Alliance*, 678 – 80.

图书在版编目（CIP）数据

1941：德国走向失败的那一年 /（美）安德鲁·纳戈尔斯基（Andrew Nagorski）著；袁鑫译. -- 北京：社会科学文献出版社，2021.8

书名原文：1941：The Year Germany Lost the War

ISBN 978 - 7 - 5097 - 8233 - 0

Ⅰ.①1…　Ⅱ.①安…②袁…　Ⅲ.①德国 - 历史 - 1941　Ⅳ.①K516

中国版本图书馆 CIP 数据核字（2021）第 078106 号

1941：德国走向失败的那一年

著　　者 /〔美〕安德鲁·纳戈尔斯基（Andrew Nagorski）

译　　者 / 袁　鑫

出 版 人 / 王利民

组稿编辑 / 董风云

责任编辑 / 廖涵缤　张冬锐

出　　版 / 社会科学文献出版社·甲骨文工作室（分社）（010）59366527
　　　　　　地址：北京市北三环中路甲 29 号院华龙大厦　邮编：100029
　　　　　　网址：www.ssap.com.cn

发　　行 / 市场营销中心（010）59367081　59367083

印　　装 / 三河市东方印刷有限公司

规　　格 / 开　本：889mm×1194mm　1/32
　　　　　　印　张：11.625　插　页：0.5　字　数：263 千字

版　　次 / 2021 年 8 月第 1 版　2021 年 8 月第 1 次印刷

书　　号 / ISBN 978 - 7 - 5097 - 8233 - 0

著作权合同
登 记 号 / 图字 01 - 2021 - 4055 号

定　　价 / 69.00 元